东部复杂山岭地区单线电气化铁路综合建造技术研究

周 霖　乔 刚　茅家武　邱琼海
陆业传　王华荣　严伟民　郑庆寿　著
江 浩　张均清　尹紫红　陈 俪

西南交通大学出版社
·成都·

图书在版编目（CIP）数据

东部复杂山岭地区单线电气化铁路综合建造技术研究 / 周霖等著. —成都：西南交通大学出版社，2021.6
ISBN 978-7-5643-8068-7

Ⅰ.①东… Ⅱ.①周… Ⅲ.①高速铁路 – 电气化铁道 – 铁路施工 – 研究 Ⅳ.①U238

中国版本图书馆 CIP 数据核字（2021）第 116621 号

Dongbu Fuza Shanling Diqu Danxian Dianqihua Tielu Zonghe Jianzao Jishu Yanjiu
东部复杂山岭地区单线电气化铁路综合建造技术研究

周 霖　乔 刚　茅家武　邱琼海
陆业传　王华荣　严伟民　郑庆寿　著
江 浩　张均清　尹紫红　陈 俪

责 任 编 辑	杨 勇
封 面 设 计	何东琳设计工作室
出 版 发 行	西南交通大学出版社 （四川省成都市金牛区二环路北一段 111 号 西南交通大学创新大厦 21 楼）
发行部电话	028-87600564　028-87600533
邮 政 编 码	610031
网　　　址	http://www.xnjdcbs.com
印　　　刷	四川煤田地质制图印刷厂
成 品 尺 寸	170 mm × 230 mm
印　　　张	21.75
字　　　数	344 千
版　　　次	2021 年 6 月第 1 版
印　　　次	2021 年 6 月第 1 次
书　　　号	ISBN 978-7-5643-8068-7
定　　　价	118.00 元

图书如有印装质量问题　本社负责退换
版权所有　盗版必究　举报电话：028-87600562

前 言
PREFACE

铁路是国民经济的大动脉,在我国现阶段的交通运输体系中,铁路运输占有着相当大的比重。由于种种原因,我国铁路运输还不能满足国民经济发展的需要,制约了国民经济的发展。近年来国家加大了对铁路基本建设的投资力度,铁路运营里程有了大幅度的增长,但铁路运输的薄弱环节仍然存在,特别是在我国山岭地区,由于自然条件恶劣,建设难度大,山岭地区电气化铁路建设进程缓慢。

本书以金台铁路为示范进行写作,对东部复杂山岭地区单线电气化铁路综合建造技术进行研究,该线位于浙江省中东部,横穿浙东南大盘山山脉和括苍山山脉,多属剥蚀低山丘陵区、中山区,局部分布有小型河谷平原、滨海平原和垅岗状低丘区。磐安段为中低山区,地形困难,地质复杂。线路桥隧比重大,工程相对复杂。区内地质构造以北东向、北北东向和北西向构造为主,断裂相对较发育。断裂构造、边坡稳定性与危岩落石、软土沉降是本线的主要工程地质问题。

为给东部复杂山岭地区单线电气化铁路建设提供建设经验,本书对金台铁路综合建造技术进行研究,将铁路隧道洞渣综合应用技术、高墩大跨连续梁钢管混凝土拱特大桥综合施工技术、临近既有线施工安全控制技术、深厚滨海软土沉降控制技术、梁场信息化管理技术、高墩大跨连续梁节段现场预制长线拼装技术等作为主要内容进行阐述。

著 者

2021 年 3 月

目 录
CONTENTS

第1章 绪 论 ·········· 001
    1.1 国内外发展现状 ·········· 002
    1.2 工程概况 ·········· 018
    1.3 建设意义 ·········· 029
    1.4 关键技术 ·········· 032

第2章 金台铁路隧道洞渣综合应用研究 ·········· 035
    2.1 隧道洞渣综合利用筛分流程研究 ·········· 036
    2.2 筑路用隧道洞渣材料研究 ·········· 045
    2.3 隧道洞渣加工成机制砂研究 ·········· 049
    2.4 隧道洞渣运用于环境保护研究 ·········· 054
    2.5 隧道洞渣用于高填方路堤的变形与稳定性研究 ·········· 059

第3章 金台铁路灵江深水高墩大跨连续梁钢管混凝土拱特大桥综合施工技术研究 ·········· 071
    3.1 头门港支线灵江特大桥概况 ·········· 072
    3.2 连续钢构混凝土桥线性监控研究 ·········· 085
    3.3 桥梁施工受力变形及稳定性研究 ·········· 100
    3.4 单线铁路大跨度上跨高速系杆拱桥施工技术 ·········· 117

第4章 金台铁路临近既有线施工安全控制技术研究 ·········· 130
    4.1 临近既有高速公路铁路隧道掘进施工安全风险及安全事故致因分析 ·········· 131
    4.2 路基帮宽施工安全技术方案和管理措施研究 ·········· 146

4.3　监测、分析临近既有线路基沉降和位移变化规律研究 …… 166

　　4.4　金台铁路线路钢桁梁顶推施工安全技术研究 ……………… 172

第5章　金台铁路深厚滨海软土沉降控制技术研究 …………… 179

　　5.1　金台铁路头门港深厚松软土土工试验研究 ………………… 180

　　5.2　地基沉降机理研究 ……………………………………………… 190

　　5.3　不同处理方式对不同深度软土路基的工后
　　　　沉降控制适宜性研究 …………………………………………… 218

　　5.4　不同工程阶段路基孔隙水压力变化规律研究 ……………… 245

第6章　金台铁路梁场信息化管理技术研究 ……………………… 250

　　6.1　制梁新的质量保障措施研究 ………………………………… 251

　　6.2　制梁信息化施工管理技术研究 ……………………………… 257

　　6.3　基于BIM技术的运输模拟研究 ……………………………… 260

　　6.4　基于BIM进度管理控制技术研究 …………………………… 264

第7章　金台铁路田市跨永安溪台金高速高墩大跨56 m 连续梁节段现场预制长线拼装技术研究 ………………… 273

　　7.1　田市跨永安溪台金高速公路特大桥概况 …………………… 274

　　7.2　田市跨永安溪台金高速公路特大桥简支箱梁
　　　　预制悬拼技术 …………………………………………………… 290

　　7.3　金台铁路56 m简支梁长线法节段预制施工技术 ………… 305

　　7.4　连续梁长线法节段拼装线形控制研究 ……………………… 317

　　7.5　永久预应力张拉体系转换 …………………………………… 328

　　7.6　小　结 …………………………………………………………… 333

参考文献 ………………………………………………………………… 334

附图　金台铁路施工建造实际现场图 ……………………………… 339

第1章
绪 论

第 1 章　绪　论

　　铁路是国民经济的大动脉，在我国现阶段的交通运输体系中，铁路运输占有相当大的比重。近年来国家加大了对铁路基本建设的投资力度，铁路运营里程有了大幅度的增长，但铁路运输的薄弱环节仍然存在，特别是在我国山岭地区，由于自然条件恶劣，建设难度大，电气化铁路建设进程缓慢。

　　为给东部复杂山岭地区单线电气化铁路建设提供建设经验，本书主要对金台铁路综合建造技术进行研究和总结，内容包括铁路隧道洞渣综合应用技术、高墩大跨连续梁钢管混凝土拱特大桥综合施工技术、临近既有线施工安全控制技术、深厚滨海软土沉降控制技术、梁场信息化管理技术、高墩大跨连续梁节段现场预制长线拼装技术等。

1.1　国内外发展现状

1.1.1　山岭地区隧道洞渣综合应用状况

　　目前，我国交通工程建设正向中西部转移，受地形条件的影响，隧道占比一般会超过 80%。隧道洞渣是隧道开挖过程中的必然产物，众多隧道工程建设势必会产生大量洞渣，如何资源化利用这些洞渣成为科研和工程中普遍关心的问题。

　　从国外隧道洞渣资源化利用情况来看，目前主要集中在洞渣能否作为混凝土骨料的实验室技术论证性研究上。

　　2006 年意大利提出隧道洞渣利用计划，瑞士等国也试图利用洞渣生产砂石骨料用于混凝土，并取得了一定的研究成果。O lbrecht 等盾构机产生的隧道洞渣是否可作为混凝土骨料开展了 5 项试验研究，认为隧道洞渣作为一种"废弃产品"可用于隧道建设本身，另外针对不同洞渣特点采用合理的混凝土技术，可实现隧道洞渣在混凝土中的应用。

　　Gertsch 等认为，目前人们对隧道洞渣的认识不充分，导致其很少用于工程建设中，指出对于符合建筑材料标准的硬质岩洞渣可用于路面混凝土和结构混凝土中。

　　从国内研究来看：忻阜高速公路工程中对隧道洞渣进行了大量应用。全线开挖洞渣量达 240 余万立方米，主要用于路堤填料、圬工砌筑、机制砂加工、碎石加工、隧道明洞及仰拱回填等，利用率达 66%，节约洞渣占地超 133 000 m²，节约造价约 5 000 万元，体现出很好的经济效益和社会效益。

在黄衢南高速公路工程浙江段项目实施过程中，设置了石料加工场，对隧道洞渣进行资源化利用，产生经济效益约 800 万元。

在湖南常德—吉首高速公路项目中也对隧道洞渣进行了资源化利用，由于隧道洞渣主要为弱—微风化砂质板岩，经机械破碎后为细粒土砾，通过将细粒土砾与土组成砾石混合料后，作为路基路床层的填料。

在西成客运专线建设项目中，以Ⅱ、Ⅲ级围岩为主，剔除泥岩、风化岩和吸水率高的板岩后，筛选出母岩强度≥60 MPa 以上的洞渣生产细度模数 2.5~3.3 的机制砂，用于制备强度等级 C35 及以下的混凝土。在实际应用过程中发现，机制砂石粉含量、颗粒级配对混凝土的工作性能和强度会产生较大影响，需对不同批次机制砂及时检测，并根据检测结果对混凝土砂率、减水剂掺量等关键配合比参数进行调整。

在宜巴高速公路建设项目中，利用隧道洞渣制备碎石、机制砂作为粗细骨料，用于隧道衬砌和桥梁桩基、墩柱等结构混凝土中，均取得了良好的经济效益和社会效益。

目前隧道洞渣的砂石料生产加工主要是矿山砂石料场代工的方式，其加工方式及工艺水平参差不齐。我国学者在机制砂混凝土性能研究方面已有不少探索，主要集中在机制砂中石粉合理限值、机制砂对混凝土工作性能的影响及机制砂混凝土力学性能、体积稳定性和耐久性能演变规律等。

尹志府通过大量试验数据回归分析出机制砂混凝土的强度统计公式，研究结果表明，与河砂混凝土相比，当水灰比相同时，机制砂混凝土的强度略高。

张映全也提出在混凝土中以 50%的石屑取代 50%中砂能极大提高混凝土的抗渗性能和抗冻性能。

廖太昌提出用特细砂改善机制砂级配，可配制出泵送性能良好的混凝土，并解决了机制砂配制流态混凝土内实外不美的难题。

李化建采用机制砂与特细砂复合方式，制备出强度等级在 C50~C60

的复合砂高强结构轻集料混凝土。

杨德斌等在大量试验的基础上，论述了石屑提高混凝土强度、改善抗渗性能与抗冻性能的机理。

中国铁道科学研究院集团有限公司的研究证明，在水泥用量和拌合物稠度相等的条件下，采用机制砂配制的混凝土各项力学性能与河砂混凝土相比更好一些。

1.1.2 钢管混凝土拱桥发展状况

钢管混凝土结构问世之后，除了在20世纪30年代，法国和苏联曾将这种抗压性能优越的结构运用到拱式体系桥梁中，此后的相当长时间内，世界范围内再也没有修建这种类型的拱式桥梁。

从90年代开始，国外也曾修建了一些钢管混凝土拱桥，像法国的Antrenas桥，捷克的Bmo-Vienna桥及美国的New Damen Avenue桥，日本也计划修建一座跨径达230 m混凝土拱桥——长崎西海二桥。但总的来说，国外修建钢管混凝土拱桥的数量少、规模小，相对而言我国修建钢管混凝土拱桥技术已经达到国际先进水平。

1991年5月我国第一座采用钢管混凝土拱肋的拱桥——四川旺苍东河大桥建成通车，它为净跨115 m的下承式拱桥，该桥的建成具有深远意义，它揭开了我国大规模修建钢管混凝土拱桥的序幕。

自此以后，钢管混凝土拱桥在我国公路和城市桥梁中发展迅猛，据不完全统计，到2003年年底，我国已建和在建的钢管混凝土拱桥已达200余座，其中跨度大于100 m的有50余座，跨径大于200 m的有20余座，跨径大于300 m的有10余座。

近年来，钢管混凝土结构应用于大跨高墩桥梁，以解决高墩、高地震烈度和复杂建设环境条件降低工程造价。四川雅西高速公路的腊八斤大桥和黑石沟大桥，为主跨200 m预应力混凝土连续刚构桥，最大主墩高度达183 m，在桥墩结构中采用了新型的钢管混凝土与钢筋混凝土混合结构，2011年12月建成通车。

为了更好地发挥钢管混凝土结构的特点，2009年6月开工建设的四川雅西高速公路干海子大桥，主梁和桥墩全部采用了钢管混凝土结构，即主梁为钢管混凝土桁梁、桥墩采用钢管混凝土格构式或混合式桥墩。从我国目前的桥梁发展上看,钢管混凝土拱桥作为种较为新型的结构形式,已经在我国各地取得了广泛的应用和发展。专家从理论层面分析后,认为拱桥跨径突破 600 m 甚至达到 1 000 m 是能够在未来实现的。相较于外国而言,我国钢管混凝土的修建数量更多、规模也更大。一定程度上可认为我国的钢管混凝土修建技术已经达到了世界领先的水平。表 1-1 是我国近年来修建的跨径较大的钢管混凝土拱桥。

表 1-1 我国部分跨径大于 200 m 的钢管混凝土拱桥

序号	桥 名	结构形式	净跨径/m	完成年份
1	浙江三门键大桥	中承式	245	2001
2	武汉三桥	下承式	280	2001
3	巫山长江大桥	中承式	460	2004
4	广西南宁永和大桥	中承式	349	2004
5	湖北小河特大桥	上承式	338	2005
6	合江长江一桥	中承式	500	2013
7	鸭池河特大桥	中承式	436	2019
8	大小井特大桥	上承式	450	2019

1.1.3 桥梁施工监测技术发展状况

最早使用桥梁施工控制概念要追溯到 20 世纪 50 年代初,第一座现代斜拉桥 Stromsund 桥施工时,建桥者就如何使索力和标高达到设计要求的问题进行研究,这也是传统意义上的施工控制。

在 1958 年修建 Theodon Nenss 斜拉桥时,设计者首次提出了采用"倒退分析"的方法计算出各施工阶段结构的标高和初始索力,这种方法在 1978 年竣工的美国 P-K 桥中得到了应用。后来,加拿大在修建安纳西斯桥时,也采用了同样的施工控制技术。

但真正较系统地把工程控制理论应用到桥梁施工管理中的是日本。20 世纪 80 年代初,日本修建日野预应力混凝土连续梁桥时,就建立了施工控制所需的应力、挠度等参数的观测系统,并应用计算机对所测参数进行现场处理,然后将处理后的实测参数送回控制室进行结构计算分析,

第1章　绪　论

最后将分析结果返回到现场进行施工控制。上述方法也是国外传统的施工监控方法。到 80 年代后期，日本修建 Chichby 斜拉桥和 Yokohama 海湾斜拉桥时，成功地利用计算机联网传输技术建立了一个用于拉索索力、主梁标高、主梁倾角、塔垂直度调整的自动监控系统，实现了施工过程中实测参数与设计值的快速验证比较，它对保证施工安全和精度，加快施工速度起到了决定性的作用。但由于受系统建设费用昂贵等因素的影响，该系统没有得到推广。

此后，日本又研制了一个以现场微机为主要计算分析手段的斜拉桥施工双控系统（精度控制系统），它包括自动测量数据采集、控制预报系统、误差分析系统及结构计算机分析四个系统和测量参数、计算参数两个数据库。此系统的最大特点是在现场完成自动测试、分析和控制调整全过程，并可进行设计敏感分析、参数识别和实际结构行为预测。该系统在1989年建成的 Nitchu 桥和1991年建成的 Tomei-Ashigara 桥以及1993年建成的 Rainbow 桥上实际应用效果良好。

在桥梁监控技术方面，韩国桥梁工程师也做了相当多的研究，而且取得了一定的成果。他们开发了一个叠合梁斜拉桥的施工控制系统，该系统共有 5 个模块，即主结构分析模块、动态分析模块、测量和纠正误差模块以及两个前后处理模块，从而实现了线形、位移、弯矩、剪力及索力的可视化计算。

从目前所查阅的资料可以看出，国外桥梁的施工监控主要是围绕大跨度斜拉桥、悬索桥、连续刚构桥进行的，而针对钢管混凝土拱桥的施工监控技术几乎就没有涉及，这可能是由于这种类型的桥在国外修建较少的缘故。

由于国外在桥梁施工监控技术方面的研究和应用起步较早，众多发达国家已将施工控制纳入常规施工管理工作中，控制方法已从人工测量、分析与预报，发展到自动控制、分析预报、调整的计算机自动控制，并已形成了较完善的桥梁施工控制系统。即便如此，国外对桥梁施工控制技术的研究还在继续，这是由于影响桥梁施工的因素太多、太复杂，同时，不断涌现的、新型的、规模（跨径）更大的桥梁工程也对桥梁施工控制提出了更高的要求。

1.1 国内外发展现状

我国虽在20世纪50年代就已注意到施工中结构内力和变形的调控，如1957年建成的武汉长江大桥在施工过程中就做了应力、标高的调整，但在现代桥梁施工控制技术方面的研究相对起步较晚，然而发展却较为迅速。

进入80年代以后，随着计算机在桥梁工程中应用的普及和深入，桥梁工作者开始运用计算机辅助桥梁施工。1982年建成的上海沸港大桥首次根据现代工程控制的基本思想，有效地进行了主梁挠度和索塔水平位移的施工控制。沸港大桥的控制成功，引起了桥梁界对桥梁施工监控技术研究的高潮。

80年代后期，对斜拉桥的施工监控技术进行了全面研究，并初步形成系统，在上海南浦大桥和浙江甬江斜拉桥施工中进行了实际的应用，该系统主要依靠现场微机用理想的施工倒退分析程序和考虑收缩徐变影响的控制分析程序，提供每一施工阶段的理论计算控制值，在现场与实测值进行比较分析，并通过对设计参数的识别和拉索索力实行双控，这一系统在简化施工过程、保证质量、提高效应和缩短工期方面发挥了重大作用。

另外，上海城建学院和兰州铁道学院针对斜拉桥编制了各自的施工控制分析系统软件。在这些软件中，在结构分析计算方面，各种算法基本成熟，理想状态设计及调索计算分析也已完善，但是控制系统研究较少。文献采用推广的卡尔曼滤波法对斜拉桥施工过程中的参数进行识别，在此基础上建立了一个施工→量测→识别→修正→预告的自适应控制系统，并将它应用在温州市瓯江二桥斜拉桥的施工控制中，取得了较好的应用效果。

随着近几年我国几座大跨径悬索桥的修建成功，在悬索桥施工控制技术研究方面也有了较大的进步。交通部公路研究所和西安公路交通大学联合开发了灰色预测控制法，并成功地运用于虎门悬索桥的施工控制。

在大跨连续梁和连续刚构桥施工控制方面，原上海城建学院提出了大跨连续梁桥线形最优施工控制的理论和方法，该方法将大跨径连续梁桥成桥线形和施工期结构变位状态，作为离散、线性、确定性动态结构

第1章 绪　论

系统最优控制的对象，并根据大跨径连续梁桥悬臂施工的特点，来控制状态变量、目标函数、约束条件以及具体实施方法等，其成果在富春江大桥和上海吴淞大桥的施工中得到应用。

重庆交通学院采用卡尔曼滤波法对大跨度连续刚构桥施工中的预拱度值进行调整计算，并且在重庆黄花园嘉陵江大桥施工控制中运用。

在世界第二跨径的虎门大桥副辅道连续刚构桥施工过程中，施工部门采用线性回归分析的方法对线性进行了控制，取得了较好的效果。

武汉理工大学将神经网络法用于处理大跨度连续刚构桥施工中的箱梁线形控制的误差调整及预测，并在蔡甸汉江公路大桥的施工控制中得到较好的应用。

另外，交通部重庆公路科学研究所也曾立项对黄石长江公路大桥主梁施工监测与控制技术进行了研究；多家铁道部设计和施工单位也发表文章对大跨度连续梁和连续刚构桥施工线形控制方法进行了探讨。但都限于主梁挠度的准确控制，而没有反馈分析、预测调整等方面的详细内容。

在钢管混凝土拱桥施工控制方面，也已从最初简单的开环控制（通过倒装分析来设置拱肋预拱度）向全过程自适应控制方向发展。文献采用了正、倒装交互迭代的方法来求解钢管混凝土拱桥施工过中的理想设计状态，并运用最小二乘法来对施工控制中的一些参数误差进行识别修正，其成果在江汉五桥得到了应用。

武汉理工大学的袁海庆教授针对钢管混凝土拱桥的施工特点，提出了基于迭代理论的前进算法来模拟其施工过程，并利用Autocad的图形技术将整个施工仿真分析过程可视化，从而为施工控制仿真分析提供了一种有效而快捷的手段。但所有的研究都是基于钢管混凝土拱桥施工控制的某个方面，还没有形成完善的施工控制系统。

与国外相比，我国在大跨度桥梁施工监控技术领域还有差距，主要表现在对桥梁施工控制的理论与实践研究还不够、监测手段落后、对影响施工控制的因素研究不透、预测和判断精度不高、还未建立起一套完善的施工控制技术系统和组织管理系统。因此深入研究桥梁施工控制理论，研制更加合理、实用的控制软件以及更加方便、精确的监测设备，建立完善的桥梁施工控制技术系统和组织管理系统是迫切需要进行的工作。

1.1.4 临近既有线施工安全管控技术发展状况

在西方国家中风险管理通过长期研究发展已经成为一门系统性学科，其具有了比较完整的理论体系。在工程风险管理的领域，从风险的识别、分析、评价和应对等各个部分，尤其是在风险分析与风险评价方面，国外学者采用了很多先进的方法，为工程风险管理的发展起到了显著作用。

在工程施工风险分析方面，20世纪70年代美国的Einstein H.H.首先将风险分析及管理理论引入隧道与地下工程领域，最先提出了隧道工程风险分析的特点和应遵循的理念，建立了适用于硬岩隧道的基于计算机模拟的隧道成本模型。1988年Roozbeh Kangari提出工程建设比以往存在更多的动态和不确定的规划。为了解决施工管理中的复杂问题，决策者在风险管理中应遵循系统化、专业化的方法，提出知识库、数据库系统和模糊集在施工风险管理中的应用，提出了一个完整的知识体系。1997年，欧洲的Sturk在斯德哥尔摩环形公路隧道工程中应用了风险分析技术，研究了关于地下工程进行风险分析的系统方法，同时研究了对地下工程决策流程以及如何进行风险决策的分析。

在工程施工风险评价方面，Richards提出的风险矩阵法，适合在诸多工程施工风险的评估中应用，该方法将风险事件发生的频率和危害程度分级，形成了一个风险矩阵，然后对各风险作出对应的评价结论。2000年J.H.M.Tah在工程建设风险评估中采用层次风险分解结构表示方法建立了定性风险评估的形式化模型，提出了一种描述风险的通用语言，其中包括用于量化可能性和影响的术语，以便实现风险的量化描述。2008年，L.GTham研究了边坡工程的风险评价，对历史上一段时期内发生的若干起边坡滑坡事故进行统计分析，通过分析发生滑坡的空间环境条件，使用多元回归分析方法，对滑坡灾害建立预测模型。

随着风险管理理论不断成熟完善和在国内各行业内的深入运用，在铁路建设工程中也得到了广泛的应用，为铁路临近既有线工程施工的风险识别、风险分析和风险评价方面提供有力的工具和方法。

2004年于大厂基于铁路大提速中诸多既有线提速改造工程，研究了既有线施工的安全管理，主要的工程施工内容包括加固路基、涵洞接长、桥梁移位、抽换轨枕、重铺线路、清筛道床等。采用安全系统工程方法，对安全风险事件进行事故树分析，把行车事故、人员机具损伤、线路开通误点作为顶上事件，从人、机、料、法、环等几个方面出发，结合各道工程施工工序，分析故障出现的可能情况，经合并简化处理，根据各安全风险重要程度制定详细的应对措施，有效保证施工安全。

2012年孙晓苏针对既有线电气化铁路风险的分类，运用层次分析法计算和分析了既有线施工的主要风险。

2015年严仁才基于自己参与多项铁路工程施工经验，结合干武二线工程施工的实际情况，研究了临近既有线施工存在的安全风险问题及相关对策，指出临近既有线施工的主要风险点有：临近既有线施工防护；邻既有线大型机械施工；高边坡、深基坑、孔桩施工；施工损坏营业线行车设备。造成安全风险的原因多样，通过对风险诱因的合并、处理后，决定采用以下五方面的对策：强化安全培训，尤其注重邻既有业线施工内容培训；严格管理大型机械设备；加强施工现场人员的准入管理制度；落实现场的卡控措施；加强工程施工监控。

2016年贺廿生通过剖析2006—2010年5年间发生的铁路既有和临近既有线施工事故的主次要原因，运用案例分析法提出铁路既有线和临近既有线施工事故的预防及卡控措施和建议。

2018年田芯、黄建陵等提出一种基于贝叶斯网络的临近既有线施工风险分析方法。结合系统安全科学理论基于事故资料统计分析建立临近既有线施工风险致因模型，并由专家群决策方法确定风险因素清单，在此基础上构建临近既有线施工风险BN结构模型；结合实际工程案例，利用贝叶斯双向因果推理原理预测项目临近既有线施工风险发生类型以及不同情况下的风险发生概率，诊断风险成因机理；通过GeNIe敏感性分析找出敏感致险因素。

2018年王禹彤对铁路临近营业线施工的安全管理与控制方面提出铁路临近既有线施工中的安全问题有监控力度不足，施工设备检查、保护力度不足，施工重点监管不足三方面的问题。就这些问题，提出铁路临近营业线施工安全管理与控制方案，完善施工准备工作，对安全管理与检查进行优化，增强施工监管力度，安全管理记录与检查。

1.1.5 软土沉降控制技术发展状况

国外对软土路基的认识比较早。美国工程师 Moran 早在 1925 年就运用砂井排水法加速软土固结，效果显著。

苏联专家阿别列夫于 1934 年提出了土桩挤密法，常用来加固杂填土、黄土和填土地基，也推广应用到软基加固中。

德国 Steuerman 于 1936 年首次运用振冲碎石桩法，随后 Tim J. Ingham、Martin 等进行了较为全面、透彻的研究，在软基处理中广泛应用。

法国的技术公司 Menard 在 60 年代末开创了强夯法（dynamic consolidation），利用重锤从高处自由降落产生的强大夯击能使土体固结沉降，提高软土地基强度，随后 Chow、Dise 等对饱和软土地基的强夯处治技术进行了研究。

日本港湾技术研究所以水泥材料为加固剂，通过把软土与水泥强行搅拌为一体来加固地基，并于 1971 年研制出水泥搅拌法，简称 CDM 工法，自此水泥搅拌桩法在地基加固中的应用拉开了序幕网。

我国在 20 世纪 50 年代开始从苏联引进地基处理技术，换填土层法、堆载预压法、土桩挤密法、井点降水法、强夯法、石灰桩及灌浆法等先后被引入我国；同时期，铁道部第四设计院与铁道科学研究院在杭甬线上对砂井和砂垫层加固技术的效果进行了验证。

进入 70 年代，地基加固技术飞快发展，引入并发展了粉体喷射、土工纤维加固、袋装砂井、高压旋喷法和振冲碎石桩法等加固新技术，为软土地基的设计与施工积累了经验。

80 年代，水泥粉煤灰碎石桩技术吸引了学者的眼球，持续的试验与探索铸就了其在各类工程实践中的成功应用。

90 年代以来，软基处理技术已趋于成熟化，呈现出"百花争艳"的景象。根据《建筑地基处理技术规范》（JGJ79—2012），我国主要的软基加固方法如表 1-2 所示。

表 1-2 软基加固常用方法统计表

序号	地基处理分类	主要方法
1	换填垫层	无筋垫层
		加筋垫层
2	排水固结	堆载预压
		真空预压
		堆载-真空联合预压
		砂井及各种塑料排水带
3	压实地基	平碾
		振动碾
4	夯实地基	强夯法
5	挤密地基	振冲法
6	复合地基	砂石桩复合地基
		水泥粉煤灰碎石桩复合地基
		夯实水泥土桩复合地基
		水泥土搅拌桩复合地基
		旋喷桩复合地基
		灰土桩复合地基
		柱锤冲扩桩复合地基
		多桩型复合地基
7	注浆加固	电化学注浆
		劈裂注浆

综上所述，国内学者围绕软土工程特性、软土路基固结沉降分析、软土地基处理技术已展开了大量研究，成果颇丰，值得借鉴和学习。但

对类似于金台铁路头门港深厚松软土的土体工程地质的软土工程特性及沉降控制综合技术研究还少有深入。

鉴于此，依托金台铁路典型路基工点，选择合适的沉降计算方法，在分析软土工程特性的基础上，开展金台铁路软土地区路基沉降综合控制技术研究具有重要的意义，可为类似工程建设提供参考。

1.1.6　基于 BIM 技术的信息化管理发展状况

Sacks 等（2010）开发了 KanBIM 系统，结合 BIM 模型的可视化特点，计算和显示工作任务及完成的工程量情况，实现了施工过程的动态化管理，减少了施工资源的浪费，节约施工成本。

Amir H.Behzadan 等（2011）将应用增强现实技术和 BIM 技术结合起来应用到工程项目的进度管理和质量管理中。

Juocevicius V.等指出 BIM 能够消除工程建设中冗余的信息，并能够精确计算项目施工过程中资源的需求量从而确定其施工进度，实现对工程项目有效的管理。

Wang X.等（2013）指出，在施工指导方面增强技术的应用将成为未来研究的主要方向。

Shim C. S.等认为 BIM 模型可以对桥梁设计成果进行可视化、数字化表达，提高了桥梁的设计质量。并且通过桥梁 BIM 模型中的数字信息来指导施工，从而提高施工效率。

Migilinskas 等运用 BIM 软件对钢桥进行碰撞冲突检测和施工过程模拟，并对整个过程进行智能化分析提出了更加高效的施工方案。

美国伊利诺伊大学（University of Illinois）的 Golparvar-Fard、Mani 等将 BIM 技术与摄像技术结合起来，将图像信息输入到 BIM 模型中，从而实现了三维施工模拟，可视化地表达了施工过程，并合理地安排了施工进度计划。

2012 年，Sungyol Song 等就日前在工程项目施工进度计划中很少应用 BIM 信息的现状，建立了一个以 BIM 技术为基础的施工过程仿真系统来管理和优化项目施工进度计划，通过 4D 施工模拟来得到最高效的方案，根据预定义的计算公式和方法与 3D 模型链接起来，动态可视化地表

第 1 章 绪 论

达了项目施工过程。

加拿大基础设施研究中心的 Halfawy，Mahmoud M.R.等学者共同研究完成了基于 BIM 技术的建筑集成平台，并在此平台上开发出图形编辑、工程管理、构件数量统计、预算等系统功能。

Griffis F. H.等将项目施工过程中所需要的信息添加到 BIM 模型中，施工进度随着施工图纸的变更而变化，对其进行跟踪和管理。说明了将 BIM 应用于施工阶段，不仅能够提高施工资源的使用效率，而且对于施工进度的合理安排有着十分重要的作用。

Lee McCuen 等研究 4D 和 5D 技术并将其应用到项目施工阶段，对项目工程造价和施工进度进行管理，实现了项目资源的节约，为甲方和施工方带来了效益。

Hamledari H.等人就施工现场进度数据的采集方法，提出了一种基于 IFC 标准的 4D-BIM 方法，将非 IFC 格式的数据进行统一处理使得进度数据随施工进度模型自动更新，其准确率很高。

Golparvar-Fard M.等人提出了一种基于 IFC 的施工进度自动监测方法，建立了 4D 施工现场的点云模型，通过 IFC 格式生成施工进度 BIM 模型，实现施工进度监控的可视化。

随着信息化建设的不断推进，BIM 技术在我们国家的铁路建设项目中的运用也越来越广泛。将 BIM 技术应用于铁路建设项目中，可以整合各工点的相关信息、进行共享和传递，使工程人员对各种工程信息能够做出正确理解和高效应对，在一定程度上可以提高施工效率、缩短施工工期、节约施工成本。

陕西葛兰岱尔网络科技有限公司研发了可视化项目施工过程管理系统（4D BIM），是面向施工总承包单位，满足业主、施工分包单位、监理单位、设计单位、造价等多方项目管理需要，实现了项目施工进度可视化管理、资料管理、质量管理等。

陕西铁路工程职业技术学院的蒋平江副教授和中交隧道局第五工程有限公司杨凯副教授等利用达索的 CATIA 软件建立了地质、桥梁、钢筋以及施工械等 BIM 模型，进行了施工过程中的图纸校核、工程量核算、三维技术交底、施工过程模拟、碰撞检测等。实现了精细化 BIM 地质模型的建立从而优化了桩基施工方案；实现了桥梁主要部件及钢筋的精细化建模，从而解决了工程量核算及施工图纸的校核问题；通过碰撞检查避免了钢筋与预应力管道及钢筋与混凝土冷却水管的碰撞问题。

马文卓、董娜 US 等人提出了 BIM 在施工阶段的应用方案，将 3D 模型与物价信息结合起来得到成本模型，成本与进度计划相连接的 5D BIM 模型，利用 5D BIM 模型进行施工过程的模拟，按时间及区域来确定资源需求，进行管理，提高了施工效率。

孟晓静结合福州地铁 2 号线一段工程施工情况，以进度管理和安全管理为核心，开发 BIM 技术管理软件，对进度和安全进行综合管理，建立了进度动态管理统计分析系统和安全动态管理统计分析系统 HU。

马少雄、李昌宁、徐宏等研发了基于达索 CATIA 的桥梁模型属性信息添加插件、BIM 模型设计和施工管理平台，实现了施工项目的场地规划布置，设计方案的比选和优化以及施工过程中的施工进度过程模拟、三维技术交底、工程量统计等，提高了桥梁施工过程的信息化管理水平和桥梁的建造效率。

周承汉研发完成了基于 4D 理论的桥梁施工动态仿真系统，对桥梁施工过程中的进度、质量、费用、材料及施工现场场地管理等各项工作信息进行综合分析，对桥梁施工进度优化、桥梁施工过程的动态仿真、实现了桥梁施工过程的信息化、可视化、规范化管理。

刘延宏提出了在桥梁建设过程中，BIM 与 GIS 结合可以对施工场地进行合理的规划布置。研发了基于 GIS+BIM 模型的铁路桥梁建设工程管理平台，可以对施工过程进行网络监控，实现了铁路桥梁工程建设过程的精细化管理，提高了施工管理水平。

王婷、任琼琼等提出了基于 BIM 5D 技术的施工资源动态管理方法，将三维信息模型、进度信息以及成本信息通过 WBS 分解节点相关联形成 5D 模型，实现了项目施工过程中的进度管理、资源及成本管理。

范喆将 BIM 和 4D-CAD 结合起来，三维模型和 WBS 节点信息相关联，链接施工资源、进度信息形成施工阶段的 4D 模型。并利用 C#语言开发了资源动态管理功能，实现了工程量的实时查询，成本监控、工程款的支付管理、施工资源的动态管理等功能。

第 1 章 绪 论

李倩在其博士学位论文里建立了桥梁动态施工过程 4D 模型,将桥梁施工进度计划安排信息和桥梁施工管理信息作为时间因素和属性因素附加到桥梁三维模型中对桥梁的施工过程进行动态模拟,利用 Flex+J2EE 多层网络应用程序开发技术,成功研发了基于 4D 理论的桥梁施工过程动态仿真系统,实现了信息化、可视化的桥梁施工过程管理。

赵锦程、郝永志利用 AutoCAD Civil 3D 软件对某工程的进场道路进行了规划和布置,研究了 Civil 3D 在工程施工时进场道路中的应用;高飞、何京拔、湛汉溪利用 Civil 3D 软件对工程中弃渣场的布置进行了研究,实现了弃渣场容量以及土石方量和工程量的快速计算。

梁艳提出了"实时 BIM 模型"的概念,把 BIM 模型进行精细化处理,研究了实时 BIM 模型在工程施工过程中的应用,指出利用 BIM 可视化的特点,实时 BIM 模型可用来指导工程施工,特别是对于比较复杂的施工节点。

张磊通过分析目前仅有的施工进度管理理论存在的问题,提出将 BIM 技术应用到施工进度管理中,分析了 BIM 技术应用到施工进度管理中的可行性,探讨了 BIM 技术在施工进度管理中的应用思路,以及引入 BIM 技术后给施工进度管理带来的效益。

张建平、范喆等将 3D 模型与施工进度、施工资源及成本信息集成为一体,研究了 WBS 节点与施工构件的工程量以及其对应的施工任务的人力、材料、成本等之间的关联关系,并对其进行分析计算,实现了在施工过程中对资源和施工成本的实时监控。

苗倩利用 Autodesk 公司的 Navisworks 软件及其二次开发技术建立了某水利水电工程的施工场地,开发了可视化仿真模拟系统并对其进行了模拟。

李啸雪、郭兴等在 Civil 3D 软件中完成地形曲面处理、施工场地布置及施工道路的创建,将最终结果集成到 Navisworks 软件中与施工进度数据相关联,实现了水电工程的四维施工过程动态模拟。

中国铁路总公司的副总工程师王同军阐述了基于 BIM 的铁路工程管理平台的建设思路,指出 BIM 技术是铁路工程管理平台的核心。

1.1.7 连续梁节段现场预制拼装技术发展状况

自 20 世纪 50 年代起，欧美日等国家便已开始大量使用节段预制拼装施工法修建桥梁。1951 年，德国工程师在兰河上成功修建了第一座采用悬臂浇筑施工法施工的预应力混凝土桥梁，标志着悬臂浇筑施工法的基本形成。

1952 年，美国工程师尝试将一座单跨桥划分成不同节段设计并成功指导施工，这是桥梁整体拼装技术在桥梁施工中的首次运用。

1962 年，法国工程师将悬臂浇筑施工法与桥梁整体拼装法结合，提出了节段预制悬臂拼装施工法，并将这一施工方法成功运用在了巴黎南部塞纳河上的 Choisy-Le-Roi 桥，标志着节段预制悬臂拼装技术的诞生。

1976 年，法国工程师采用环氧树脂胶代替传统现浇接缝材料，并成功建造了世界著名的 Marne la Vallee 高架桥，这是节段预制胶拼法首次登上历史舞台。20 世纪 90 年代后，随着国外轻轨和高速铁路的建设热潮，节段预制拼装技术在铁路桥梁领域得到广泛应用。

1991 年，墨西哥工程师 Jean Muller 采用节段预制逐跨拼装施工法设计了新莱昂州蒙特雷大都市区第一条轻轨，桥梁全长 18.7 km，结构形式为简支梁，桥跨结构预制节段数目达到 5 265 个，接缝处采取环氧树脂胶处理。

1997 年，连接新加坡和马来西亚的高速铁路柔佛海峡二桥采用体外配束、节段预制拼装法施工。

2000 年，法国工程师首次在 TGV 地中海阿维尼翁特大桥（高速铁路）采用上行式移动支架节段预制悬臂拼装施工

2000 年建成的美国亚特兰大轻轨和马来西亚吉隆坡轻轨以及 2009 年通车的迪拜轻轨一号线均采用节段预制逐跨拼装法施工。

我国对节段预制拼装技术的研究起步较晚，并于 1966 年首次在成昆铁路尝试采用节段预制悬臂拼装法修建旧庄河一号大桥以及采用节段预制逐跨拼装法修建孙水河五号桥，但是由于受当时施工条件的限制，试验结果并不理想。从此，国内对节段预制拼装技术的研究进入了缓慢发展期。

第1章 绪 论

在经过多年对国外节段预制拼装技术的借鉴、消化、吸收及创新后，直到 1997 年，石长铁路湘江铁路特大桥（61.65 m+7×96 m+61.65 m 连续梁、节段预制悬臂拼装法施工、现浇湿接缝）的成功修建，再次激发了国内工程师对节段预制拼装技术的研究热情，随后，节段预制拼装技术在铁路桥梁领域得到了迅速发展和大量应用。

国内近 20 年采用节段预制拼装法施工的铁路桥梁见表 1-3。

表 1-3　国内近 20 年采用节段预制拼装法施工的铁路桥梁

线路名称	桥梁名称	孔长或跨径	桥型	接缝类型
南昆铁路	白水河一号大桥	8×56 m	简支梁	现浇湿接缝
神延铁路	秃尾河特大桥	3×32 m+11×64 m+1×32 m	简支梁	现浇湿接缝
内昆铁路	老煤洞特大桥	5×32 m+5×64 m	简支梁	现浇湿接缝
渝怀铁路	锦江特大桥	1×32 m+7×64 m	简支梁	现浇湿接缝
灵武支线	杨家滩黄河特大桥	15×32 m+10×48 m	简支梁	现浇湿接缝
包兰复线	三圣公黄河特大桥	13×32 m+12×54 m	简支梁	现浇湿接缝
哈大客专	普兰店海湾特大桥	18×56 m	简支梁	现浇湿接缝
兰武铁路	河口黄河特大桥	40 m+4×56 m+40 m	连续梁	现浇湿接缝
秦沈客专	辽河特大桥	74×32 m	简支梁	现浇湿接缝
郑西客专	磨沟河大桥	6×32 m	简支梁	现浇湿接缝
温福客专	白马河特大桥	15×64 m	简支梁	现浇湿接缝
黄韩候铁路	芝水沟特大桥	1×48 m+1×64 m+1×48 m+18×64 m	简支梁	环氧树脂胶接缝

1.2　工程概况

1.2.1　线路地理位置和径路

本项目位于浙江省中东部的金华、丽水、台州地区。线路自金华地

1.2 工程概况

区在建金温扩能改造工程永康南站引出,向东经丽水市缙云县,金华市所辖的武义、永康、磐安,台州市所辖的仙居、临海和台州市区,最后分别接入甬台温铁路台州站和台州南站。

本线西端通过在建金温扩能改造工程、既有沪昆铁路向北连接杭州枢纽,沟通上海、江苏以及我国华北、东北,往西通往江西并向中南、西南、西北地区辐射;东端通过沿海铁路连接宁波、福建、粤东及华南地区。本项目永康南至台州段长度 148.48 km,枫山货运线长度 10.31 km,台州南货运线长 15.94 km,永康南疏解线长度 6.05 km,新碧联络线长度 5.82 km,头门港支线一期线路长 42.49 km(头门新区 TDK44+315.89 至头门港 TDK53+600 段 9.28 km,待填海完成后实施)。

1.2.2 主要技术标准

(1)金台正线铁路主要技术标准如表 1-4 所示。

表 1-4 金台正线铁路主要技术标准

序号	技术标准	性能指标
1	铁路等级	Ⅰ级
2	正线数目	近期单线、远期双线
3	最小曲线半径	一般 2 000 m,困难 1 600 m
4	牵引质量	4 000 t
5	牵引种类	电力牵引
6	到发线有效长度	850 m
7	限制坡度	8‰
8	机车类型	货车 HXD 系列,客车 HXD 系列
9	闭塞类型	近期半自动闭塞,远期自动闭塞

(2)头门港支线铁路主要技术标准如表 1-5 所示。

表 1-5　头门港支线铁路主要技术标准

序号	技术标准	性能指标
1	铁路等级	Ⅰ级
2	正线数目	单线
3	最小曲线半径	一般 2 000 m，困难 1 600 m
4	牵引种类	电力牵引
5	牵引质量	4 000 t
6	到发线有效长度	850 m
7	限制坡度	8‰
8	机车类型	货车 HXD 系列，客车 HXD 系列
9	闭塞类型	半自动闭塞

1.2.3　主要工程内容和数量

主要工程见表 1-6 ~ 1-13。

表 1-6　路基工程数量表

设计范围	线路长度/km	区间路基		路基防护（含站场路基）	
		长度/km	比例	长度/km	比例
永康南至台州	148.48	22.73	15.31%	40.03	26.96%
枫山货运线	10.31	0.62	6.0%	2.94	26.44%
永康南疏解线	6.05	0.89	14.63%	1.86	30.81%
新碧联络线	5.85	0.84	14.36%	1.99	34.02%
台州南货运线	15.94	2.23	14.00%	3.67	23.01%
头门港支线	42.49	6.43	15.13%	11.88	27.96%

1.2 工程概况

表 1-7　正线桥涵工分布概况

序号	项目		单位	总长	座数	合计
1	新建	单线 特大桥	m/座	18 257	15	18 257/15
2		单线 大桥	m/座	6 854	22	6 854/22
3		单线 中桥	m/座	631	7	631/7
4		双线 大桥	m/座	987	3	987/3
5		双线 中桥	m/座	75	1	75/1
6		三线 特大桥	m/座	633	1	633/1
7		三线 大桥	m/座	1 149	5	1 149/5
8		六线 中桥	m/座	80	1	80/1
9		公路桥	m²/座	18 685	9	18 685/9
10	框架桥	新建	m²/座	14 349	31	14 349/31
11	旅客地道	新建	m²/座	781	2	781/2
12		接长	m²/座	806.5	1	806.5/1
13	涵洞	新建	横延米/座	4 667	135	4 667/135
14		接长	横延米/座	9.6	1	9.6/1
15		合计	横延米/座	4 676.6	136	4 676.6/136

表 1-8　枫山至永康南联络线桥涵分布概况

序号	项目		单位	总长	座数	合计
1	新建	单线 特大桥	m/座	8 235	1	
2		接长	横延米/座	189	8	189/8

表1-9 永康上行疏解线桥涵分布概况

序号	项目			单位	总长/m	座数/座	合计/(m/座)
1	新建	单线	特大桥	m/座	2 059	1	2 059/1
2	涵洞		接长	横延米/座	9.6	1	9.6/1

表1-10 台州至台州南货运线桥涵分布概况

序号	项目			单位	总长/m	座数/座	合计/(m/座)
1	新建	单线	特大桥	m/座	6 430	3	6 430/3
2			大桥	m/座	370	1	370/1
3	框架桥		新建	m²/座	618	3	618/3
4			接长	m²/座	77	1	77/1
5			合计	m²/座	695	4	695/4
6	涵洞		新建	横延米/座	106	6	106/6
7			接长	横延米/座	65	4	65/4
8			合计	横延米/座	171	10	171/10

表1-11 头门港支线桥涵分布概况

序号	项目			单位	总长/m	座数/座	合计/(m/座)
1	新建	单线	特大桥	m/座	12 819	6	12 819/6
2			大桥	m/座	1 265	4	1 265/4
3			中桥	m/座	110	1	110/1
4	公路桥		新建	m²/座	24 720	1	24 720/1
5	框架桥		新建	m²/座	2 690	6	2 690/6
6	涵洞		新建	横延米/座	1 031	33	1 031/33

表1-12 新碧联络线桥涵分布概况

序号	项目			单位	总长	座数	合计
1	新建	单线	特大桥	m/座	2 037	1	2 037/1
2			大桥	m/座	455	1	455/1

1.2 工程概况

表 1-13 隧道分布表

项目	按长度分类	速度目标值	长度/m		线别	座数	备注
正线	$L \leqslant 1$ km	160 km/h	12 565	12 068	单线	26 座	预留二线工程 456 m
				497	双线	1 座	头门港支线引出
	1 km<$L \leqslant 2$ km		7 871		单线	5 座	
			1 330		双线	1 座	预留二线工程
	2 km<$L \leqslant 3$ km		17 418		单线	7 座	150 m 预留二线工程
	3 km<$L \leqslant 4$ km		6 848		单线	2 座	
	4 km<$L \leqslant 6$ km		13 975	13 738	单线	3 座	预留二线工程 160 m
				237	双线		预留二线工程
	6 km<$L \leqslant 10$ km		6 268	6 268	单线	1 座	预留二线工程 37m
	10 km<L		12 820	11 880	单线	1 座	
				940	双线		出口车站进隧道
总计			79 095			47 座	建筑长度:79 898 m
新碧联络线	1 km<$L \leqslant 2$ km	120 km/h	1 350		单线	1 座	
总计			1 350			1 座	
台州至台州南货运线	$L \leqslant 1$ km	120 km/h	518		单线	1 座	
	4 km<$L \leqslant 6$ km		4 933		单线	1 座	
总计			5 451			2 座	
永康南疏解线	2 km<$L \leqslant 3$ km	120 km/h	2 076		单线	1 座	
总计			2 076			1 座	
头门港支线	$L \leqslant 1$ km	120 km/h,工程预留 160 km/h	879		单线	2 座	
	1 km<$L \leqslant 2$ km		1 920		单线	1 座	
	2 km<$L \leqslant 3$ km		2 994		单线	1 座	
	3 km<$L \leqslant 4$ km		6 765		单线	2 座	
	4 km<$L \leqslant 6$ km		4 210		单线	1 座	
总计			16 771			7 座	

第1章 绪 论

1.2.4 地形地貌

线路位于浙江省中东部,东西连接金华、台州两市,横穿浙东南大盘山山脉和括苍山山脉。由北西至南东行径,地势中部高,东西两侧低,线路区的山系受华夏系构造控制,山脉大多呈东北—西南走向,同时受东北—西南和东西向断裂带的切割,延伸出来的众多支脉纵横交织,山形破碎、峰岭交错。经过的地貌单元主要有河谷平原区、垅岗状低丘区、低山丘陵区、中山区和滨海平原区。

线路区经过的永康、壶镇境内(DK0+000~DK25+000)主要为永康江、南溪河冲积河谷平原、阶地及部分剥蚀垅岗状低丘区,地势起伏不大,地面标高为 70~350 m,相对高差为 50~200 m,山坡自然坡度为 10°~25°,局部山坡陡峻,基岩裸露。

磐安、仙居境内(DK25+000~DK126+600)整体地貌呈马鞍形,除永安溪两侧冲积河谷平原外,其余地段均为中、低山区和局部丘陵区;区内山高谷深,河流发育,火山、盆地、峡谷等地貌均有出现。地面标高为 150~1 200 m,相对高差为 200~1 000 m,山坡自然坡度为 25°~45°,基岩裸露区可达 50°~60°。沿线河流与山脉的延伸方向受构造线的控制,并与构造线的走向基本一致;河谷形态多为"V"字型,阶地不发育。

临海、台州境内(DK126+600~DK150+452)灵江河口平原和台州滨海平原区地形平坦、地势开阔,局部出露山坡陡峻,基岩裸露,地面标高一般都在 10 m 以下,大部分辟为农田、房屋和厂房。

1.2.5 地质状况

1.2.5.1 地层岩性

沿线地层较复杂,新生界、中生界地层均有出露。以侏罗系上统火山岩系最为发育,次为白垩系陆相碎屑沉积岩和第四系松散沉积层。永康—壶镇段主要出露白垩系的紫红色砂岩、砂砾岩夹棕红色薄层砂质泥岩。其中法莲—白沙川、岭脚一带则以白垩系、侏罗系上统凝灰岩、含砾凝灰岩为主。磐安—台州附近低中山、丘陵主要为侏罗系晶屑玻屑熔结凝灰岩、凝灰质砂岩,其中在仙居盆地出露白垩系砂砾岩、泥岩,局部出露有燕山晚期侵入岩。近台州之丘陵则出露白垩系的砂岩、砂砾岩夹火山岩,有流纹岩、霏细岩及安山玄武岩脉状产出。第四系地层主要分布于永康江、南溪、好溪、永安溪、灵江各河流沿岸及台州滨海平原区。在山间谷地及平缓山坡有面积不大,厚度较薄的松散堆积物分布。台州滨海平原则主要沉积深厚层海积相淤泥、淤泥质粉质黏土等。

1.2.5.2　地质构造

线路区在大地构造上属华南褶皱系,为加里东期褶皱回旋之年轻地台,中生代岩浆活动强烈。由于基底固结程度高,在陆缘活动阶段,自印支期及燕山早期,断裂活动十分发育,其承袭基底的北东向断裂,至燕山晚期断裂偏转后,北北东向等断裂也得到发育。线路经过其次级构造单元浙东南褶皱带,其构造差异又以丽水—余姚深断裂为界,其西为丽水—余姚隆起,东为临海—台州坳陷。两者在断裂构造分布上又有明显差异。沿线另有北东向鹤溪—奉化大断裂、台州—镇海大断裂,北西向淳安—台州大断裂,东西向衢州—天台大断裂及分布于临海—台州坳陷的大型"X"形共轭剪切断裂组等,它们控制着本区地貌、水系、脉状及岩株状火山岩形态、不良地质体的基本格局。

线路通过地区构造复杂,由于凝灰岩及侵入岩质地坚硬,故在遭到区域性挤压应力作用后,常常产生断裂,而不易产生明显的褶皱构造。故该区的构造以断裂为主,辅以平缓的褶曲及盆地型构造。主要存在四个方向的构造体系,即北东向华夏系构造体系(走向一般 $N40°\sim60°E$)、北北东新华夏系构造体系(走向呈 $NE18°\sim25°$或稍入)、东西向构造体系及北西向构造体系。与线路有关的主要构造有 1 条深断裂和 5 条大断裂,即线路区西北部的丽水—余姚深断裂、鹤溪—奉化大断裂,线路区北部的衢州—天台大断裂,线路区西南的淳安—温州大断裂以及线路区东南的温州—镇海大断裂和泰顺—黄岩大断裂。

1.2.5.3　不良地质

沿线不良地质类型有滑坡、错落、危岩、落石和崩塌、泥石流、人为坑洞等。

1. 滑坡、错落

沿线滑坡和错落体主要分布在仙居县下各镇沿线及低中山前缘的丘陵斜地边框断裂段，这些地段一般顺地区性山间河流两岸发育。

2. 危岩、落石和崩塌

本线穿越大盘山、括苍山地区，崩塌落石多分布于覆盖层较薄、岩体裸露，构造、风化裂隙较为发育的陡峭山体上；区内构造强烈，岩体节理发育，陡崖发育，崖上岩体破碎；本地区为副热带、亚热带海洋季风性气候，年平均降雨量大于 2000 mm，这些外部因素都为崩塌落石创造了条件。

3. 泥石流

本线穿越括苍山地区，山体坡面多分布块石碎石及风化残积土体，集中降水季节易引发泥石流。经调查，本线多以桥梁形式避过了泥石流沟谷，泥石流对工程影响不大。

4. 人为坑洞

永康境内萤石矿较发育，呈矿脉条带状产出，沿线调查有人工掏挖矿洞。沿线未见大型矿区。本阶段对分布于线路附近的人为坑洞与矿区进行了专项调查，对影响线路的人为坑洞与矿区采取了绕避措施。

1.2.6　水文状况

1.2.6.1　地下水分布及特征

线路区地形、地质条件复杂，岩性变化大，山高坡陡谷深，气候的平面分区和垂直分带明显，各处水文地质条件差异较大。区内构造规模大，岩浆作用普遍，岩体节理、裂隙发育，为地下水的运移提供了有利条件。线路区的地下水类型主要有以下三种：松散岩类孔隙潜水、红色碎屑岩类孔隙裂隙水和基岩裂隙水，均受大气降水补给。

松散岩类孔隙潜水：滨海平原区第四系孔隙潜水主要分布于台州地区的平原，主要赋存于冲海积淤泥质土、砂类土和冲洪积碎石类土层中，主要接受大气降水及潮汐补给，水量和水位受降水及潮汐影响大，另外也有山区高水位地层的侧向补给；主要通过向低水位地层渗透及蒸发的方式排泄。受地形影响和季节性降水影响，地下水埋深变化幅度和升降幅度较大，一般大于 5 m，属径流性潜水，对工程影响不大。河谷区第四系孔隙潜水主要呈狭长的条带状赋存于线路区河谷平原两岸漫滩和阶地及冲沟、丘间坳谷及宽缓槽谷等第四系松散堆积层的孔隙中。河谷平原含水层为砂类土、卵砾石层。富水性极丰富—丰富，埋藏浅，水质好；阶地及冲沟、丘间坳谷及宽缓槽谷地段，含水层为含砾粉质黏土、砂砾石含黏土层，富水性中等—贫乏，埋藏较浅，水质好。水量和水位较稳定，各条沟谷中水位埋深差异较大。一般在 1~30 m。对工程有一定影响。

红色碎屑岩类孔隙裂隙水：分布于垄岗状低丘区，含水岩组为白垩系粉砂岩、粉砂质泥岩、泥岩、砾岩等，地下水主要赋存于风化裂隙和构造裂隙中，由于风化层薄，且裂隙不甚发育，富水性中等—极贫乏，水质较好，主要接受大气降水的补给，以泉的形式排泄。对隧道工程影响较大。

基岩裂隙水：沿线基岩裂隙水有构造裂隙水和风化裂隙水。分布于低山丘陵区、中山区，主要赋存于基岩的构造裂隙和风化裂隙中，含水岩组为侏罗系地层，水量受节理、裂隙发育程度影响较大，富水性极不均一，浅部风化裂隙发育富水性稍强；在张性、张扭性断裂带或断裂交叉部位，水量较丰富，常形成赋水不均匀的脉状水，除此之外，沿线富水性贫乏—极贫乏。水质一般较好，主要接受大气降水的补给，以泉的形式排泄。对工程有一定影响。

1.2.6.2 沿线水质对混凝土的侵蚀性评价

本阶段对沿线不同地貌单元水取代表性样品进行了化学分析，根据《铁路混凝土结构耐久性设计规范》（TB 10038—2012，J1408—2012）环境水对混凝土的侵蚀性判定标准，综合判断，沿线大部分段落水质较好对混凝土结构不具侵蚀性，滨海平原区大部分段落具侵蚀性。

1.2.7 气象条件

线路通过地区属亚热带季风气候区，具有温暖潮湿，雨量充沛，四季分明的气候特征。沿线按照铁路工程气候分区均为温暖地区。

金华地区永康、磐安属亚热带季风气候，四季分明，雨量充沛，降水主要集中在2—9月间。初春3—4月，由于南下的西北风减退和东南季风的增强，冷暖空气交汇，形成"绵绵春雨"。5—7月上旬，副热带高压逐渐加强与北方冷空气交汇，锋面在此徘徊，降雨强度和总量均较大，极易造成本流域的洪峰。7月中旬至9月，受太平洋副热带高压控制，盛行雷降雨，受台风影响，形成大面积降水，且强度大，历时短，易造成大洪峰。10—11月，天气晴朗少雨，冬季12月至次年2月，受冷空气影响，天气以晴为主，时有雨雪出现。据当地台站实测，多年平均气温为16.4～17.9 °C，极端最高气温41.8 °C，极端最低气温－11.8 °C，多年平均降雨量1 450～1 546 mm，年内分配为：春季38.7%；夏季24%；秋季21.3%；冬季16%。4—9月份为汛期，10月至次年3月为枯水期。

丽水境内缙云河谷平原是浙江省高温酷热地区之一，极端最高气温41.7 °C，极端最低气温－8.2 °C，1月份平均气温3.5 °C，7、8月份平均气温28.8 °C。

台州地区仙居、临海、台州地处浙江省东南沿海，属亚热带季风气候区，气候温和，雨量充沛，四季分明。据台州气象台资料统计，年平均气温为18.3 °C，最高月份为7月，平均气温29.4 °C，最低月份为1月，平均气温6.8 °C，极端最高气温40.1 °C，极端最低气温－4.5 °C，年平均水面蒸发量1 121 mm。本区降水量丰富，多年平均降水量为1 689.6 mm，最大年为2 134.6 mm（2010年），最小年为1 326.6 mm（2008年），降水量年内分配不均匀，4—10月份占全年降水量的78.5%，5—9月份占全年的64.7%。降水按其特性可分为梅汛期、台汛期和非汛期。

对新建铁路工程安全有影响的自然灾害主要为冰雹灾害及台风，主要出现在7—9月份，铁路所经区域为浙江省多雹中心地带之一，冰雹灾害对新建铁路工程有所影响。

1.2.8　交通运输情况

铁路：金华市境内有沪昆铁路、金温铁路、金千铁路，丽水市有金温铁路通过，台州市目前仅有甬台温铁路穿境而过。本项目所经的仙居、磐安两县均无铁路通达。

公路：形成以甬台温高速、金台高速、上三高速及 G104 道为骨架，联系 S214、S218、S322、S326 等众多省道的公路运输网络。其中金台高速基本与本线平行。

航空：台州境内有黄岩机场，位于台州市贸易中心路桥区；金华市有义乌机场。2013 年沿线民航完成旅客吞吐量达到 177.23 万人。

水运：台州港是我国对外开放一类口岸，浙江省五大沿海港口之一。2013 年完成吞吐量 5 628 万吨。台州内河有椒江、金清两大水系和温黄、椒北六条干线航道及众多的支线航道。

1.3　建设意义

1.3.1　在国民经济中的意义和作用

（1）适应温台沿海产业带、浙中城市群经济快速发展，增强泛长三角地区间互动与融合发展的需要。

"长三角"地区是目前我国经济最具活力的经济区，是引导中国经济发展的两大引擎之一，浙江省作为"长三角"地区的南翼，已形成以杭州湾城市群、温台城市群和浙中城市群为主体的现代城市群，成为对接上海、融入长三角，参与全球竞争的重要平台。本项目位于连接温台沿海产业带和浙中城市群的台州、金华两市，实现两大城市群相互对接，融入长三角、接受上海及国际产业的转移提供了重要的交通运输保障，对带动浙中城市群乃至浙江中西部欠发达地区的发展具有重要的意义和作用。

本项目连接沪昆、沿海两大铁路干线，同时，它的建设将与九景衢铁路形成一条顺直的东西向通江达海的重要铁路通道，为浙西南、赣湘鄂乃至云贵地区进出口物资提供便捷的出海口。本项目可实现温台沿海

第 1 章 绪 论

城市带、浙中城市群对中西部泛长三角区的辐射与带动,对发展壮大温台沿海城市带、浙中城市群的经济辐射功能,实现泛长三角区域的经济互动、区域经济的快速增长和区域经济的一体化发展均具有重要的意义和作用。

（2）发展壮大台州临港产业的重要基础设施,是促进"温台沿海产业带"发展,推动浙江经济发展的需要。

温台地区是"温台模式"的发源地,是浙江经济成长最快的区域,位于我国沿海中部经济发达地区的南缘,陆海交通便利。温台地区地处浙南与闽北交接地带,与台湾地区文脉相通、地缘相融,是浙江省吸引台资的重点区域。随着《温台沿海产业带和经济社会发展规划研究》《温台沿海城市群空间布局发展战略规划》等规划的制定和启动,温台沿海地区作为长三角的南翼和浙江经济的活跃地带,将在新的发展阶段担当起新的发展重任。温台产业带将成为浙江经济发展的新引擎。

台州沿海产业带是"温台沿海产业带"的重要组成部分,是浙江省实施海洋战略的重要平台,台州将着力于沿海临港产业的发展,发展园区经济。其中台州大石化项目的实施将有力促进沿海海洋战略的发展。本项目的建成将有效改善台州的区位条件和社会发展环境,为大石化及其他临港产业提供有效的运输保障,促进沿海产业的发展,成为台州经济对外发展的纽带和依托,有力地促进"温台沿海产业带"的建设和形成,使"温台沿海产业带"成为浙江经济发展的重要增长极,促进浙江经济的发展。

（3）完善台州港集疏运系统,加快台州沿海港口开发的需要。

台州港是浙江省五大沿海港口之一,我国对外开放一类口岸。2012年吞吐量达到 5 358 万吨。随着港口岸线资源的不断开发与拓展,研究年度台州港直接腹地为台州、金华、衢州及闽北沿海地区,间接腹地将向扩展至赣东和皖南等部分地区。随着港口腹地的扩展,长、大、笨重及中长途货物在港口集疏运货物中的比重将不断提高。铁路运输在综合运输体系中具有强大的骨干和辐射功能,通过铁路来实现港口与其经济腹地的大宗及长、远途货物的交流,尤其是煤炭、化工品、金属制品等大宗货物,可以形成台州港对外运输的大能力、快速货运通道,实现港口对其较远腹地的辐射，提升港口的竞争能力。由于铁路在路网中强大的骨干辐射作用，理应作为台州港集疏运的重要组成部分，但由于甬台温铁路为客运专线、沿海货运通道建设时机尚未明朗，台州港缺乏一条大能力、快捷的铁路运输通道。因此，本项目的建设将完善台州港集疏运体系，扩大港口对其经济腹地的经济辐射能力，为浙中和浙西南地区发展提供港口条件和便捷的出海通道。

本项目是加快台州沿海港口开发的需要。

（4）促进沿线地方社会经济协调发展的需要。

本项目沿线经济总量、发展速度与全省平均水平存在较大差距。沿线土地面积和总人口分别约占浙江省的11.4%和12.8%，2012年沿线区域生产总值仅占浙江省生产总值的16%左右。项目沿线所经的磐安、仙居目前均尚无铁路通达，其中，磐安县地处山区，交通不便，是浙江省的5个贫困县之一。但沿线地区均具有丰富的资源，目前，沿线地区均着力于发展生态工业、推动园区经济及旅游业的发展，力争将资源优势转化为经济发展的优势。因此沿线亟待铁路建成后发挥其运输量达、运输成本低的特点，促进沿线地区社会经济的发展。

项目沿线城镇、人口分布密集，旅游资源丰富多彩。台州自古以"海上名山"著称，共有自然景观62处，人文景观62处，其中著名的景点有天台山国家风景区、仙居景区、大陈岛、大鹿岛、及素有"画中镇"之称的千年阳光镇石塘等。金华是国家级历史文化名城，有双龙洞、方岩、仙华山、兰溪诸葛八卦村等诸多景观。

本项目的建设将大幅提升旅游资源的通达性与整体竞争力，对促进吸引区旅游客源市场的拓展和旅游业的发展壮大意义重大。同时，作为基础交通设施，对促进沿线地区资源合理化开发利用，优化沿线地区生产力布局，推动经济结构调整及产业转型升级，推动地方经济发展有着重要的作用。

1.3.2　在路网中的作用

金台铁路是浙江省铁路网中"两纵、五横、两放射"格局中的五横之一，将沪昆通道与沿海通道连接起来，形成浙江东中部地区的快速、便捷运输通道。同时，本项目的建成将扩充和完善浙江省铁路网骨架，加密浙江中东部和西南部的路网结构，完善浙东南地区的路网布局，提升铁路的市场竞争力。本项目的建设对优化路网布局、提高路网的机动灵活性具有重要的意义和作用。

综上所述，本项目是适应温台沿海产业带、浙中城市群经济快速发展，增强泛长三角地区间互动与融合发展的需要，是完善台州港集疏运系统，加快台州沿海港口开发的需要，是发展壮大台州临港产业的重要基础设施，是完善浙东南地区的路网布局，提升铁路的市场竞争力的需要，是促进地方社会经济发展的需要。因此，本项目是十分必要的。

1.4 关键技术

1.4.1 铁路隧道洞渣综合应用研究技术

（1）隧道洞渣综合利用筛分流程研究。
（2）隧道洞渣作为筑路材料研究。
（3）隧道洞渣加工成机制砂研究。
（4）隧道洞渣加工成衬砌材料。
（5）隧道洞渣运用于环境保护研究。
（6）隧道洞渣用于高填方路堤的变形与稳定性研究。

使洞渣应用到工程建设、工程防护及工程材料等多方面各环节，做到隧道洞渣的资源化利用和合理优化配置，达到经济效益、社会效益和环境效益的协调统一，做到资源节约、环境友好，保证建设项目可持续发展。

1.4.2 深水高墩大跨连续梁钢管混凝土拱特大桥综合施工技术

（1）使用有限元软件建立深水钢管桩基础的有限元模型，分析计算桩基的受力情况以及稳定性分析研究。
（2）使用数字式水准仪对连续刚构混凝土拱进行线性监控，通过所设置的传感器对桥体进行墩柱应力监测、桥墩水平位移监测、主拱肋拱轴线形、旁弯监测、拱肋各控制截面应力监测、吊杆索力监测、钢管拱内混凝土填充密实度检测以及梁体、拱肋温度场监测。

(3)使用MIDAS建立桥体模型,计算施工阶段梁体应力,并且计算主梁施工线形控制,运用MATLAB将计算所得结果与线性监控现场数据进行分析对比。

(4)运用MIDAS软件建立栈桥模型,并使用所建立的模型对栈桥的稳定性进行验算,并使用3DMAX对栈桥的搭建过程进行动态模拟。

1.4.3 临近既有线施工安全控制技术

(1)综合运用风险层次全息模型、专家访谈法、问卷调研法对临近既有高速公路铁路隧道掘进施工安全风险进行识别,并对各要素的综合风险指数进行统计分析。

(2)结合风险管控技术与轻质泡沫混凝土技术,解决既有铁路路基帮宽施工质量问题。

(3)运用因子分析法从人员因素、设备因素、技术因素、环境因素及管理因素五个方面对金台铁路线路钢桁梁顶推施工安全风险指标进行提取,进而构建顶推法施工安全风险评价指标体系。

(4)应用信息熵及单指标方法构建铁路隧道掘进临近既有线爆破振速、路基沉降和位移变化规律的安全风险评价模型,并以金台铁路施工实际项目进行验证。

1.4.4 深厚滨海软土沉降控制技术

(1)选取典型软土路基工点,布设测试元件,开展施工现场沉降监测与自动沉降监测;并根据土压力盒所测数据计算理论沉降值,掌握沉降变形发展规律,提出合理的路基沉降变形预测模型,为类似客货共线铁路软土路基沉降观测提供参考。

(2)充分研究已有的地质资料,通过现场及室内土工实验,确定厚度不均匀软土地基的物理力学参数,为数值模拟方法提供必要的基础资料,并研究参数对沉降变形影响的敏感性,掌握其控制性因素。

1.4.5　铁路梁场信息化管理技术

（1）研发出制梁过程中新的质量保障措施、信息化施工管理技术。

（2）研究出现场梁的质量管理系统，以保证梁的安全管理。

（3）利用 BIM 技术的可视化、模拟性和优化性特点模拟制运输管理，实现碰撞检查并规划出合理的运输路线。

（4）利用 BIM 实现现场进度管理技术，实时监控施工进度。

1.4.6　高墩大跨连续梁节段现场预制长线拼装技术研究

（1）特大桥简支箱梁预制悬拼技术研究。

（2）56 m 简支梁长线法节段预制施工技术研究。

（3）连续梁长线法节段拼装线形控制研究。

（4）混凝土收缩徐变效应对节段拼装技术的影响。

第2章

金台铁路隧道洞渣综合应用研究

第2章 金台铁路隧道洞渣综合应用研究

隧道弃渣是隧道开挖过程中的主要产物，对于不同的隧道围岩施工，隧道弃渣的种类也繁多，充分考虑隧道围岩等级、开挖方法和洞渣物理力学性质，确定弃渣的力学参数，根据不同材料的力学要求，选用合适的隧道弃渣种类。隧道弃渣的综合利用如图2-1所示。

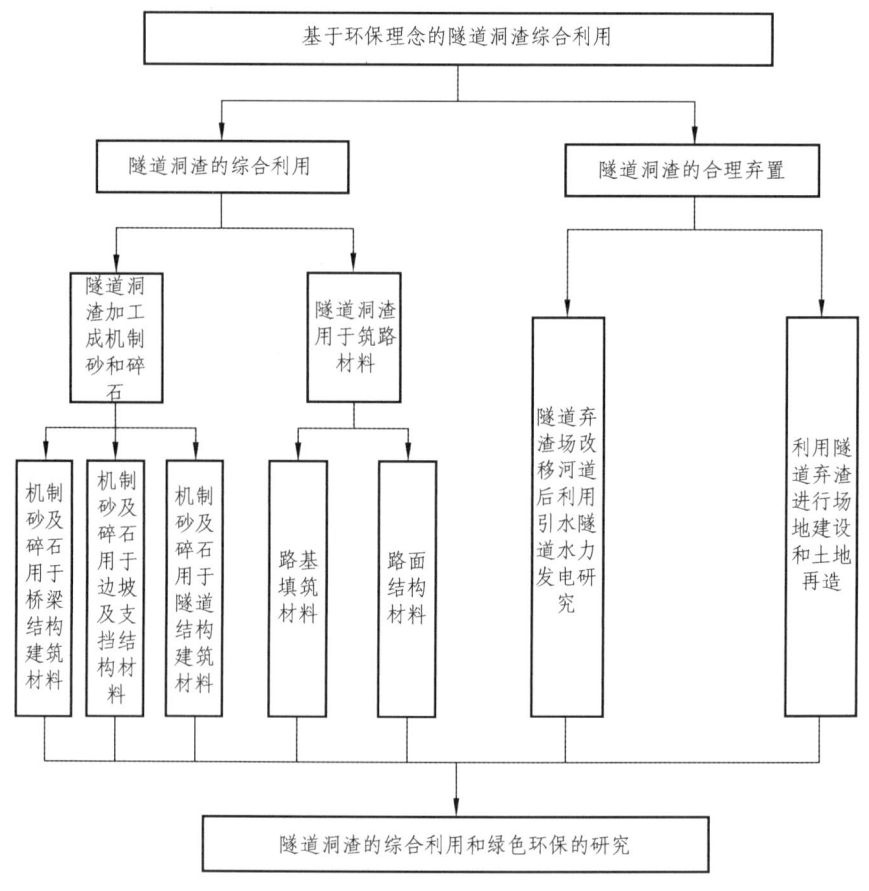

图2-1 隧道弃渣的综合利用

2.1 隧道洞渣综合利用筛分流程研究

2.1.1 全线隧道概况

金台线全线线路合计总长为223.88 km，隧道103.422 km/57座，约

2.1 隧道洞渣综合利用筛分流程研究

占线路长度的 46.2%。永康至台州长 148.4 km，新建隧道共 79.124 km/47 座，占线路总长的 53.3%；头门港支线初步设计线路长 42.37 km，新建隧道 16.771 km/7 座，占支线线路长度的 39.6%；台州之台州南货运线长 15.94 km，新建隧道 5.451 km/2 座，占线路长度的 34.2%；永康南疏解线线路长 6.05 km，新建隧道 2.076 km/1 座，占支线线路长度的 34.8%。全线最长隧道为将军岭隧道，长 12.82 km，为单线隧道。隧道分布见表 2-1。

表 2-1 隧道分布表

项目	按长度分类	速度目标值	长度/m		线别	座数	备注
永康南至台州正线	$L \leqslant 1$ km	120 km/h，工程预留160 km/h	12 602	12 105	单线	26 座	预留二线工程 456 m
				497	双线	1 座	头门港支线引出
	1 km<$L \leqslant$2 km		9 213		单线	6 座	
	2 km<$L \leqslant$3 km		17 418		单线	7 座	55 m 预留二线工程
	3 km<$L \leqslant$4 km		6 848		单线	2 座	
	4 km<$L \leqslant$6 km		13 955	13 718	单线	3 座	预留二线工程 160 m
				237	双线		预留二线工程
	6 km<$L \leqslant$10 km		6 268	6 268	单线	1 座	预留二线工程 37 m
	10 km<L		12 820	11 880	单线	1 座	
				940	双线		出口车站进隧道
总 计			79 124			47 座	建筑长度：79 927 m
台州至台州南货运线	$L \leqslant 1$ km	120 km/h	518		单线	1 座	
	4 km<$L \leqslant$6 km		4 933		单线	1 座	
总 计			5 451			2 座	
永康南疏解线	2 km<$L \leqslant$3 km	120 km/h	2 076		单线	1 座	
总 计			2 076			1 座	

第 2 章　金台铁路隧道洞渣综合应用研究

2.1.2　隧道重点工程

2.1.2.1　将军岭隧道

（1）将军岭隧道位于丽水市壶镇镇至仙居县皤滩乡西北，隧道通过地区为低山丘陵区和中低山区，隧道起讫里程为 D1K45+170～D1K57+990，全长 12 820 m。为客货共线单线电气化铁路隧道，设计速度为 120 km/h，工程预留 160 km/h，洞内铺设无砟轨道。其中 D1K57+050～D1K57+990 段为双线车站隧道。

（2）隧址区地层岩性主要为：第四系全新统残坡积粉质黏土、碎石土，侏罗系上统茶湾组凝灰质粉砂岩、硅质页岩、砂岩夹泥岩，西山头组第一段含角砾玻屑凝灰岩，第二段晶屑凝灰岩，第三段晶屑凝灰岩、含角砾晶屑熔结凝灰岩、含角砾玻屑凝灰岩，侏罗系上统霏细斑岩、英安玢岩侵入岩脉等。围岩分级如表 2-2。

表 2-2　将军岭隧道围岩分级表

围岩级别	Ⅱ级	Ⅲ级	Ⅳ级	Ⅴ级
长度/m	7 860	3 350	1 070	440
比　例	61.5%	26.95%	8.4%	3.4%

（3）隧道弃渣：全隧共弃渣 92.1 万立方米（实方），隧道进口渣场位于 D1K44+700 线路左侧 750 m 冲沟，渣场总占地约 58.0 亩（1 亩≈666.67 m²），弃渣量约为 23.79 万（实）立方米，包括将军岭隧道进口工区 14.88 万立方米和岩潭隧道出口工区 8.91 万立方米，运距 2.5 km。位于 D1K46+800 线路左侧 250 m 冲沟、D1K46+900 线路左侧 450 m 冲沟和 D1K47+000 线路左侧 600 m 冲沟内，渣场总占地约 93.6 亩，弃渣量约为 38.41 万（实）立方米，1 号斜井工区运距 1.0 km，2 号斜井工区运距 4.0 km。位于 D1K55+600 线路右侧 1 400 m 冲沟，渣场总占地约 44.9 亩，弃渣量约为 18.40 万（实）立方米，运距 0.5 km。隧道出口弃渣场位于 DK59+590 线路右侧 175 m 冲沟，渣场总占地约 91.4 亩，弃渣量约为 26.05 万立方米，运距 2.0 km。

2.1.2.2　牛和岭隧道

（1）牛和岭隧道位于浙江省丽水市缙云县壶镇境内，进出口及洞身均有乡间道路和土路通过,交通条件一般。隧道位穿行于丘陵区,地形起伏较大,"V"字形冲沟发育。海拔高程 235~522.4 m,相对高差 10~287.4 m,自然坡度 25°~60°,山体局部有第四系土层覆盖,植被较茂盛。

(2)依据工程地质调绘及地质钻探,隧址区地层岩性主要为:第四系全新统冲洪积粉质黏土、碎石土,基岩为白垩系上统塘上组粉砂岩、凝灰岩,侏罗系上统西山头组凝灰岩、凝灰质砂岩、石英霏细岩、流纹岩。隧道围岩长度统计与分级见表 2-3。

表 2-3 牛河岭隧道围岩分级表

围岩级别	Ⅱ级	Ⅲ级	Ⅳ级	Ⅴ级
长度/m	3 320	2 050	645	265
比 例	53%	32.7%	10.3%	4%

(3)隧道弃渣:全隧共弃渣 21.64 万立方米(实方)。进口弃渣场位于 DK61+300 左侧 1 000 m 冲沟内,渣场总占地约 25.0 亩,地类为林地,运距约 1 600 m,弃渣量约为 10.28 万立方米(实方);出口弃渣场位于 DK66+200 右侧 1 800 m 荒地内,渣场总占地约 42.8 亩,地类为滩地,运距约 3 500 m,弃渣量约 17.58 万(实)立方米,包括本隧道出口工区弃渣 11.37 万立方米以及东安隧道弃渣 6.21 万立方米。

2.1.3 洞渣加工及质量控制

根据不同岩层围岩地段进行原材送样,当材质符合设计及规范要求时,方可运输至砂石料加工场地,否则弃至指定的弃土场。

2.1.3.1 加工设备选型

综合考虑该隧道洞渣利用,结合本工程施工合同段路面基层碎石总体需求量和开挖石料总工程量,计划加工碎石时间为 1 年,加工石料总量按 120 万吨计(其中机制砂 40%、碎石 60%)。依据产能需求,选择的主要加工设备为:一级破碎采用 1 台 PE600,选颚式破碎机,二级破碎采用 1 台 PF1315 反击式破碎机,采用干法生产碎石。

2.1.3.2 加工场地布设

加工场地布设时考虑以下几点：

（1）尽量保护土地资源，避免新征临时用地。

（2）尽量将加工场地布设于原材地（隧道和可利用挖方路基）与应用地（路面基层水稳拌和站）之间，避免原材料和碎石重复运输。

（3）与附近居民居住点保持 200 m 以上的距离，避免加工过程中产生的噪声及粉尘扰民。

（4）电力供应方便，尽量降低加工成本。综合考虑后，因地制宜地将碎石加工场地布设于距离隧道出口约 1 000 m 处的路基填方段上（因隧道由出口往进口掘进，同时路基挖方量较大，则选址基本位于道路中点处），场地面积约 600 m^2。

2.1.3.3 加工工艺流程

碎石加工工艺流程如图 2-2 所示。

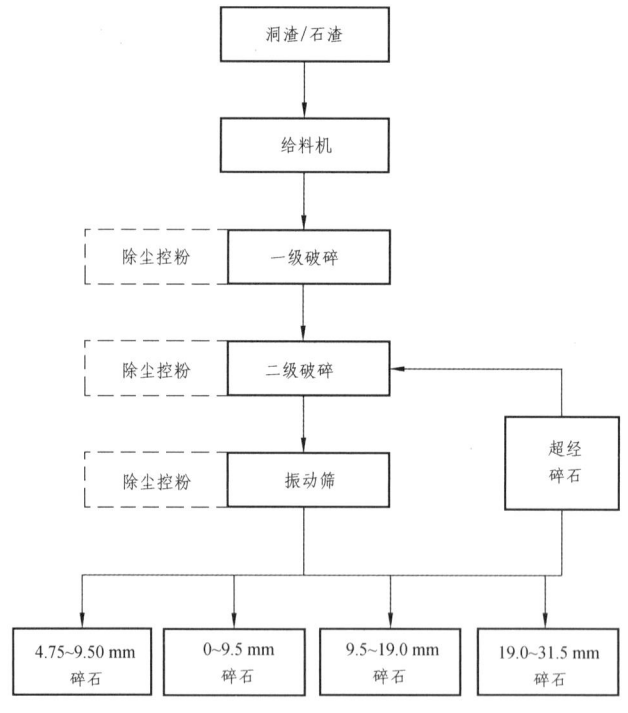

图 2-2　碎石加工工艺流程图

2.1.3.4 施工方法

（1）开挖：采用爆破配合挖掘机开挖洞渣，在开挖过程中，应根据岩石的类别、风化程度和节理发育程度等确定开挖方式，本工程石方主要为绢云母石英岩，大部分为中风化或强风化，多呈大块状，部分呈碎石状。开挖后首先应进行现场初步检测，即根据经验采用目测观察和应用铁锤等工具进行敲击检测，初步检测符合相关要求之后送试验室进行精确检测，检测合格之后才可以进行大量运输。

（2）运输：采用挖掘机挖装，自卸汽车运输到碎石加工厂原材区。

（3）加工：加工采用二级破碎工艺，一级破碎采用颚式破碎机，其主要用于对各种矿石与大块物料进行粗碎和中碎加工。二级破碎采用反击破碎机，其利用冲击能来破碎石料，主要用在集料的二次加工。加工方法为振动给料机喂料，一破采用 PE600 破动作用颚式破碎机（设备应配备条形隔片筛，用于过滤泥土和细长扁平块石，将直径 500 mm 的石料破碎至直径 130 mm 以下；二破采用 PF1315 反击式破碎机，将直径 130 mm 的石料破碎至直径 40 mm 以下；然后将破碎的石料经过振动筛分档成最终产品，即直径 4.75～9.50 mm、0～9.5 mm、9.5～19.0 mm、19.0～31.5 mm，超粒径颗粒返回到反击式破碎机再次进行破碎，将石料破碎成最终产品。

（4）检测应用：加工出的最终产品在使用前必须送第三方检测机构进行检测，检测合格后方可使用。

2.1.3.5 加工质量控制

为保证加工质量，从以下几个方面加强质量控制：

（1）从源头优选原材。在开挖过程中，优选整体性好、性能满足要求的岩石用于加工碎石。当施工进入破碎带、含泥地层、软弱地层以及富水区段时，开挖的洞渣不可用于砂石料生产。

（2）对石渣进行晾晒。在加工场地附近设置临时堆场，将开挖出的石渣先运输至此进行晾晒，待晒干后用挖掘机挑选装车运输至加工场用于加工，避免因过湿石渣直接用于生产砂石料而导致质量波动。

（3）场地与道路硬化。石渣运输道路和加工场地首先采用压路机充分压实，然后铺筑厚 20 cm 级配碎石层，避免加工过程中运输车辆、装卸设备将泥土带入。

（4）强化排水系统。加工场地场平按中间高、周边低的原则进行平整，并在周边修建排水沟，确保雨水能及时排除，避免降雨积水导致原材料和成品被污染。

（5）定期检查维修设备。坚持每天定期对加工系统的有关设备进行检查，重点对破碎机易损件、振动筛、除尘器布袋完好性等进行检查，发现问题及时修复，确保这些设备处于正常工作状态。

（6）及时转运成品。将加工出来的碎石及时转运至路面基层水稳拌和站或储料场，确保成品堆高不超过 3 m，以避免出现颗粒离析。

（7）加工质检系统。建立洞渣/石渣加工碎石质检系统，每天开始生产时在皮带上取样检验碎石级配、石粉含量，当这些指标出现大的波动时立即停机检查，排除故障后再重新开机生产。

2.1.4 质量检验

2.1.4.1 水泥稳定级配碎石基层中碎石技术要求

根据 CJJ 1—2008《城镇道路工程施工与质量验收规范》和 JTG/T F20—2015《公路路面基层施工技术细则》及结合本工程施工设计图，水泥稳定级配碎石基层中碎石需满足表 2-4 中的技术要求。

表 2-4 水泥稳定级配碎石基层中碎石技术要求

检测项目	技术指标	备注
压碎值	小于 40%	关键
针片状含量	不大于 20%	—
液限	小于 28%	—
塑性指数	小于 6%	—
软弱颗粒含量	小于 5%	—
扁平细长含量	小于 20%	—

水泥稳定级配碎石基层中轧制碎石的石渣粒径应为碎石最大粒径的3倍以上,碎石中不应有黏土块、植物根叶、腐殖质等有害物质。成品碎石应为多棱角块体,级配碎石颗粒范围应符合 CJJ 1—2008《城镇道路工程施工与质量验收规范》表 7.7.1-13 要求。

2.1.4.2 水泥稳定碎石基层中碎石技术要求

根据 CJJ 1—2008《城镇道路工程施工与质量验收规范》和 JTG/T F20—2015《公路路面基层施工技术细则》及结合本工程施工设计图,水泥稳定碎石基层中碎石需满足表 2-5 中的技术要求。

表 2-5 水泥稳定碎石基层中碎石技术要求

检测项目	技术指标	备 注
压碎值	小于 30%	关键
液 限	小于 28%	—
塑性指数	小于 6%	—
单颗最大粒径	不大于 31.5 mm	—
有机质含量	不大于 2%	—

水泥稳定碎石基层中宜采用质地坚硬、耐久、洁净的碎石,集料级配范围应符合表 2-6 要求。

表 2-6 水泥稳定级配碎石基层中碎石级配范围

类型	通过以下筛孔的质量百分比/%						
	31.5 mm	19 mm	9.5 mm	4.75 mm	2.36 mm	0.6 mm	0.075 mm
路面基层	100	68~86	38~58	22~32	16~28	8~15	0~3

2.1.5 工程应用

2.1.5.1 碎石在路面基层工程的应用

经检测,采用该隧道洞渣和此工程段挖方路基石渣加工的碎石无碱活性,其检测结果为:该碎石样品压碎值等技术指标符合《公路路面基层施工技术细则》中高速公路和一级公路重、中、轻交通用粗集料Ⅰ Ⅰ类技术指标及设计要求。采用此类洞渣/石渣加工碎石配制的路面水泥稳定性基层已成功应用于本工程。水泥稳定碎石/级配碎石基层：基层压实度≥98%，底基层压实度≥97%；弯沉值不应大于设计规定值；外观质量：表面应平整、坚实、无推移、松散、浮石现象；均能满足设计及规范要求。

2.1.5.2 满足相关强度等级混凝土的应用

依据 JGJ 55—2011《普通混凝土配合比设计规程》，根据道路工程混凝土工程特点，对此类洞渣/石渣加工的碎石进行混凝土配合比设计，相关等级混凝土配合比与抗压强度见表 2-7。

表 2-7 混凝土配合比与抗压强度

混凝土强度等级	配合比/(kg·m^{-3})				28 d 抗压强度/MPa
	水泥	砂	碎石	水	外加剂	
C20	321	805	1 113	192	2.58	30.5
C20 喷射	405	825	792	183	3.3 + 20.1	32.5
C30	366	842	1 075	169	4.77	40.6
C30 抗渗	381	835	1 062	176	4.16	40.5

由此可见，采用此类洞渣/石渣加工的碎石配制的混凝土其 28 d 抗压强度均满足强度要求。

2.1.6 结 论

（1）道路工程中隧道洞渣和挖方路基石渣常常作为废渣丢弃，既占用土地资源又影响环境。实现隧道洞渣和挖方路基石渣的资源化利用是建设绿色工程的必然要求。

（2）选择的二级破碎工艺（一级破碎 PE600 级破碎工颚式破碎机，二级破碎 PF1315 反击式破碎机）可满足隧道洞渣和挖方路基石渣加工碎石的需要。

（3）隧道洞渣和挖方路基石渣加工碎石宜采用干法生产，可采用布袋除尘方式进行碎石石粉控制。

（4）结合隧道洞渣和挖方路基石渣的特点，需从源头控制及晾晒优选原材、场地与道路硬化、场地有效排水、及时转运成品、定期检查检修设备等方式加强质量控制。宜采用级配、石粉含量、压碎值等指标作为隧道洞渣和挖方路基石渣生产碎石的控制指标。

（5）通过加强质量控制，隧道洞渣和挖方路基石渣生产的碎石性能可满足建设工程要求的碎石。将其用于道路工程建设是可行的。

（6）用隧道洞渣和挖方路基石渣加工碎石既消耗了隧道洞渣和挖方路基石渣，又解决了道路工程建设砂石用料短缺的难题，实现了隧道洞渣和挖方路基石渣资源化利用，节约了大量工程投资，且环保效益显著。

2.2 筑路用隧道洞渣材料研究

金台铁路隧道洞渣中含有大量的坚石、次坚石、石渣等优良的路基填筑材料，经简单的筛选便可用于抛石挤淤、石方路基施工和台背回填，不但可以改善路基填料的质量，而且能够使隧道洞渣变废为宝。我国大部分地区处于多雨地带，雨季相对较长，造成了部分路基填料天然含水率较高，即使对其进行反复翻晒，仍会因超出土壤的最佳含水量而无法保证填筑施工的效果，而用洞渣作为填筑材料就可以良好地解决这一问题。

2.2.1 隧道洞渣物理改良路基的方案

该施工路段土壤特点为湿度大、松散度大。另外，该地区雨季相对较长，造成土壤的含水量有很大程度的增加，在进行填筑施工时，已经超出最佳含水量22%。为了保证施工效果，工作人员对其进行反复翻松和晾晒，但是效果仍达不到预期目标，路基压实工作难以进行，导致工期严重滞后。以上为施工背景，考虑到相邻隧道具有除渣量大的特点，在施工过程中，应用了物理改良方法，利用隧道洞渣对路基进行填筑。所以，本章涉及路段也应用了物理改良的方式进行施工，通过对施工结果进行分析发现，该方法的应用不仅保证了施工质量，而且还大大降低了施工成本。

2.2.2 隧道洞渣物理改良路基的施工技术

2.2.2.1 挖　方

（1）施工前进行复查和试验。在路基施工之前，组织专业人员对路基一定范围内的地质情况进行取样调查，同时对附近建筑物由于特殊处理方法带来的不良影响情况进行了解，保证施工可以顺利开展。

（2）挖方前路堑的排水设施。我国大多公路病害和水有着紧密的联系，选择开挖方式的时候，必须保证完成施工后，排水设施较为完善。

（3）一般路堑开挖。本书涉及工程通过对合同段路基进行调研发现，采用多层全宽的开挖方法最为合理，各层应纵向拉开，开挖深度根据施工安全和作业方案而定，采用自卸车对开挖土体进行运输。采用人工配合挖掘机的方式对边坡进行修整。土方开挖的过程中，将表土存储在指定位置，用于临时用地复耕以及场地绿化。土方开挖应该遵循从上而下的开挖顺序，不能出现乱挖和超挖的现象，同时严格禁止掏底开挖。定时对边坡坡度进行检查，一旦产生偏差，立即纠正，严格禁止出现超挖、欠挖现象。采用人工配合挖掘机对坡面进行平整处理，保证没有明显的局部高程落差。高路堑边坡开挖在设置边坡平台的过程中，应该严格按照设计要求规定的参数进行设置，同时保证平台面向路基侧有排水沟设置。按设计要求设计边坡支护，为了防止坡面坍塌的现象发生，注意支护设施不能长期暴露在空气中。在挖方的过程中，注意预留保护层厚度。

（4）深挖路堑。

① 边坡。深挖路堑边坡能否顺利开展，受很多因素的影响，其中边坡坡度大小的设置尤为重要，如果边坡坡度较大，容易造成坍塌现象发生。如果在施工过程中遇到实际土质和设计资料不符的情况，尤其实际土质较为松散时，为了确保路堑边坡的稳定，必须将设计修改意见报送至相关部门，审批后方可实施。

② 路堑开挖。应用多层横向全宽的开挖办法对单边坡路堑进行开挖。应用分层纵挖法对双边坡进行开挖，在实际施工过程中，应针对实

际情况，可以应用两种方法互相结合的方式进行开挖。如果路堑纵向长度较大、其中一侧边坡的高度和厚度都较小，那么可以应用分段纵挖法。

③ 具体施工设备为铲运机和推土机。如果废土需要运输的距离较远，选择铲运机经济性较差时，可以应用自卸汽车进行作业，同时配合使用装载机。

④ 路堑开挖施工过程会存在一定的偏差，其允许偏差、检验方式以及检验数量具体见表2-4。

⑤ 土质深路堑施工的过程中，为了避免发生边坡失稳的现象，严格禁止采用掏洞取土，保证施工顺利开展的同时，确保施工作业人员的安全。路堑挖至设计长度后，需要充分做好截水渗沟准备。

2.2.2.2 填　方

隧道洞渣法施工中，填方施工具体工序为：

（1）根据路基平行线设置每一层填筑土的高度，完成填筑后，必须进行充分的压实，保证路基具有足够的压实度。此外，需要保证路基边缘的压实度满足要求，控制每一层填料的跨度需要超过设计路堤宽度50 cm。最后一层路堤的压实度必须超过 10 cm。

（2）在施工过程中，如果路基填土高度未达到 80 cm，需要整平基地，使基底压实度超过 96%。如果路基填筑土高度超过 80 cm，对路堤基底进行处理后，对其压实度进行检测，确保其必须超过 90%，所有的填筑施工，都必须对基底进行充分的碾压处理。

（3）如果地面陡于 1∶5 时，应该对基底进行挖台阶处理，控制台阶宽度约为 2 m，保证阶面向内倾斜 4%；如果地面陡于 1∶2 时，需要分析地面和路线的位置关系，对基底进行超挖台阶处理，直到挖至路床底，控制台阶宽度约为 2 m，保证阶面向内倾斜 4%。

（4）完成路基填土后，按相关要求进行洒水，直到路基含水量达到最佳标准之后再开始进行碾压，对路基土质进行取样检测，土质一旦不达标，立即进行换填。在进行换填施工的过程中，以挂线的方式对虚铺厚度进行控制，应用推土机对路基进行初平，然后凭借平地机对路基进行精平。利用自卸汽车进行混合料装卸，通过计算车容量合理设计堆土间距，旨在控制填层厚度，保证边坡压实度满足要求。

(5)填方高度不超过 8 m 时,设置边坡率为 1∶1.5,如果填方高度≥8 m 时,相邻边坡平台之间的距离约为 8 m,控制平台宽度约为 2 m,控制边坡率为 1∶1.75。

(6)对路基分层填筑,整平后根据试验路段确定的工作参数,对路基进行充分的碾压,在碾压时,注意控制碾压速度先慢后快、振动机振动频率先弱后强。对于曲线路段的碾压,为了保证相邻之间的重叠宽度>0.3,应该从内测向外侧纵向进退式碾压;如果是直线段的碾压,按先两侧后中间的碾压顺序进行。无论是直线段还是曲线段,都必须保证碾压没有死角和遗漏的情况发生,保证碾压效果均匀一致。碾压工作完成后,需要凭借平地机进行一次精平,确保每一层的压实面都有 4% 的横坡。如果填筑路堤施工在雨季进行,应保证土体随挖随运,随填随压。

(7)填方高度如果超过 8 m,对于这类路段的填筑,为了进一步提高基底承载能力,减少施工后发生沉降的概率,应该在基底层换填一层厚度约为 50 cm 的大粒径砂砾垫层。

2.2.3 结构物处的回填施工

(1)基底处理。在回填工作前,保证基底处于整平状态,基底承载能力一旦不符合设计规定,立即采用回填技术进行处理。基底承载能力达到相关要求后,向监理工程师报检,监理工程师对相关材料进行合格签字确认。

(2)回填施工。应用填料进行回填的过程中,根据压实设备确定具体的分层厚度,保证回填工程离构造物超出 1 m 以外,压路机可碾压到的部位,按试验段确定的相关参数确定最终的分层厚度。如果在距离构造物 1 m 范围以内或者压路机不能进行碾压的位置,凭借小型设备进行压实,控制分层厚度处于 15~20 cm。在构造物附近位置严格禁止采用强振的方法,应用弱振或者静压的方式进行。

2.2.4 结 论

综上所述,本章通过实际案例,详尽地对隧道土质改良技术进行了具体的说明，工程施工后满足了施工要求，不仅提高了项目工程质量，还大大降低了施工成本，获取了较高的经济效益，给日后类似工程提供一定的借鉴，值得广泛推广。

2.3 隧道洞渣加工成机制砂研究

2.3.1 工艺流程及操作要点

2.3.1.1 工艺流程

隧道围岩类型及等级分析→洞渣及砂石供需分析→碎石场场地比选→碎石场机械设备选型→碎石场场地建设、机械设备安装→砂石料质量检测→机械设备调整。

2.3.1.2 操作要点

（1）隧道围岩类型及等级分析。隧道围岩等级的高低决定围岩完整性，但是围岩的岩石种类才是决定是否能制备碎石的关键参数。围岩等级主要由洞渣的破碎程度以及围岩种类决定，围岩等级低的洞渣不一定岩石强度低，围岩等级高的洞渣不一定就满足制备砂石料要求，实践证明Ⅳ/Ⅴ级围岩的玄武岩作为砂石料原料是可以满足规范要求的。围岩等级较高的页岩、泥岩、泥质灰岩不适合作为原料来生产砂石料。

（2）砂石料需求量分析。全面考虑工程高峰时期每日砂石需求数量，以及施工配合比中砂石料使用比例，以此为依据选择合适的生产设备，并应留有一定的富余。

（3）碎石场场地比选。碎石场位置应综合分析原料来源以及拌和站位置后，在可利用的场地中选择最佳位置。碎石场场地大小应考虑一定的成品料堆积场地以及洞渣堆积场地。

（4）碎石场机械设备选型。石料的破碎应根据物料的性质、尺寸及需要破碎的程度来选用恰当的破碎方法。对于坚硬物料的粗、中破碎，宜采用挤压法；对于脆性和软质的破碎，宜用冲击法或劈裂法；对粉磨破碎一般采用磨削法和冲击法；对于粘湿物料，如韧性物料采用磨削法或挤压法。冲击法应用范围较广，可用于破碎和粉磨。一般来说，破碎机械的选择是根据破碎的级别而定的，破碎机的设计制造也是根据破碎级别来考虑的。对于粗碎阶段，宜选颚式破碎机、颚旋式破碎机、旋同圆锥式破碎机等；对于中碎阶段，选择标准圆锥式破碎机、中型圆锥式破碎机、菌形圆锥式破碎机、反击式破碎机等；对于细碎阶段，宜选择短头圆锥破碎机等；对于磨碎阶段宜采用棒磨机、冲击式破碎机等。对于制备机制砂而言，细碎阶段和磨碎阶段可以合并为制砂阶段，一般选用冲击式破碎机即可。

（5）碎石场场地建设、机械设备安装。场地建设时应充分考虑砂石料及洞渣堆放问题，提前规划好厂区车辆行走路线及调转车头位置，合理安排设备位置，充分利用现有的空间。上料平台及洞渣堆积场地应高于生产设备平面 6 m 左右。

（6）砂石料质量检测。铁路项目中，碎石指标要求应满足 TB 10424—2010【铁路混凝土工程施工质量验收标准】中表 6.2.3-1、表 6.2.3-2 中要求，检测项目及频率应符合表 6.2.3-3 中要求，试验方法应参照 GB/T 14685—2011【建筑用碎石、卵石】执行；机制砂要求应满足 TB 10424—2010【铁路混凝土工程施工质量验收标准】中表 6.2.4-1、表 6.2.4-2、表 6.2.4-3 中要求，检测项目及频率应符合表 6.2.4-4 中要求，试验方法应参照 GB/T 14684—2011【建筑用砂】执行。机械设备调整根据试生产出来的砂石料检测结果，调整机器设置参数。筛网尺寸应充分考虑实际生产情况，以及配合比中各种配料比例。筛网种类应经济适用，机制砂上层筛、16～31.5 碎石上层筛可选用钢网筛，增大通过率，这两种规格骨料用量相对于其他规格骨料多，在保证成品砂石料规格尺寸的前提下，应采用易于通过的钢网筛。其他筛网宜选用尼龙筛，增加筛网使用寿命，减少更换筛网造成的人工费用，降低更换筛网碎石场停工的时间。

（7）机械设备调整。根据试生产出来的砂石料检测结果，调整机器设置参数。筛网尺寸应充分考虑实际生产情况，以及配合比中各种配料比例。筛网种类应经济适用，机制砂上层筛、16～31.5 碎石上层筛可选用钢网筛，增大通过率，这两种规格骨料用量相对于其他规格骨料多，在保证成品砂石料规格尺寸的前提下,应采用易于通过的钢网筛。其他筛网宜选用尼龙筛,增加筛网使用寿命,减少更换筛网造成的人工费用,降低更换筛网碎石场停工的时间。

2.3.2 材料、机具设备

本工程除需要合格的洞渣及充足的水源外无需特别的材料。采用的机具及设备见表2-8。

表2-8 机具设备数量表

序号	机具设备名称	型号	单位	数量	用途
1	给料机	ZSW-600×130	台	1	原材料给料
2	颚式破碎机	PEX250×750	台	1	粗破
3	圆锥式破碎机	SJ12000	台	1	中破
4	立轴冲击破碎机	SJPL-800	台	1	细破
5	振动筛	SY2400*6000	台	2	砂石料筛分
6	输送带	800CM	条	10	砂石料输送
7	电柜及电缆		套	1	配电输电
8	洗砂设备		套	1	机制砂清洗
9	装载机	柳工 50C	台	2	原材料上料,成品料装车

2.3.3 劳动组织、生产安全管理

2.3.3.1 劳动组织

劳动力组织关系表见表2-9。

表 2-9　组织关系表

序号	工　种	所需人数	备　注
1	管理人员	1	
2	生产人员	4	
3	装载机司机	3	
4	厨　师	1	
5	维修工(电工)	1	
6	发料员	1	
7	工具车司机	1	

2.3.3.2　生产安全管理

（1）碎石机应配专人操作及管理，操作者须具有电工、机械的安全知识，熟悉本机工作原理，工作性能，掌握操作要领。

（2）操作者上班前必须戴安全帽、穿工作服。

（3）各皮带机运转过程中，禁止从上方跨越，禁止接触各托辊及各滚筒，以防撞伤，作业期间，禁止在破碎机台下、输送机下停留。

（4）作业前准备：

① 检查各运动部件润滑情况是否良好，必要时加注适量润滑脂。

② 检查紧固件是否紧固可靠。

③ 检查皮带机的皮带和 V 形皮带紧张度是否合适，并进行必要的调整。

④ 检查皮带机前后清扫器是否与地面贴紧，清扫器内是否有石料或其他物料，若有应予以清除。

⑤ 检查皮带接头是否损坏，必要时进行更换。

⑥ 清除颚式破碎机颚口的石料或其他物料。

⑦ 检查颚板磨损情况，并应调整到要求尺寸。

⑧ 检查振动筛，振动给料器是否被石子或其他物料卡住，并予清除。

⑨ 检查电源电压是否正常，电器设备是否完好，检查安全防护装置是否齐全。

⑩ 按规定顺序启动各机组。

（5）作业与运输的要求：

① 进料规格符合说明书的规定，开始进料的喂入量为最大喂入量的 1/2，喂入量要均匀，喂入量应逐渐加大。

② 石料进入循环后应按下列要求检查：

a. 给料器是否均匀将料喂入一级破碎机；

b. 两级破碎机是否有周期性和显著冲击声；

c. 各固定连接螺栓是否有松动情况；

d. 轴承温度应 < 35 ℃；

e. 振动筛分机是否工作正常；

f. 各皮带是否严重跑偏，清扫器是否起作用；

g. 各机组是否有异常声音；

h. 石料最终粒度是否符合要求，针、片状含量是否在控制范围内。

③ 当上述情况在最大喂入量时良好状态，即可投入正常使用。

④ 严禁在破碎机工作期间朝颚口内窥视，不准用手或钢针在颚口内搬动石块；一级颚口式破碎机颚口内，若有块石滑动影响石料破碎时，应停机后调整石块位置。

⑤ 检查两级破碎机有无异常声音。

⑥ 检查清扫器，皮带机运行是否正常。

⑦ 检查各机组接头处有无石料外泄。

⑧ 轴承温度是否 > 35 ℃。

⑨ 当电器设备自动跳闸时，应检查原因排除故障并清除两级颚式破碎机颚口内石料后方能重新开机；停机维修时，电器箱上应有明显标志。

⑩ 将电器箱内所在开关置在"断"的位置，锁上电器箱，收好专用工具。

2.3.4 碎石场砂石料生产控制及注意事项

（1）考虑到隧道需要 5~10 mm 碎石用于喷射混凝土，碎石按 3 级配设计，碎石尺寸分别为 5~10 mm，10~20 mm，16~31.5 mm，机制砂小于 4 mm。筛孔尺寸分别为 4 mm（钢网筛），6 mm（尼龙筛），12 mm（尼龙筛），21 mm（尼龙筛），32 mm（钢网筛）。

（2）4 mm 筛以下为机制砂，为得到适宜的细度模数的机制砂，采取调整制砂机转速（制砂机转速为 1 200 r/min），以及水洗设备出水量的方式控制机制砂粒型及石粉含量。机制砂石粉含量为 4%～5%时细度模数为 2.9～3.0。实践证明，加大石粉含量可以降低细度模数，但是实际使用过程中，由于石粉较多，砂子粘性过大，配料斗下料困难，配料时需要人工清理下料。因此保持机制砂石粉含量 4%～5%，细度模数 2.9～3.0 是一个较为合理的平衡点。此时的机制砂拌制出来的混凝土和易性良好，便于施工。

（3）4～6 mm 碎石返回到制砂机中，降低 5～10 mm 碎石中 5 mm 以下颗粒，6 mm 筛上料为 5～10 mm 碎石，12 mm 筛上料为 10～20 mm 碎石，21 mm 筛上料为 16～31.5 碎石。该套筛子出来碎石比列一般为（5～10 mm）：（10～20 mm）：（16～31.5 mm）=3：4：5。5～31.5 mm 碎石施工配比为（5～10 mm）：（10～20 mm）：（16～31.5 mm）=1：4：5。由于喷射混凝土只使用 5～10 mm 碎石，该施工配比基本和实际生产出来的各种碎石比列一致。基本杜绝了单一碎石过大的情况。由于前期设备选型上考虑不周到，机制砂生产量略有不足，实际生产中需要单独生产机制砂以满足施工需要。

（4）为保证砂石料质量，每月应对洞渣质量进行检测，主要检测洞渣岩石抗压强度、软化系数及吸水率。在围岩发生明显变化时，还应对洞渣的化学元素进行分析。在生产过程中要注意清理洞渣中夹杂的软弱颗粒以及其他杂物，保证成品碎石质量。给料口设置孔径约为 10 cm 的钢网筛，可以极大地降低碎石中软弱颗粒含量以及含泥量。筛下的细料可以作为路基填料。

2.4 隧道洞渣运用于环境保护研究

2.4.1 隧道洞渣对环境的主要危害

隧道洞渣是铁路隧道施工工程中产生的一种固体废弃物，主要环境危害可分为以下 4 类。

（1）侵占土地或农田，造成生态破坏。铁路建设项目产生的弃渣量比较大，需建设多个弃渣场进行堆置防护。弃渣场建设会占用土地资源，破坏地表植被，可能导致受影响地区生态环境恶化，生态景观破坏。

（2）破坏土壤结构，污染土壤和周边水体。弃渣场建设会扰动和破坏原土层。岩石碎块或风化岩与地表土壤混合，会造成土壤结构、pH值、有机物含量及微生物种群的改变。有些隧道洞渣含有重金属等有害物质，在降水冲刷淋溶作用下易造成土壤和地下水污染。

（3）造成水土流失，引发自然灾害。隧道施工产生的渣体质地疏松破碎，弃渣在施工、运输和储存的过程中难免造成损失，是铁路建设项目中极易发生水土流失的因素之一。严重的水土流失会造成土壤养分及水分损失，肥力下降，影响植物生长，还可能会淤积河道，影响行洪，弃渣本身也可能成为滑坡、泥石流等自然灾害的物质源，处理不当会诱发自然灾害，威胁道路、桥梁、水利等设施的安全。

（4）富含特殊物质的隧道洞渣会产生特殊的环境危害。当隧道线路穿越金属矿区、非金属矿区及放射性矿区时，该类弃渣可能具有可燃性、放射性和腐蚀性等环境危害，如某高速公路隧道穿越铅锌矿，隧道开挖弃渣中含有铅、锌、镉等金属矿及伴生矿，堆积的弃渣造成当地地表土壤、农作物重金属含量超标；某隧道含硫炭质页岩弃渣施工过程中发生自燃现象等。因此，当隧道施工穿越矿产分布区时，应加强对周围环境、区域内生态环境及生产生活环境的监测。

2.4.2　隧道洞渣环境危害识别方法与检测

2.4.2.1　特殊隧道洞渣的施工前期识别

在施工前应对隧道穿越的地质条件开展充分的地质勘探和调研，开展对隧道施工产生的隧道洞渣类型的识别检测，预估隧道洞渣的性质和影响，优先考虑隧道洞渣的综合利用。经勘探和调研，对于可能含有毒有害物质的特殊隧道洞渣，应在施工前期开展针对性的识别排查，进行实验室检测。特殊隧道洞渣依据法律规定和《固体废物鉴别标准　通则》（GB 34330—2017）判断和鉴别。列入《国家危险废物名录》的属于危险废物，不需要进行危险特性鉴别；未列入名录，但不排除具有腐蚀性、毒性、易燃性、反应性等危险性质的，依据《危险废物鉴别标准》(GB 5085—2019)和《危险废物鉴别技术规范》(HJ 298—2019)进行鉴别,凡是具有腐蚀性、毒性、易燃性、反应性等1种或1种以上危险特性,属于危险废物;对于未列入名录或根据《危险废物鉴别标准》无法鉴别且有可能造成人体损伤和环境危害的隧道洞渣,由国务院环境保护行政主管部门组织专家认定;放射性岩区或产生疑似含放射性的隧道洞渣,还应进行放射性检测。隧道洞渣的环境危害检测数据还应与排放污水监测数据、隧道内空气质量监测数据、周边土壤监测数据及施工产生的噪声振动监测数据相结合,进行环境危害综合识别;施工期还应进行隧道洞渣复核监测。

2.4.2.2 快速识别检测方法

铁路规划经过地质条件复杂和交通不便的区域,常规实验室检测的周期和效率难以充分满足施工现场的需要。原位监测起源于地质勘探领域,在不扰动或基本不扰动土层的条件下,对土层进行测试获取土壤质量指标的方法,具有快速、非破坏、大面积的特点,可用于土壤污染物监测。在当前环境监测标准体系下,原位监测技术大多处于试验阶段。隧道施工监测时,可先用原位监测进行前期摸底调查,然后重点选择异常点或面,用标准方法进行深入监测,实现与常规监测的互补。目前常用的原位快速识别检测方法主要包括以下几种。

(1)便携式气相色谱-质谱(GC-MS)检测。便携式 GC-MS 联用仪轻便体积小,与常规 GC-MS 相比,监测场所要求低,可用于有机化合物的现场快速检测,在一定条件下能够提供准确的定性、半定量化分析数据;但相对于水和空气,土壤样品前处理步骤较为烦琐。

(2)便携式 X 射线荧光光谱分析。便携式 X 射线荧光光谱分析简称 XRF 技术,利用初级 X 射线光子或其他离子激发待测物质中的原子,使之产生次级 X 射线,不同受激发的物质产生具有特定的能量或波长的次级 X 射线,根据该特性进行成分分析,确定物质中微量元素的种类和含量。

(3)生物发光技术。生物发光是指生物体内的发光蛋白通过消耗能量物质而产生的发光现象。尤其是土壤中微生物能够根据土壤中重金属含量发出不同强度的光,根据发光强度检测土壤中重金属含量,体现污染物对生命个体的影响及毒性效应。生物发光技术具有非放射性、高灵敏性、实时动态性等特点，但仍处于科研阶段。

（4）高光谱遥感成像技术。通过研究地表物质的光谱特性，从地物光谱特征上获取表征地物的特征光谱区间和参数，是利用成像光谱仪探测数据进行地物分析的主要方法之一。既可以对特定时间及区域的土壤重金属污染开展定位监测，也可以叠加影像分析不同时间尺度下土壤成分、植被等变化情况。因此，利用快速识别技术，综合实验室常规检测，能够获得准确的隧道洞渣理化性质，结合前期勘探数据和地质研究结果，有利于后期隧道洞渣的科学处置。

2.4.3 弃渣处理方法

经过危害性鉴别后，属于危险废物的弃渣应根据其特性进行处理，一般可采用焚烧、物理化学、填埋等方法；具有放射性的弃渣，应根据其辐射特性进行差异化处理；经鉴别后不属于危险废物范畴的普通弃渣，一般应依照相关规定和原则设置弃渣场进行堆置防护处理。

2.4.3.1 危险弃渣填埋处理

危险弃渣填埋技术适用于不能回收利用的特殊弃渣，处理后弃渣的各项检测指标需满足《危险废物填埋污染控制标准》（GB 18598—2019）规定限值要求，最终运往填埋场填埋处理。

（1）填埋场的选址原则：

① 填埋场的选址应当依法合规。

② 填埋场应选择相对稳定的区域，防止人为或自然因素导致填埋场被破坏。

③ 填埋场应远离自然保护区、风景名胜区、农业保护区等需要特别保护的区域。

④ 填埋场选址不得影响行洪，应远离自然水体，并设置遮雨装置、截排水沟、覆盖层、防渗层等防护设施，防止对自然水体造成污染。

⑤ 填埋场应有足够的容量以保证可以充分容纳工程产生的危险弃渣。

⑥ 填埋场厂址应优先选择交通方便、运距较短的地区。

第 2 章　金台铁路隧道洞渣综合应用研究

⑦ 可以利用工业固体废物填埋场、废矿井等设施，改造为危险弃渣的填埋场。

（2）危险弃渣填埋场的运行管理应对危险弃渣填埋场进行有效的维护，保证填埋场及其设施设备正常运行，做好相关记录，对渗出物进行妥善处理。此外，还应对填埋场进行监测工作，通常包括渗滤液监测和地下水监测。

① 渗滤液监测。可以利用填埋场的集水井对填埋场的渗滤液进行监测，主要包括水位监测和水质监测，监测结果须能充分体现填埋场渗滤液现状及其变化情况。采样频率应考虑填埋物特性、覆盖层情况和降水因素等条件综合确定，至少每月 1 次。

② 地下水监测。利用监测井对填埋场进行监测，可使用三维监测的方法，在上游设置至少 1 个监测井来取得水源水质的背景值，下游设置至少 3 个监测井对地下水进行监测，将下游水质的监测结果与背景值相对比，以评估填埋场对地下水的影响情况。

2.4.3.2　弃渣场表面密封压实处理

该方法常用于可燃性弃渣的处理，其原理是通过隔绝可燃性弃渣与空气中氧气的接触，破坏可燃物燃烧的 3 个必要条件中的助燃条件，以达到防火的目的。具体做法：对弃渣场进行封场处理，在弃渣场堆渣之后，于表层分层覆盖黏土。覆盖首层黏土后进行压实处理，再覆盖第 2 层黏土进行平整处理，覆土的量和坡度不得影响弃渣场本身的稳定性。在弃渣与山体、地面接壤之处使用土工袋与土工布，使渣体与周围隔离。该方法在覆土保持较湿润状态时封闭效果较好，需要及时养护。除可燃性弃渣之外，当弃渣含有重金属元素、放射性元素时，也应采取此方法进行覆盖隔水处理，减少渗滤液的产生，降低二次污染发生的可能性。

2.4.3.3　放射性弃渣的近地表处置

近地表处置方法适用于低水平放射性的弃渣。该技术是指将放射性弃渣放置于地表表面，或者地表表面以下一定深度的封闭设施中进行处理，并设置必要的多重工程隔离屏障，以保证有效屏蔽放射性弃渣产生的辐射，主要设计参数有处置容量、总活度、屏蔽设施、防渗设施等。

2.4.3.4 普通弃渣处理

经鉴别后不属于危险废物范畴的弃渣可以视为普通弃渣，通常设置弃渣场堆置处理。对于存在水土流失隐患或失稳滑坡风险的弃渣场，需加强弃渣场的日常维护和管理，对弃渣场进行必要的水土流失监测（主要包括侵蚀面积、侵蚀程度、侵蚀强度、侵蚀量等）和渣场稳定性监测，还可以采用遥感技术开展定位监测。

2.4.4 结　论

铁路隧道工程很难避开含煤区、含有毒有害物质的岩区、放射性花岗岩区、铜矿区和硫铁矿区等特殊地层，从而会影响隧道洞渣性质，快速准确检测识别和科学处置有害隧道洞渣对保护周边环境至关重要。建议在施工前，根据隧道洞渣产量及类型规划洞渣临时堆放区、运输路线及满足条件的弃渣场。当施工发现地层、岩土状况与前期勘探数据有差异时，应根据实际监测数据进行方案调整，必要时应制订应急预案、开展应急监测。在弃渣场建设和恢复时期，可以开展长期定点监测，加强植被恢复和重建，采取有效措施降低弃渣对环境的影响。

2.5　隧道洞渣用于高填方路堤的变形与稳定性研究

在工程施工中，影响高填方铁路路基填筑过程中路基体内部沉降和应力分布规律的因素有很多，例如填筑的边界条件、填料种类、有无设置涵洞以及涵洞的结构形式和跨径等。由于现场试验和室内模型实验的自身限制，不可能对所有因素进行研究。而数值模拟则可以弥补现场试验和模型试验的不足，甚至对某些现场试验和模型试验难以研究的影响因素进行研究。本章以金台铁路为工程背景，运用大型工程模拟软件ABAQUS模拟隧道洞渣用于高填方碎石填料路基的分层填筑过程，着重研究其内部应力和沉降分布规律。

2.5.1 数值模型的建立

2.5.1.1 本构模型的确定

本着尽可能与施工现场实际情况相符的原则,本章的数值模型主要由路基、涵洞、地基三部分构成。施工现场涵洞为钢筋混凝土盖板箱涵,地基大部分为裸露山体基岩,涵洞和地基的刚度远大于路基碎石填料的刚度,因此数值模拟过程中涵洞和地基采用理想线弹性本构模型。碎石填料的非线性十分明显,其性状很大程度上取决于土石的比例和矿物组成。土性状的重要标志之一即为应力应变关系,它的主要影响因素有土组结构、物理状态、加荷条件以及应力环境等。因此,很难真实准确地模拟碎石填料的应力应变关系。Mohr-Coulomb 强度理论在大量的试验和工程实践中已经被证实能比较准确地描述岩土材料的强度特性和破坏行为,并得到了广泛应用。

鉴于碎石填料强度特性和破坏行为比较复杂,路基体的填筑过程采用 Mohr-Coulomb 强度理论进行计算。

下面简单介绍 Mohr-Coulomb 模型的基本理论。

1. 屈服面

Mohr-Coulomb 模型的屈服面函数为:

$$F = R_{mc}q - p\tan\varphi - c = 0 \qquad (2\text{-}1)$$

式中:φ 被称为摩擦角,是 q-p 应力平面上 Mohr-Coulomb 屈服面的倾斜角,规定 $0° \leqslant \varphi \leqslant 90°$;$c$ 为材料的黏聚力;$R_{mc} = (\Theta, \varphi)$ 按式(2-2)计算,其决定了屈服面在 π 平面上的形状。

$$R_{mc} = \frac{1}{\sqrt{3}\cos\varphi}\sin\left(\Theta + \frac{\pi}{3}\right) + \frac{1}{3}\cos\left(\Theta + \frac{\pi}{3}\right)\tan\varphi \qquad (2\text{-}2)$$

其中:Θ 为极偏角,定义 $\cos(3\Theta) = \dfrac{r^3}{a^3}$;$r$ 为第三偏应力不变量 J_3。

图 2-3 给出了 Mohr-Coulomb 屈服面在平面和子午面上的形状,由图可比较其与 Tresca 屈服面、Mises 屈服面、Drucker-Prager 屈服面之间的相对关系。

2.5 隧道洞渣用于高填方路堤的变形与稳定性研究

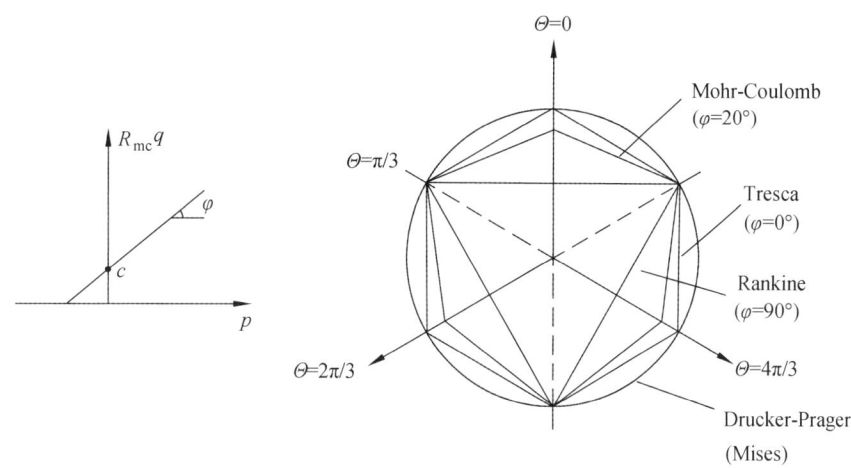

图 2-3 Mohr-Coulomb 屈服面图

2. 塑性势面

由图 2-3 可知，Mohr-Coulomb 屈服面存有不合理的尖角。为避免出现这种现象，ABAQUS 的塑性势面采用了式（2-3）连续光滑的椭圆函数，形状如图模型中的屈服面图 2-4 所示。

$$G = \sqrt{(\varepsilon c|_0 \tan\psi)^2 + (R_{mw}q)^2} - p\tan\psi \quad (2\text{-}3)$$

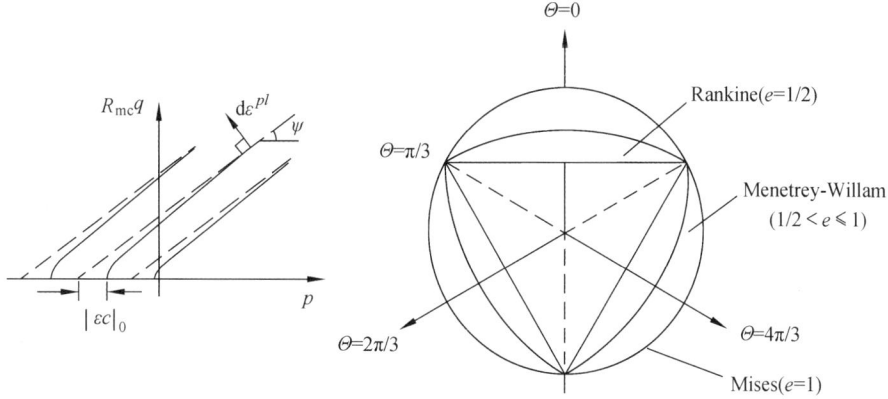

图 2-4 Mohr-Coulomb 模型中的塑性势面

式中：ψ 为剪胀角；$c|_0$ 为初始黏聚力，ε 是子午面上的偏心率，ABAQUS 中默认 ε 为 0.1。$R_{mw}(\Theta,e,\varphi)$ 控制了其在 π 平面上的形状，其值由式（2-4）计算。

$$R_{mw} = \frac{4(1-e^2)\cos^2\Theta + (2e-1)^2}{2(1-e^2)\cos\Theta + (2e-1)\sqrt{4(1-e^2)(\cos\Theta)^2 + 5e^2 - 4e}} R_{mc}\left(\frac{\pi}{3},\varphi\right) \quad (2\text{-}4)$$

其中，e 为 π 平面上的偏心率，主要决定了 π 平面上 $\Theta = 0 \sim \pi/3$ 时塑性势面的形状。其默认值由式（2-5）计算。

$$e = \frac{3-\sin\varphi}{3+\sin\varphi} \quad (2\text{-}5)$$

2.5.1.2　地应力平衡

地应力是自然条件下地壳中的应力。在岩土工程数值模拟计算中，合理的初始应力场是正确模拟开挖、填筑等工程动态施工过程的先决条件。平衡地应力就是为了让模型获得一个存在初始应力，而无初始应变的初始状态。在 ABAQUS 中，可以用关键字定义初始地应力，即命令"*GEOSTATIC"，直接建立专门分析地应力分的析步。但这种方法只适用于土质均匀，表面水平的模型，而弹塑性材料的复杂模型的计算可能出现不收敛情况。另一种为初始应力提取法，首先对模型需要平衡地应力的 part 定义边界条件施加重力荷载进行一次静力计算，然后将计算得到的每个单元的 centroid 位置处的 S11，S22，S33，S12，S13，S23 六个应力分量导出，形成初始应力文件，最后用 Ultraedit 软件将其转化为 ABAQUS 能识别的数据文件。这个数据文件通过在模型的 edit keywords 里输入"*initial conditions，type=stress，input=（工作名）.inp"（位置为初始分析步后边）的方法对模型施加初始应力场。这种方法适用性较强，可以用于各种材料和不规则地形模型的地应力平衡，本章模型地应力平衡采用的即为第二种方法。

2.5.1.3　路基分层填筑过程模拟

在 ABAQUS 中，路基的分层填筑过程是通过设置不同填筑层单元的生死来模拟的，单元生死的设置是通过运用关键语句"*Model Change，

2.5 隧道洞渣用于高填方路堤的变形与稳定性研究

remove（移除）/add（激活）"来实现的。首先，在初始分析步中将需要填筑的模型单元移除（*Model Change, remove）。然后一层层重新激活被杀死的填筑层单元，以此来模拟路基分层填筑的过程。ABAQUS 中，有"Strain free"和"With Strain"两种单元激活方法[38]，"ADD=WITH STRAIN"法是单元在被激活时携带与周边单元互相协调的变形；"ADD=STRAIN FREE"则是被激活单元未发生任何变化。而路基分层填筑过程中会有较大的位移变化，所以选用"ADD=WITH STRAIN"的单元激活方式。

2.5.2 数值模拟的具体过程

基于金台高填方重载铁路碎石填料路基的施工过程，本书运用大型工程模拟软件 Abaqus 建立了三维路基模型模拟分层填筑过程。

2.5.2.1 建立几何模型

根据施工现场的实际情况进行建模，模型长 200 m，宽 184 m，高 74 m。其中，路基顶宽 14 m，底宽 94 m，距路基顶 8 m 高度内边坡岸坡比为 1∶1.5，以下为 1∶1.75，路基边界山体坡度角为 67°。涵洞顶分层填筑土层总高 24 m，共填筑 12 层，每填筑土层为 2 m。涵洞截面尺寸如图 2-1，净高 3.5 m，净宽 3 m。几何模型如图 2-5。

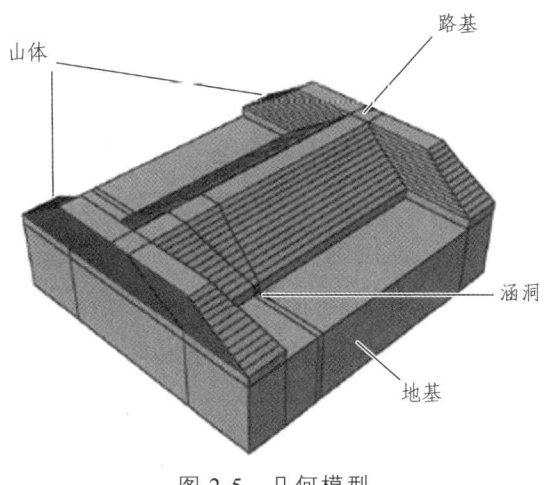

图 2-5 几何模型

2.5.2.2 建立材料模型

本数值分析的材料模型共有 4 种材料：碎石填料、地基、混凝土和素土。其中碎石填料和素土采用 Mohr-Coulomb 本构模型，地基和混凝土采用理想线弹性本构模型。各材料的物理参数由室内试验和现场勘察报告综合确定，具体参数如表 2-10 所示。

表 2-10 模型材料参数表

项 目	密度 $\rho/(kg \cdot m^{-3})$	压缩模量 E/MPa	泊松比 υ	黏聚力 c/kPa	摩擦角 $\varphi/(°)$
碎石填料	2 200	20	0.25	41.25（咬合力）	35
岩石地基	2 650	50 000	0.25	—	—
涵洞	2 500	30 000	0.2	—	—

2.5.2.3 填加荷载和设置边界条件

本次建模主要研究路基分层填筑过程中路基体内部应力和沉降的变化规律，主要受填料自重影响，故模型中只考虑和加载了竖向重力。以结合现场实际情况和尽可能减小边界条件对模型计算结果的影响为原则，数值模型边界条件的设置如下：

（1）路基顶部和边坡面为自由面。

（2）地基达到一定深度将不会有任何位移，所以地基底面为全约束，地基可以看成半无限体，路基地基山体涵洞所以其前后左右四个面设置了水平约束，限制了水平位移。

（3）山体与填筑路基接触的一面看成自由面，其余面看成半无限体，设置水平约束限制水平位移。

（4）涵洞端面及所在的路基面因不允许有坍塌，设置了水平约束。荷载加载和边界条件设置如图 2-6 所示。

2.5 隧道洞渣用于高填方路堤的变形与稳定性研究

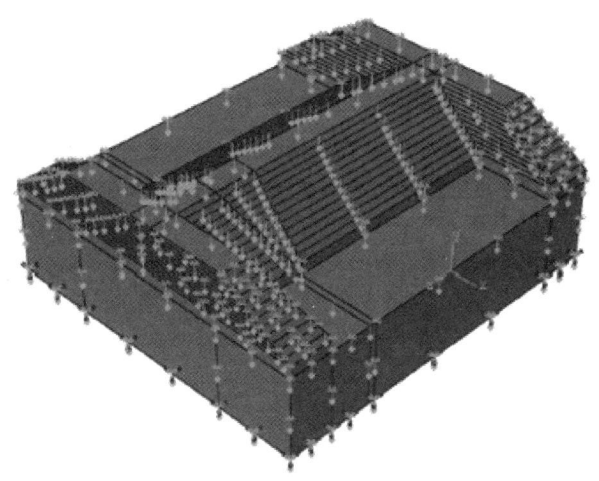

图 2-6　施加荷载和边界条件设置图

2.5.2.4　建立分析步

模拟路基分层填筑过程，总共设置了 13 个分析步。第 1 个分析步里，设置了边界条件，加载了重力荷载，并运用关键语句 "*Model Change, remove（部件名称）" 杀死需要填筑的土层。模型路基分 12 层填筑，每层 2 m，在以后的分析步里运用关键语句 "*Model Change, add（部件名称）"，每个分析步激活一层填筑土层，用来模拟填筑该土层。图 2-7 和图 2-8 分别为设置生死单元后第 1 分析步和第 6 分析步的效果图。

图 2-7　第 1 步分析的效果图

图 2-8　第 6 步分析的效果图

2.5.2.5　网格划分

在有限元计算中,网格的数目与质量直接影响到计算结果的精度和计算规模的大小,网格划分是否合适很难判断,需要根据经验来综合使用多种技巧,并且进行大量试算工作进行评估。本书通过不同网格划分方法对比,最终确定了图 2-9 所示的网格划分方案。本次主要研究对象为路基,计算精度要求较高,所以网格划分需要密集一些,而地基和山体网格划分得疏散一些。本模型共 14 659 个单元,单元类型为 C3D8R,(C 表示为实体单元,"3D"表示为"三维","8"为单元具有的节点数目,"R"指这个单元是"缩减积分单元"),这种类型单元计算位移结果较精确,时间短,比较适合本模型仿真。

　　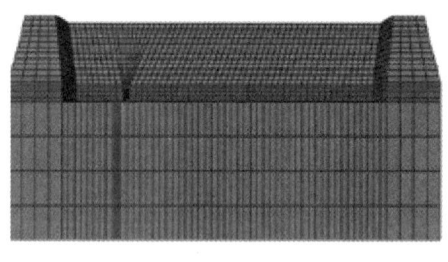

（a）斜视图　　　　　　　　　　（b）正视图

图 2-9　网格划分方案示意图

2.5 隧道洞渣用于高填方路堤的变形与稳定性研究

2.5.3 路基纵断面应力分析

路基填筑过程中路基纵断面(过路基中线)应力云图见图 2-10～2-16。随着填筑高度的增加,路基横断面应力增长特点较明显,以下对其进行详细分析。

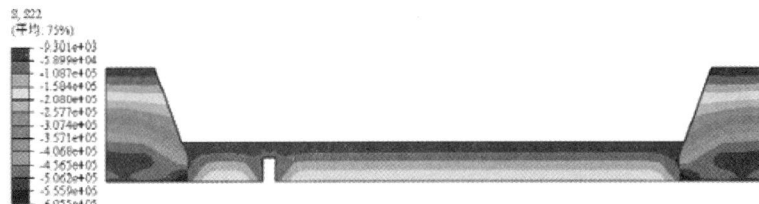

图 2-10　填高 4 m 时路基及两侧山体应力云图

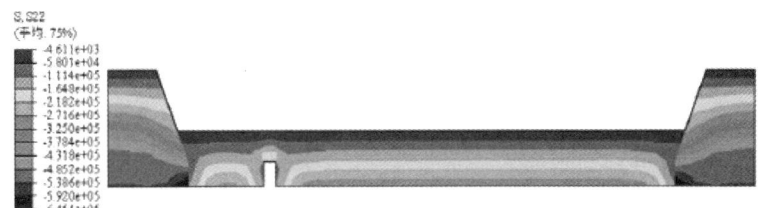

图 2-11　填高 8 m 时路基及两侧山体应力云图

图 2-12　填高 10 m 时路基及两侧山体应力云图

图 2-13　填高 12 m 时路基及两侧山体应力云图

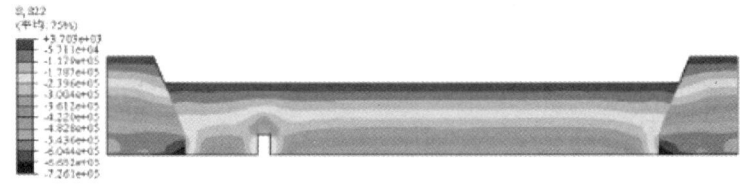

图 2-14 填高 16 m 时路基及两侧山体应力云图

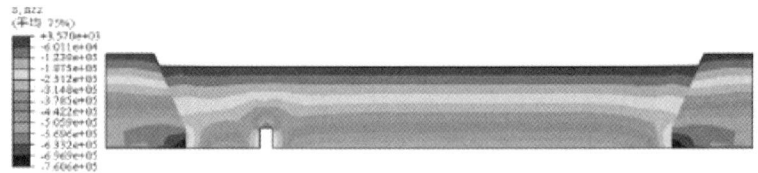

图 2-15 填高 20 m 时路基及两侧山体应力云图

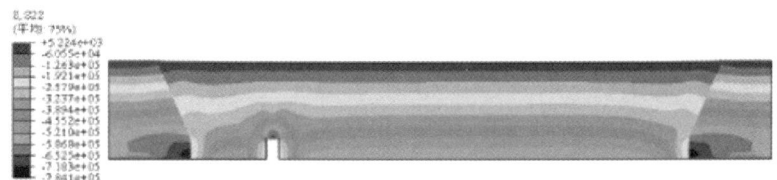

图 2-16 填高 24 m 时路基及两侧山体应力云图

（1）当路基填筑高度较低时，涵洞顶范围内应力明显大于涵洞两侧应力值，并且可以明显看到涵洞顶有两个应力尖角出现（见图 2-10 填高 4 m 时路基及两侧山体应力云图）。涵洞为混凝土材料，弹性模量大于碎石填料，涵洞刚度明显大于路基填料的刚度。在填筑过程中，涵洞与两侧填料之间产生沉降差，涵洞顶出现应力集中，并且靠近涵洞顶边缘处尤为突出，所以涵顶应力明显大于两侧填料应力值，并且在涵顶边缘出现了两个应力尖角。由云图可以看到，由此产生的应力尖角主要出现在距涵洞顶 2 m 范围内，并且当填高大于 10 m 时消失，此时涵顶两侧填料在上方路基重力荷载作用下达到了一定的密实度。

（2）从图中可以看到，当路基填筑高度大于 8 m 时，涵洞左侧标准段等应力线低于右侧等应力线，亦即在相等填筑高度时，涵洞左侧标准段应力值小于涵洞右侧标准段应力值，此时路基内部形成了山体-涵洞拱效应，而涵洞距离左侧山体较近，形成了偏载现象，左侧路基的重力更多的传递到了拱脚位置，故应力值较小。偏载效应过大可能出现涵台一侧的土压力过大，导致地基产生不均匀沉陷，引起涵洞出现开裂。施工时，要特别重视偏载效应的影响。

（3）由路基填筑过程云图可以看到，在路基距离涵洞顶 12 m 范围内时，涵洞上方应力明显大于两侧应力值，当高于 12 m 后，涵洞上方应力值与两侧应力值接近或相等。

（4）当路基填高大于 12 m 后，路基靠近山体位置的等应力线出现隆起，并且此时路基标准段应力值增长速度明显减小。此时，山体-山体拱效应开始出现，与山体-涵洞拱效应共同起作用。隆起位置即为拱效应的拱脚位置，而路基标准段处于两种拱效应影响范围内。

2.5.4 小　结

本章主要采用 ABAQUS 有限元分析软件，模拟了沟谷内平坦地基上碎石填料路基分层加载的过程，研究路基填筑过程中路基内部位移和竖向应力分布规律。主要研究成果如下：

（1）碎石填料路基填筑过程中，竖向沉降以路基中心为轴对称分布。同一水平面上，竖向位移由路基中线向路肩逐渐减小，最大沉降在路基中心位置处，最小沉降位于路肩位置。

（2）路基顶的沉降差异是影响路基稳定性的重要因素。路基填筑高度较低时，3 个断面的沉降差增长都比较缓慢，当填高大于 12 m 时路基的沉降差的增长率明显增大，当填高达到 20 m 以后，路基沉降差逐渐减小。施工时，当填筑高度大于 12 m 时需要及时做好路基沉降监测工作，必要时对路基进行补填找平。

（3）碎石填料路基填筑过程中，在路基上部靠近路肩一定范围内，填料出现向路基中心移动的"回缩"现象，此范围内最大侧向位移出现在路肩位置；在路基下部，侧向位移分布呈椭圆形，主要出现在路基两侧靠近坡趾位置处，方向背离路基中心。在填筑施工过程中，路基体内部最大侧向位移的位置随填筑高度的变化而变化。当路基填高较低时，路基内部最大侧向位移出现在路肩位置；当填高达到一定高度后，最大侧向位移出现在路基下部椭圆圆心位置附近，随着路基填高的继续增加，最大侧向位移点向路基中心移动，并且有向路基上部移动的趋势。随着路基填筑高度的增加，路基内部最大侧向位移值增长并非呈直线增长，当路基填高大于 12 m 之后，增长速度明显增加。填筑过程中，同一填高时，涵洞断面的侧向位移值最小，过渡段居中，标准段最大，现场测斜仪进行侧向位移监测时，可着重埋设于标准段。

（4）在填筑过程中，涵洞顶路基竖向位移明显小于涵洞两侧路基的竖向位移。当路基高度达到 20 m 后涵洞对路基沉降的影响开始减小，涵洞顶总位移和路基两侧总位移趋于接近。

（5）本章作出了碎石填料路基在分层填筑过程中路基内部应力分布图。随填高的增加路基内部应力并不呈线性增长，当路基填高较低时，路基内部应力基本呈线性增长，随填筑高度的增加，应力增长速度趋于平缓。

（6）通过所测得的路基内部应力值与理论值比较可知，在本章模拟工况下，路基内部出现了"山体-山体"和"山体-涵洞"两种拱效应。本章作出了山体-涵洞之间土拱效应在涵洞断面的起主要作用的边界示意图，为以后路基和涵洞的设计提供了参考。

（7）当路基填高较低时，涵顶范围内应力明显大于涵洞两侧应力值，在涵洞顶两侧出现两个应力尖角，其位置主要在距涵洞顶 2 m 范围内，并且当填高大于 10 m 时消失，为涵结构洞设计提供参考。

（8）当路基填筑高度大于 8 m 时，涵洞左侧标准段应力值小于涵洞右侧标准段应力值，出现了偏载效应。偏载效应过大可能出现涵台一侧的土压力过大，导致地基产生不均匀沉陷，引起涵洞出现开裂。施工时，要特别重视偏载效应的影响。

（9）在路基距离涵洞顶 12 m 范围内时，涵洞上方应力明显大于两侧应力值，当高于 12 m 后，涵洞上方应力值与两侧应力值接近或相等。因此认为，涵洞对高填方路基内部应力的影响高度为 12 m。

第3章

金台铁路灵江深水高墩大跨连续梁钢管混凝土拱特大桥综合施工技术研究

第3章 金台铁路灵江深水高墩大跨连续梁钢管混凝土拱特大桥综合施工技术研究

3.1 头门港支线灵江特大桥概况

3.1.1 工程概况

头门港支线灵江特大桥桥址位于椒江河口区的近口段的下游,工程河段受径流与潮汐的共同作用,潮汐特征以海门水文站为代表,最大潮差为 6.87 m,平均潮差为 4.02 m。平时江水由感潮水流控制,每天两次涨退,较大洪水时,江水则由洪水径流主控,涨潮时,洪水受顶托作用下泄慢,退潮时,顶托作用取消水面比降变大洪水下泄快。桥位处径流量大于涨潮和落潮的潮流量,设计流量由径流洪水流量控制。

1. 降雨量

灵江流域的干流为永安溪,支流为始丰溪,灵江流域的径流主要由降水形成,其年内分配与降水量基本相应。受梅雨和台风的影响,径流量的年内分配极不均匀,主要集中于梅汛期(3—6 月)和台风期(7—9 月),占全年总量的 81%。枯季(10 月—翌日年 2 月)径流量仅占全年的 19%;径流量年际间变幅也较大,柏枝岙站和沙段站最大与最小年径流之比分别为 14.5 和 4.4。灵江径流的另一显著特点是洪水暴涨暴落,洪枯流量变幅很大,以柏枝岙站为例,其多年平均洪峰流量为(2 939 m^3/s)和多年平均最小(3.03 m^3/s)之比达 970 倍之多。

2. 潮汐与潮流

椒江河口附近海区是典型的非正规半日潮,潮波自外海传入台州湾。由于河口平面形态呈喇叭形,向内收缩,随着河宽和水深的减小,潮波收到地形摩阻、上游径流顶托和两岸边界的约束反射等影响,上溯过程中变形剧烈,涨潮历时缩短,落潮历时延长,波形呈不对称,且接近驻波。

椒江河口外台州湾水域广阔,白沙以东水域,潮流具有顺时针旋转性质,旋转度自东向西缩小;白沙以西至海门一带之间的潮流基本为往复流,涨落潮流向大致相差180°。

3.1 头门港支线灵江特大桥概况

距离桥址最近的长期水位站有两个,一个是临海站,位于桥址上游约 23 km,另一个是海门站,位于桥址下游 13 km。经统计,自 1959 年至 2003 年,临海和海门站 40 多年的潮位资料、潮位特征值见表 3-1。

表 3-1 临海、海门站水位特征值表

项 目	单位	临 海		海 门	
		量值	出现时间	量值	出现时间
平均高潮位	m	2.57		2.45	
平均低潮位	m	−0.34		−1.54	
平均潮差	m	2.99		4.02	
最高水位	m	10.27	1962-9-6	5.67	1997-8-18
最低水位	m	−2.45	2003-12-24	−2.72	1959
最大潮差	m	6.71	2001-8-20	6.87	1989-9-15
平均涨潮历时	h:min	3:23		5:06	
平均落潮历时	h:min	9:03		7:19	
统计时段		1959 年至 2003 年		1959 年至 2003 年	

3. 桥位附近潮流特征

桥位附近水域涨、落潮流速变化特点为:

桥址断面处大潮测点最大涨潮流速为 2.32 m/s,最大落潮流速为 2.15 m/s。中潮最大涨潮流速为 1.91 m/s,最大落潮流速为 1.83 m/s。小潮最大涨潮流速为 1.66 m/s,最大落潮流速为 1.62 m/s。

大、中潮期间,涨潮实测最大垂线平均流速为 1.78 m/s,落潮最大垂线平均流速为 1.54 m/s。

潮流流速与潮差有着密切的关系,一般按大、中、小潮递减排列;而落潮最大流速除与涨潮潮差及地形有关外,还与上游径流大小有关。

4. 潮流向特征

桥址处河段涨落潮水流基本上为往复流,最大涨、落潮流的流向多与水下等深线走向一致,主轴大致为 S—N 方向。河道东侧桥轴线法向与涨潮流的夹角 12°左右,河道西侧 20°左右。

桥址处下游约 48 m 处为既有台金高速公路灵江特大桥,其水文结果较为可信,其桥位断面各频率流量和流速见表 3-2。

表 3-2 台金高速公路灵江特大桥桥位断面各频率流量和流速表

频率	项目	桥位断面平均	
		流速/(m/s)	流量/(m³/s)
0.33%	涨潮	1.75	13 661
	洪水	3.26	20 180
1%	涨潮	1.67	12 431
	洪水	2.89	17 373
2%	涨潮	1.67	11 682
	洪水	2.64	16 549
5%	涨潮	1.65	11 651
	洪水	2.33	15 348

由上表可知,各频率洪水流量及流速均比潮汐流量及流速大。考虑本桥与公路桥基本平行,且距离很近,桥址附近没有支流汇入,两桥址之间河流特征没有较大变化,可采用公路桥径流洪水水文成果:$Q_{1\%}$ = 17 373 m³/s, $H_{1\%}$=6.61 m, $V_{1\%}$=2.89 m/s; $Q_{1/300}$ = 20 180 m³/s, $H_{1/300}$=7.37 m, $V_{1/300}$=3.26 m/s。

3.1.2 头门港支线灵江特大桥桥式方案

本桥下游约 48 m 处为既有台金高速公路灵江大桥,孔跨布置为 9×25 m 预应力混凝土 T 梁+8×50 m 预应力混凝土小箱梁+(92 m+3×152 m+92 m)矮塔斜拉桥+3×50 m 预应力混凝土小箱梁。为便利行洪和通航,与当地水利部门和航道部门沟通,本桥主跨采用与下游高速公路灵江大桥主跨相同的孔跨,对孔布置。本桥桥高受航道通航净空高度控制,主跨采用连续梁-拱的结构形式。孔跨布置:8×32 m 简支 T 梁+1×(32+48+32)m 连续梁+18×32 m 简支 T 梁+(40+3×64+40)m 连续梁+12×32 m 简支 T 梁+3×24 m 简支 T 梁+5×32 m 简支 T 梁+4×(56+56)m 连续刚构+（92+3×152+92）m 连续梁-拱+5×32 m 简支 T 梁+1×24 m 简支 T 梁+10×32 m 简支 T 梁+1×24 m 简支 T 梁+24×32 m 简支 T 梁全桥长 4 300.245 m，桥梁中心里程 TDK6+324.303。主跨桥型布置如图 3-1。

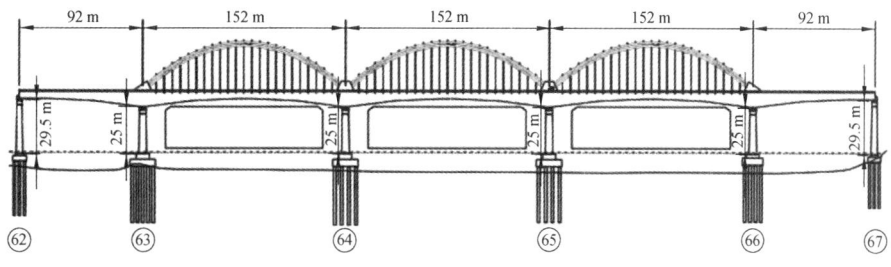

图 3-1 主跨桥型布置图

3.1.3 桩基方案比选

本桥跨越灵江河段平均水深约 10.5 m，河床底表层淤泥厚约 27 m，63~66 号墩设计采用高桩承台基础。因主河道中桥墩冲刷总深度达 17 m，自由桩长较长，墩顶位移控制下部结构设计。设计考虑以 64 号墩为代表，基础分别采用 33-ϕ1.8 m、24-ϕ2.0 m、18-ϕ2.5 m 桩基础进行比较，经综合比较，24-ϕ2.0 m 为最佳方案。桥梁具体参数表见表 3-3。

表 3-3 桥梁具体参数表

部位	说明	单位	1.8 m 桩径	2.0 m 桩径	2.5 m 桩径
承台	顺长	m	22.2	19.1	23.2
	横宽	m	31.8	29.7	26.4
	高	m	4	4	5
	C50 混凝土	m³	2 823.8	2 269.1	3 062.4
	钢筋	kg	127 073	102 109	137 808
桩基	桩根数		33	24	18
	总桩长	m	2 145	1 692	1 305
	C50 混凝土	m³	5 455.6	5 312.9	6 402.7

续表

部位	说 明	单位	1.8 m 桩径	2.0 m 桩径	2.5 m 桩径
桩基	钢筋	kg	381 892	371 902	448 186
	钢护筒（直径 2.0 m）壁厚 8 mm，路上	m	495		
		t	199.3		
	钢护筒（直径 2.2 m）壁厚 10 mm，路上	m		360	
		t		199.3	
	钢护筒（直径 2.7 m）壁厚 10 mm，路上	m			270
		t			220
	钢护筒	个	33	24	18
	桩基穿越土	m	1 056	768	576
	桩基穿越砂砾石	m	759	684	549
钢吊箱围堰	钢围堰	t	452	394	408
	C30 封底混凝土	m³	1 412	996.4	1 048.2
	抽静水	m³	7 060	5 673	6 125
	拆除围堰	t	226	197	204
造价		万元	1 519	1 276	1 475

3.1.4 上部结构设计

1. 简支 T 梁

采用部颁"通桥（2012）2101"系列标准梁，设置声屏障地段的桥梁采用部颁"通桥（2012）2109"系列标准梁。

2. (32+48+32) m 连续梁

梁全长 L=113.2 m，计算跨度为（32+48+32）m，端支座处及边跨直线段和跨中处梁高为 2.5 m，中支点处梁高 3.4 m，梁底下缘按圆曲线变化,圆曲线半径 $R=257.256$ m;箱梁顶宽 4.9 m,箱梁底宽 3.4 m,在中支座处 3 m 范围内加宽到 4.2 m。梁体为单箱单室、变高度、变截面结构。箱梁两侧腹板与顶、底板相交处均采用圆弧倒角过渡。

顶板厚 32 cm;底板厚度 36~60 cm,按圆曲线变化至中支点梁根部,中支点处加厚到 100.2 cm;腹板厚度为 40~60 cm,按折线变化;全梁共设 5 道横隔梁,分别设于中支点、端支点和跨中。中支点处设置厚 1.5 m 的横隔梁,边支点处设置厚 1.2 m 的端隔梁,跨中横隔梁厚 0.5 m。横隔梁处设有进人孔,供检查人员通过,如图 3-2 所示。

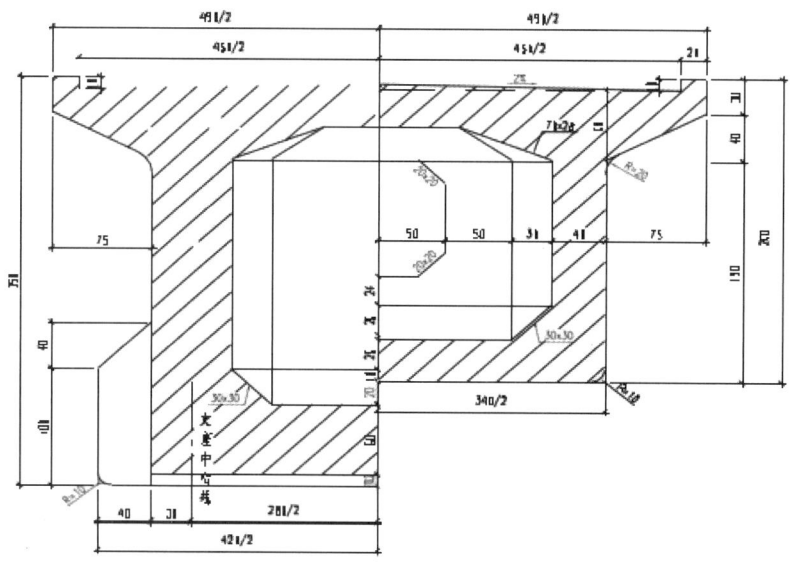

图 3-2 半支点截面-半跨中截面(单位:cm)

计算结果见表 3-4 和表 3-5。

表 3-4 运营阶段截面应力值　　　　单位:MPa

组　合	上缘最大应力	上缘最小应力	下缘最大应力	下缘最小应力	最大剪应力	最大主应力	最小主应力
主　力	11.98	0.75	10.93	0.78	2.44	9.90	-1.69
主+附	13.48	0.41	11.46	0.30	2.44	10.17	-2.12

表 3-5 运营阶段截面安全系数

组 合	强度安全系数	抗裂安全系数
主 力	2.30	1.42
主+附	2.25	1.37

3. （40+3×64+40）m 预应力混凝土连续梁

梁全长 L=273.2 m，计算跨度为（40+3×64+40）m，端支座处及边跨直线段和跨中处为 3.0 m，中支点处梁高 5.0 m，梁底下缘按圆曲线变化，圆曲线半径 R=218.562 5 m；箱梁顶宽 4.9 m，箱梁底宽 3.4 m，在中支座处 3 m 范围内加宽到 4.2 m。梁体为单箱单室、变高度、变截面结构。箱梁两侧腹板与顶、底板相交处均采用圆弧倒角过渡。

顶板厚 32 cm；底板厚度 36~65 cm，按圆曲线变化至中支点梁根部，中支点处加厚到 111.7 cm；腹板厚度为 40~60 cm、60~80 cm，按折线变化；全梁共设 9 道横隔梁，分别设于中支点、端支点和跨中。中支点处设置厚 1.5 m 的横隔梁，边支点处设置厚 1.2 m 的端隔梁，跨中横隔梁厚 0.5 m。横隔梁处设有进人孔，供检查人员通过。如图 3-3。

计算结果见表 3-6 和表 3-7。

表 3-6 运营阶段截面应力值　　　　　　单位：MPa

组 合	上缘最大应力	上缘最小应力	下缘最大应力	下缘最小应力	最大剪应力	最大主应力	最小主应力
主 力	13.33	0.93	11.93	0.44	2.28	11.75	−1.35
主+附	14.85	0.47	12.01	0.29	2.28	11.98	−1.80

表 3-7 运营阶段截面安全系数

组 合	强度安全系数	抗裂安全系数
主 力	2.26	1.45
主+附	2.05	1.34

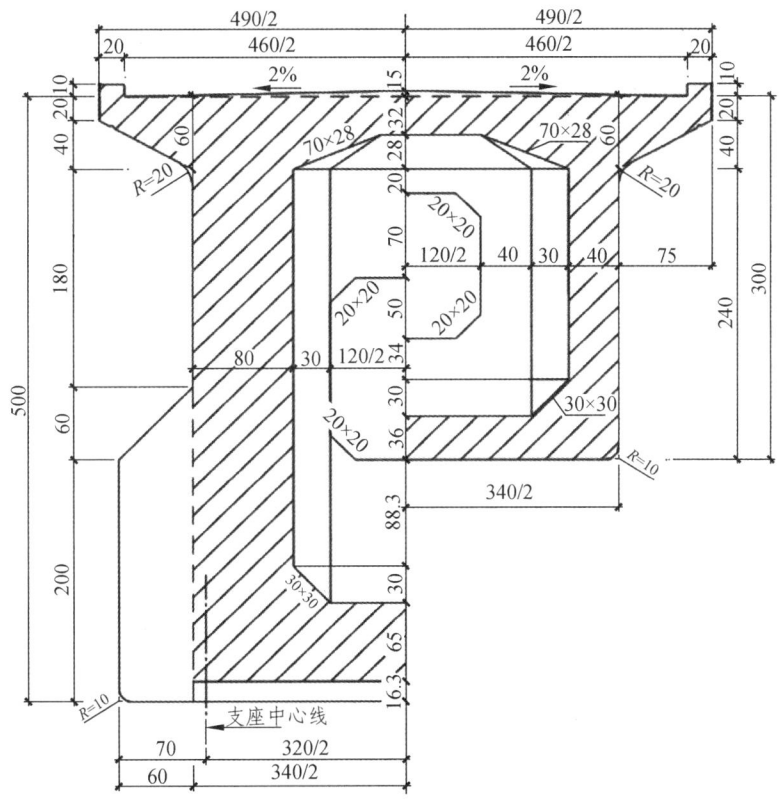

图 3-3 半支点截面-半跨中截面（单位：cm）

4. 2×56 m T 构

本联采用变高度主梁，全长 113.2 m（含两侧梁端至边支座中心各 0.6 m）。梁体各控制截面梁高分别为：端支座处及边跨直线段处为 3.0 m，中支点处梁高 6.0 m，梁底下缘按圆曲线变化，圆曲线半径 $R=211.5417$ m；箱梁顶宽 6.9 m，箱梁底宽 3.2 m，在边支座处 1.2 m 范围内加宽到 4.0 m。梁体为单箱单室、变高度、变截面结构。箱梁两侧腹板与顶、底板相交处均采用圆弧倒角过渡。

顶板厚 36 cm；底板厚度 40~80.0 cm，按圆曲线变化至中支点梁根部，中支点处加厚到 85 m；腹板厚度分为 40~60、60~80 cm，按折线变化；全桥共设 3 道横隔梁，分别设于中支点、端支点。中支点处设置 2

道厚 0.8 m 的横隔梁,边支点处设置厚 1.2 m 的端隔梁。横隔梁处设有进人洞,供检查人员通过。如图 3-4。

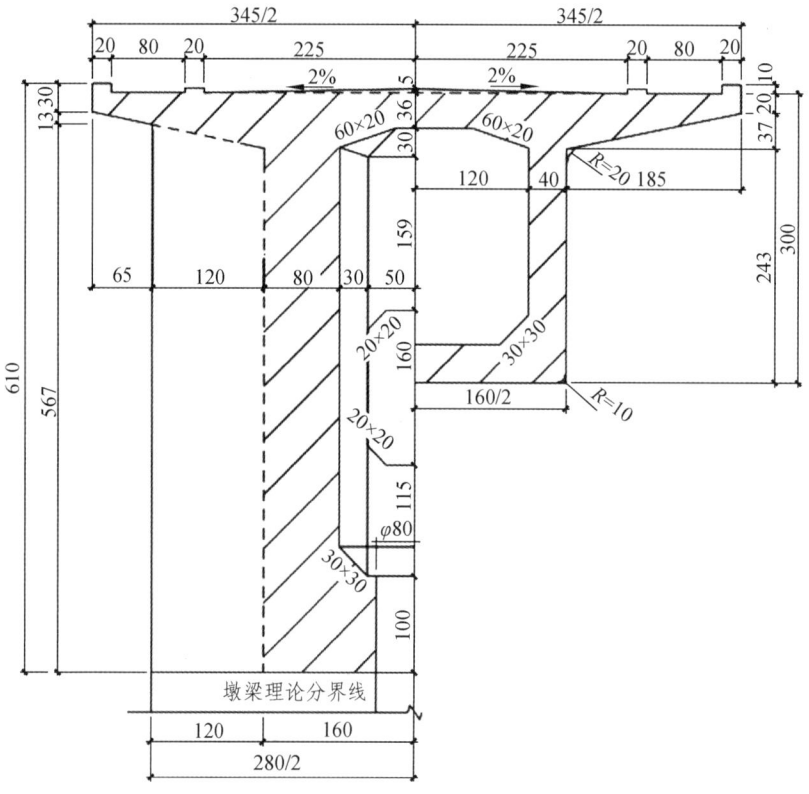

图 3-4 半支点截面-半跨中截面(单位:cm)

55、57、59、61 号墩为 T 构墩,墩高为 28 m,采用空心墩,4.0 m×5.6 m(纵×横),纵向按照 60∶1 进行放坡设计,横向按照 30∶1 进行设计。承台设置双层承台,上层承台 6.8 m×8.2 m(纵×横),厚 1.5 m,下层承台 10.5 m×14.5 m(纵×横),厚 3.0 m,基础采用 12 根直径 1.5 m 钻孔灌注桩,按摩擦桩设计。

1)反 力

2×56 m 连续 T 型刚构反力表见表 3-8。

3.1 头门港支线灵江特大桥概况

表 3-8　2×56 m 连续 T 型刚构反力表　　单位：kN

位置	恒载	活载		支点沉降		温度/℃
		最大	最小	最小	最大	
$i-1$ 号墩	3 174.3	2 797.2	-359.3	110.8	-110.8	166.5
$i+1$ 号墩	3 174.4	2 797.0	-359.2	110.8	-110.8	166.5

注：i 号墩为 T 构主墩，i 为 55、57、59、61 号墩。

2）计算结果

各主要控制应力值见表 3-9。

表 3-9　各主要控制应力值　　应力单位：MPa

项目	上缘最大应力	上缘最小应力	下缘最大应力	下缘最小应力	最大剪应力	最大主应力	最小主应力	强度安全系数	抗裂安全系数
主力	13.36	0.81	10.98	2.19	3.35	11.82	-1.76	2.22	1.34
主+附	14.39	0.22	11.15	1.66	3.39	12.35	-2.41	2.17	1.28

5.（92+3×152+92）m 连续梁-拱

本联为下承式连续梁-拱组合结构，孔跨布置为（92+3×152+92）m，全长 641.6 m。如图 3-5。

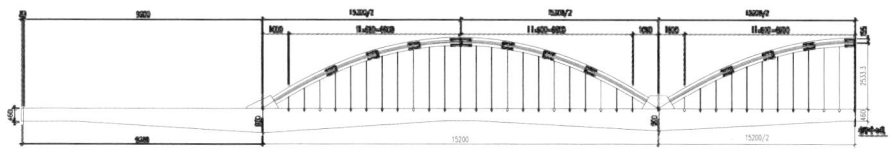

图 3-5　连续梁-拱总体布置图（单位：cm）

1）主梁构造

主梁采用单箱单室截面形式，两边腹板为直腹板。吊杆索采用箱外牛腿锚固形式。

端支座处及边跨直线段和跨中处梁高为 4.6 m，中支点处梁高 9.0 m，梁底下缘按圆曲线变化；箱梁顶宽 10.4 m，箱梁底宽 7.6 m，在中支座处 12.6 m 范围内底宽加宽到 10.4 m。如图 3-6、3-7。

顶板厚 40～50 cm；底板厚度 40～120 cm，按圆曲线变化至中支点梁根部，顶板及底板均在隔墙位置加厚；腹板厚度为 40～80，80～110 cm，按折线变化;吊点处设横梁,横梁厚度为 0.5 m。

2)预应力体系

采用纵、横、竖三向预应力体系。纵向预应力体系:预应力束采用 19-ϕ^j15.2、17-ϕ^j15.2 高强度、低松弛钢绞线,f_{pk}=1 860 MPa,E_p=1.95×10^5 MPa,锚下张拉控制应力 σ_{con}=0.7,f_{pk} = 1 302.0 MPa。分别采用 $\phi_内$100 mm、$\phi_内$90 mm 的金属波纹管成孔。

箱梁横向索采用规格 4-Φ^j15.24 mm,交错单端张拉,横向束间距 50 cm,张拉控制应力 1 302 MPa。

竖向预应力筋采用抗拉强度标准值 f_{pk}=830 MPa 的 Φ32 mm 预应力混凝土用螺纹钢筋,张拉控制应力 622.5 MPa。

3)拱 肋

拱肋采用哑铃形钢管混凝土结构,拱肋高 3.1 m,上下两圆形截面直径 1.1 m;管壁厚 22 mm。拱管矢高 25.33 m,矢跨比 1/6。拱管内灌注 C55 补偿收缩混凝土。拱轴线采用二次抛物线,两拱肋中心距 8.5 m,拱肋之间的横向风撑采用桁架式横撑,拱肋间设 1 道米字形横撑,两端各设 3 道 K 形横撑。

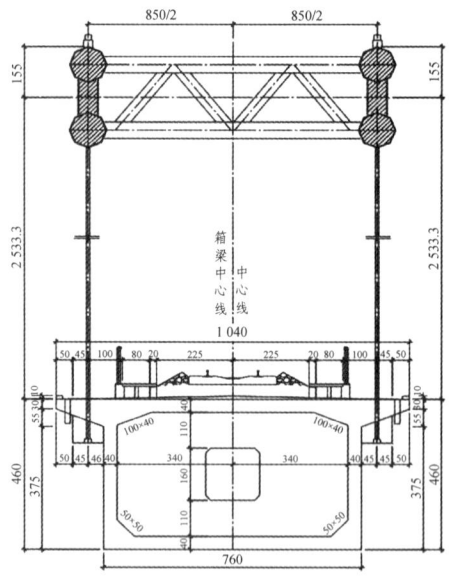

图 3-6 连续梁-拱跨中截面形式(单位:cm)

3.1 头门港支线灵江特大桥概况

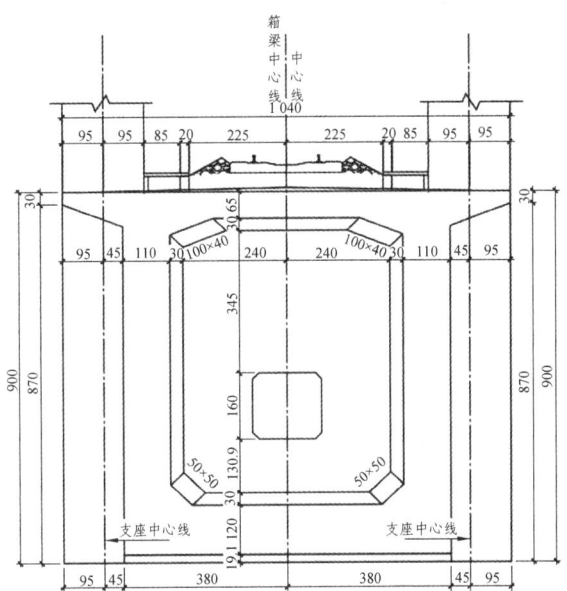

图 3-7 连续梁-拱中支座处截面形式（单位：cm）

4）吊杆

吊杆采用 PES（FD）7-73 型低应力防腐拉索（平行钢丝束），外套复合不锈钢管，配套使用冷铸镦头锚。

吊杆上端穿过拱肋，锚于拱肋上缘张拉底座，下端锚于吊点翼缘与腹板相交处固定底座。吊杆顺桥向间距 6 m，每跨拱圈共设置 46 根吊杆，全联共设 138 根吊杆。

5）计算结果

（1）主梁计算结果。

主梁计算结果见表 3-10。

表 3-10 主梁计算结果　　　　　单位：MPa

项 目	上缘最大应力	上缘最小应力	下缘最大应力	下缘最小应力	最大剪应力	最大主应力	最小主应力
主 力	14.45	0.30	15.99	3.29	2.73	15.99	−1.14
主+附	16.74	0.53	15.77	0.71	3.08	17.11	−1.53

(2）拱肋计算结果

拱肋钢材应力见表 3-11。

表 3-11　拱肋计算结果　　　　单位：MPa

项　目	上缘最大应力	上缘最小应力	下缘最大应力	下缘最小应力
主　力	67.90	−7.30	71.30	3.10
主+附	125.90	−59.40	99.40	−25.70

主力作用下拱肋钢材容许应力为 210 MPa，主力+附加力作用下拱肋钢材容许应力为 252 MPa。设计均满足规范要求。

(3）吊杆计算结果

主力作用下，吊杆最大拉应力为 217 MPa；主力+附加力作用下，吊杆最大拉应力为 345 MPa。安全系数大于 3。吊杆的疲劳应力幅为 107 MPa，小于容许值 120 MPa。

(4）自振特性

本连续梁拱梁部发生变形出现在第 7 阶，自振周期 T=1.02 s。

(5）屈　曲

第一阶模态为侧倾，稳定系数为 10.2。

(6）反　力

反力表见表 3-12。

表 3-12　竖向支反力表（每墩，单位：kN）

墩号	恒载	活载（含冲击）		沉降		温度力组合	主力组合		主+附组合	
		最大	最小	最大	最小		最大	最小	最大	最小
62	12 467.0	3 875.8	−455.4	257.6	−257.6	274.6	16 600.4	11 754.0	16 875.0	12 028.6
63	118 575.9	12 950.4	−319.4	545.6	−545.6	−350.8	132 071.9	117 710.9	132 071.9	117 710.9
64	142 761.1	14 060.6	−827.4	588.0	−588.0	76.2	157 409.7	141 345.7	157 485.9	141 421.9
65	142 761.1	14 060.6	−827.4	588.0	−588.0	76.2	157 409.7	141 345.7	157 485.9	141 421.9
66	118 575.9	12 950.4	−319.4	545.6	−545.6	−350.8	132 071.9	117 710.9	132 071.9	117 710.9
67	12 467.0	3 875.8	−455.4	257.6	−257.6	274.6	16 600.4	11 754.0	16 875.0	12 028.6

6. 墩台及基础类型的选择

桥台采用单线 T 台，桥墩除 55、57、59、61 号墩采用空心矩形墩外，其余均采用圆端型实体墩或圆端型空心墩。除 73、74 号墩采用挖井基础外，其余墩台均采用钻孔灌注桩基础。

7. 施工方法的初步意见

简支 T 梁采用预制架设法施工；预应力混凝土 T 构和连续梁采用悬灌法施工，0 号块及边跨现浇段采用临时钢托架施工；连续梁-拱采用先梁后拱顺序施工，主梁悬灌施工，拱肋于主梁合龙后在桥上支架施工。

本桥 31、32 号墩位于匝道内侧，施工机械设备由 31 号墩旁匝道立交桥下通过，此处桥下净高受限，修建临时便道时需局部下挖处理。

2~45、49~61、79~81、86~100 号墩处地表淤泥层较厚，采用钢板桩围堰防护施工。61、67 号墩位于灵江主河槽边，采用钢板桩围堰防护施工。62 至 66 号墩位于灵江主河槽中，采用高桩承台，钢吊箱围堰施工。灵江主河槽中基础施工时搭设施工平台和栈桥。

3.2 连续钢构混凝土桥线性监控研究

3.2.1 有限元模型

3.2.1.1 Midas/Civil 有限元软件介绍

MIDAS/Civil 为高效的空间有限元分析软件，可于多种结构的分析与设计中使用。在使用 MIDAS/Civil 进行桥梁结构的分析设计时，软件结合国内的规范与习惯，提供了很多便利的功能，因此在各大公路、铁路部门的设计院中被广泛使用。MIDAS/Civil 提供了静力分析、动力分析、弹塑性分析、几何非线形分析、施工阶段分析等多种功能，提高了分析效率。

3.2.1.2 结构有限元模型

使用 Midas/Civil 有限元软件建立空间有限元模型，共计 10 374 个节点、13 561 个单元。建模过程中严格按照结构实际尺寸，拱肋按设计节段要求初始划分,完成建模后再进行更加仔细的单元划分。模型各部分示意图如图 3-8、图 3-9 所示。

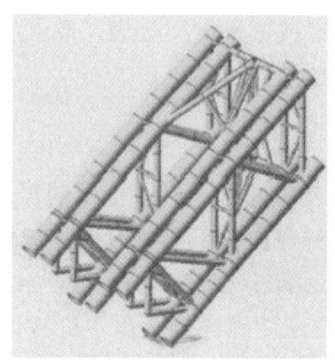

图 3-8 拱肋模型示意图

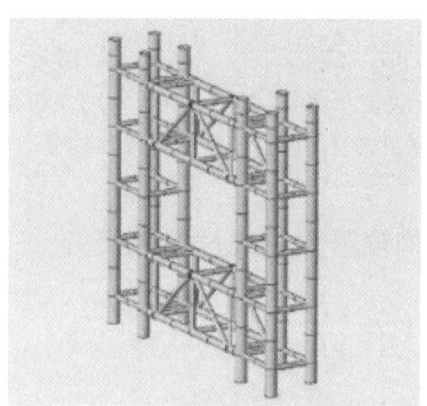

图 3-9 立柱模型示意图

拱肋施工阶段划分见表 3-13 所示。

表 3-13 拱肋施工阶段划分

编号	施工工作内容
1	安装扣塔
2	对称架设拱肋 1#(1'#) 节段
3	安装拱肋间横向联系
4	对称架设拱肋 2#(2'#) 节段
5	安装拱肋间横向联系

3.2 连续钢构混凝土桥线性监控研究

续表

编号	施工工作内容
6	对称架设拱肋 3#（3'#）节段
7	安装拱肋间横向联系
8	对称架设拱肋 4#(4'#)节段
9	安装拱肋间横向联系
10	对称架设拱肋 5#(5'#)节段
11	安装拱肋间横向联系
12	对称架设拱肋 6#（6'#）节段
13	安装拱肋间横向联系
14	对称架设拱肋 7#（7'#）节段
15	安装拱肋间横向联系
16	对称架设拱肋 8#(8'#)节段
17	安装拱肋间横向联系
18	合龙段合龙
19	拱脚处封铰
20	拆除扣锁

拱肋最大悬臂图如图 3-10 所示。

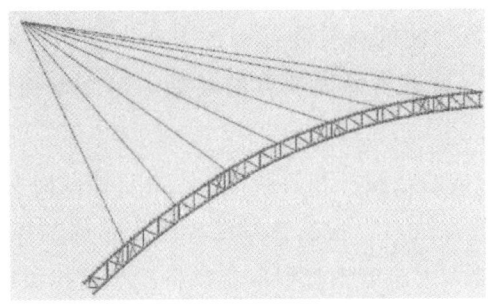

图 3-10 拱肋最大悬臂图

3.2.2 施工监控方案

3.2.2.1 拱肋应力测量

在钢管吊装、合龙及后续加载工况过程中，为考察拱肋的受力情况，

第3章　金台铁路灵江深水高墩大跨连续梁钢管混凝土拱特大桥综合施工技术研究

有必要对拱肋各控制截面的应力进行监控。另外，为了确保临时设施塔架的安全，也需要对其关键断面进行应力监测。通过应力监控的结果以及其他监控的结果，综合考虑后能更全面地判断桥梁结构在施工过程中的受力状态，形成一个完整的预警系统，从而保障桥梁施工安全顺利地进行。本次应力监控的主要目标是：通过现场测定的结构应力数据，结合施工工况，预测控制截面应力变化情况并进行实时的跟踪测定。针对可能引起应力预警系统报警的施工步骤，向有关单位提出调整方案，保证施工过程应力满足要求。应力测试方法一般通过应变测量换算应力值，如式（3-1）所示：

$$\begin{cases} \sigma = E \cdot \varepsilon \\ \varepsilon = \varepsilon_{弹} + \varepsilon_{无应力} \end{cases} \quad (3\text{-}1)$$

根据施工步骤和施工监控的要求，应力监控测点的布置如下：

（1）对于拱肋的上、下弦，应力监控测点布置的截面分别为左拱脚、$L/8$拱、$2L/8$拱、$3L/8$拱、$4L/8$拱、$5L/8$拱、$6L/8$拱、$7L/8$拱以及右拱脚截面，测点位置为节间的中部，可根据实际情况进行调整；测点应布置在每条拱肋的各控制截面的上、下游侧（或顶、底位置），对于拱脚的截面，可适当增加测点的数量。每个截面的纵向应力测点不小于 10 个。

（2）对钢管桁构的竖腹杆和斜腹杆，应力监控截面初步选择在 $L/8$ 拱附近，在校核计算完成后，根据计算结果确定精确的控制截面。原则上选择构件中受力偏大大跨度钢管混凝土拱桥施工监控关键技术研究23的拉、压杆件，测点布置在相应杆件的中部。

（3）为修正传感的初始读数和温度的影响，可以在主拱钢管或位置合适的横撑构件上，沿桥横向布置若干校准测点。

（4）对于临时塔架，主要根据后期建模计算分析，确定应力较大截面，然后再埋设传感器进行应力监控。如图 3-11 所示。

3.2 连续钢构混凝土桥线性监控研究

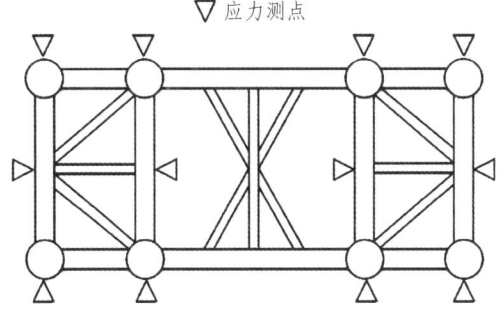

图 3-11 拱肋断面应力测点布置图

应力监测元件采用国产智能弦式数码应变传感器，测试时按预定的测试方向将钢板应力计测点固定在拱肋上，将所有测点导线引出到便于测量的位置，采用钢板振弦应变计进行测量。如图 3-12 和 3-13 所示。

图 3-12 表贴式钢弦式应变传感器

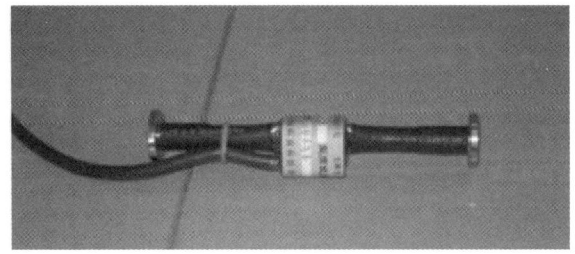

图 3-13 埋入式钢弦式应变传感器

3.2.2.2 拱肋线型测量

对大桥而言，本次线形监控的主要目标是：对主拱进行线形监控，向施工单位提供预拱度等参数，保证桥梁顺利合龙，使全桥最终线形符合设计要求。线形监测主要为对主拱轴线的测量。根据施工方案和监测目的，建议按如下方法布置变形监控测点：

（1）吊装阶段，每段均设置测点，监测拱肋线形变化情况；合龙后，分别在拱肋上下游侧面布置变形监控测点，永久变形监控点的位置为左拱脚、$L/8$拱、$2L/8$拱、$3L/8$拱、$4L/8$拱、$5L/8$拱、$6L/8$拱、$7L/8$拱以及右拱脚，在上下游侧各布置8个测点。

（2）在两岸扣塔塔顶上设置测点，以监测其3个方向的位移。

（3）在拱脚位置埋设沉降观测点及布设棱镜，对其基础沉降和位移进行监测。

（4）在缆索吊主塔塔顶布设测点，监测其位移及塔身垂直度。

（5）在两岸选择适当的位置建立永久测站及后视点。

监测内容如下：

（1）各施工阶段主拱肋控制截面位移实时监测，基于实测结果，提出下一阶段施工调整措施和调整参数量值。

（2）各工况下两岸扣塔塔顶位移、拱脚基础沉降、位移及缆索吊主塔位移和垂直度。

（3）合龙口的高差测量，必要时提出具体的合龙调整措施。

如图3-14为主拱位移测点布置。

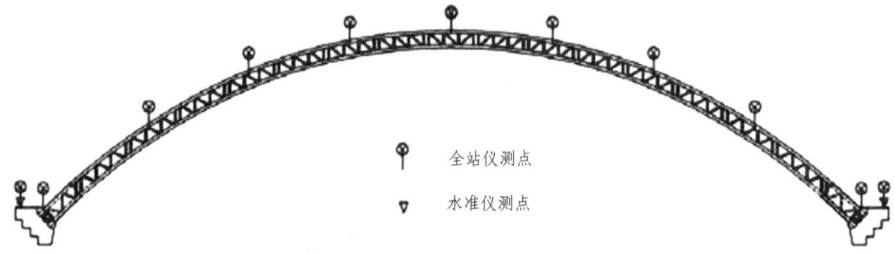

图3-14 主拱位移测点布置示意图

线形测量采用全桥通测。钢拱肋节段的几何线形测量应在拱肋拼装、扣索调整等阶段进行。拱肋合龙前需要对合龙口高程、轴线、宽度进行48 h 的连续测量，并在夜间对几何线形进行两次通测。连续观测间隔在夜间为0.5~1 h，白天为1~2 h。测量时间应尽量选择在温度相对恒定的统一时间段进行，以尽量减小温度等外界条件影响，比如早晨日出前或者晚上。

3.2 连续钢构混凝土桥线性监控研究

测试仪器采用水准仪和全站仪,如图 3-15、图 3-16 所示。

图 3-15 DNA03 徕卡电子水准仪

图 3-16 TCA2003 徕卡全站仪

3.2.2.3 拱肋温度测量

结构表面的温度场的测量(对每个施工阶段按照规范要求进行量测)可以利用应力测试元件自带的温度测量功能进行,温度测试元件预埋在与上述应力测试断面一致的关键断面,测量精度控制在 ± 0.5 °C 以内。在理论分析后,结合测量的数据,于施工控制分析中提出线形控制的温度修正值。如图 3-17 所示。

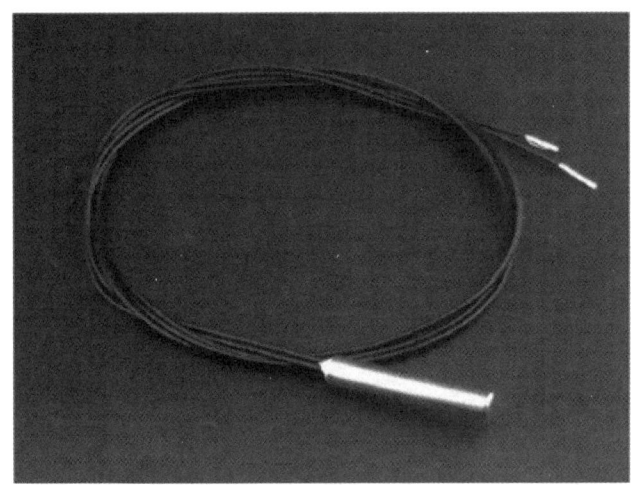

图 3-17　数字温度传感器

施工过程中温度的测量选择在拱肋节段拼装、扣索调整的阶段进行，测量工作的工作频率为每个拱肋节段进行两次；在主梁节段拼装阶段时对每个主梁节段进行一次温度测量；拱肋合龙前两天，需进行连续温度场的观测。上述温度测量的范围均为对已施工的全部结构进行通测。连续温度场观测原则上全桥进行测量，分别测量每个季度两种天气情况。另外同时同步进行拱肋线形、扣塔偏位、应力及索力的测量，并分析温度场分布与上述参数之间的规律，用于修正温度对计算模型的计算方式以及参数的影响。

环境温度的测量安排在各施工控制阶段，根据施工进度由施工单位和监测单位分别完成温度数据采集，并随控制测量报表将数据提交施工监控组。

3.2.3　拱肋应力监控

空钢管拱肋架设完毕并且松索后，对拱肋各测点的应力状态进行监测。拱肋上弦管应力监测结果数据和有限元模型计算数据对比如表 3-14 所示。

3.2 连续钢构混凝土桥线性监控研究

表 3-14 拱肋上弦管应力对比

位置（上弦管）	有限元计算数据/MPa	施工监控数据/MPa
小桩号侧拱脚	-20.32	-21.10
$L8$	-17.71	-19.40
$2L/8$	-17.86	-18.40
$3L/8$	-20.06	-19.30
$4L/8$	-21.24	-19.30
$5L/8$	-20.06	-19.30
$6L/8$	-17.86	-18.40
$7L/8$	-17.71	-19.40
大桩号侧拱脚	-20.32	-21.10

数据趋势如图 3-18 所示。

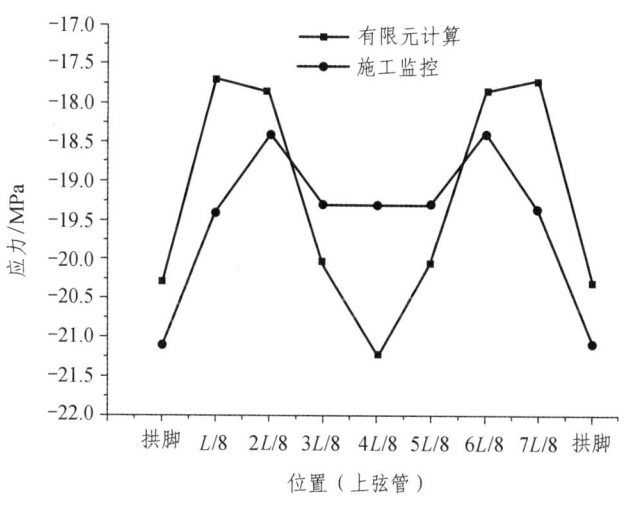

图 3-18 拱肋上弦管应力趋势图

分析可知：拱肋承受压应力，最大压应力出现在拱顶位置附近，为 -21.24 MPa；最小压应力出现在 $L/8$ 至 $2L/8$ 附近，为 -17.71 MPa 左右。上弦管拱肋应力变化为由拱脚和拱顶向 $L/8$ 附近逐渐减小。拱肋下弦管应力监测结果数据和有限元模型计算数据对比如表 3-15 所示。

表 3-15 拱肋下弦管应力对比

位置（下弦管）	有限元计算数据/MPa	施工监控数据/MPa
小桩号侧拱脚	－19.95	－26.9
$L/8$	－24.06	－26.4
$2L/8$	－21.69	－23.1
$3L/8$	－17.16	－17
$4L/8$	－11.74	－13
$5L/8$	－17.16	－17
$6L/8$	－21.69	－23.1
$7L/8$	－24.06	－26.4
大桩号侧拱脚	－19.95	－26.9

数据趋势如图 3-19 所示。

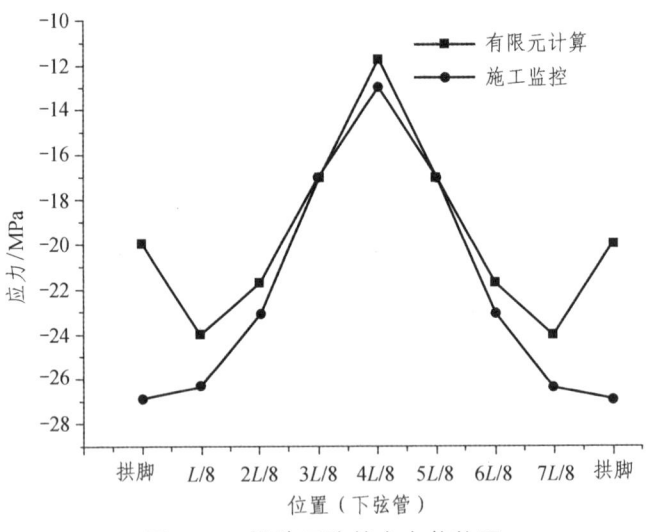

图 3-19 拱肋下弦管应力趋势图

分析可知：拱肋承受压应力，最大压应力出现在拱脚位置附近，为 －19.95 MPa；最小压应力出现在拱顶位置附近，为 －11.74 MPa。下弦管拱肋应力变化为从拱顶至拱脚逐渐增大。整体对比可知，拱脚处下弦管应力较大，有限元计算数据和施工监控数据趋势相近，最大偏差绝对值为 6.95 MPa。分析偏差可能产生原因：传感器布设和采集数据时存在偏差、有限元模型与实际施工情况不可完全相同、其他如施工方法等产生偏差。

3.2.4 基于迭代算法的线型控制

3.2.4.1 施工过程中拱肋各阶段线型

（1）拱肋预拱度中包含了设计预拱度和荷载预拱度。设计预拱度是按施工阶段仿真模拟计算得到挠度的反向值。荷载预拱度是成桥状态一部分活载所产生的挠度的反向值。

（2）制造线形：预制拼装结构的制造线形是结构在制造过程中无应力状态下的线形，一般是在设计线形上加上预拱度后得到的。其中，预拱度除了包括设计预拱度和荷载预拱度，对于灌注混凝土的钢管结构还应该包括混凝土收缩徐变使得钢管内力重分布引起的变形。

（3）理想线形：钢管混凝土拱桥拱肋的施工过程中，最终合龙阶段的拱肋状态是一个临界状态。此前，拱肋各节段的重量由扣索、索塔等吊装系统分担，作用的荷载只有空钢管的自重以及临时荷载；此后的工序如灌注管内混凝土、架设立柱、盖梁、桥面系直至成桥，荷载均由拱肋自行承担，因此合龙时空钢管的线形状态决定了成桥后的线形和内力。因此理想线形是钢管混凝土拱桥施工的一个十分重要的控制目标。

3.2.4.2 线型控制计算方法

目前，钢管混凝土拱桥施工阶段常用的计算分析方法有：倒退分析法、前进分析法和无应力状态法。倒退分析法是从成桥给出的理想状态出发，然后逆推桥梁实际加载顺序来求得每个施工阶段的内力与挠度。然而，倒退分析法无法对随时间变化的相关影响因素（如混凝土收缩徐变）进行分析。前进分析法是指按照实际桥梁施工过程的顺序进行结构分析。随着施工的推进，结构形式、荷载和边界条件等也在不断地发生着变化，前进分析法能综合性地考虑各方面的影响因素的。由于拱轴线型对拱桥结构的变形、内力及稳定性有重要的影响，为了较准确地控制拱肋的安装轴线，采用前进分析法与倒退分析法相结合，利用倒退分析法分析拱肋架设的挠度值，再使用前进分析法对各施工阶段进行模拟计算。

3.2.4.3 安装轴线计算

模型图如图3-20所示。

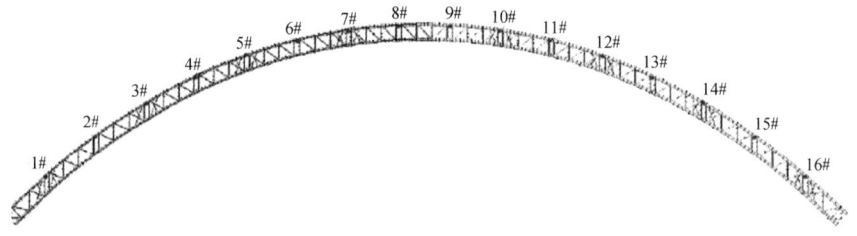

图3-20 拱肋模型控制点示意图

首先对制造轴线进行计算，计算公式如公式（3-2）所示：

$$z = Y + G \tag{3-2}$$

式中 z——制造轴线；
Y——设计坐标值；
G——设计预拱度。

根据计算得到的制造轴线和有限元计算得到的拱肋挠度，可以计算出理想成拱轴线。计算公式如式（3-3）所示：

$$H_0 = z + w_0 \tag{3-3}$$

式中 w_0——空钢管一次成拱挠度；
H_0——理想成拱轴线。

将上述方法计算得到的制造轴线作为初始安装轴线，进行模拟施工阶段的计算分析，计算出合龙阶段各拱肋节段的挠度值，得到此时的成拱轴线，可知在初次计算得到的成拱轴线与理想成拱轴线并不一致，因此，必须进行多次迭代计算直至成拱轴线趋近理想成拱轴线，迭代方程如下：

3.2 连续钢构混凝土桥线性监控研究

$$\begin{cases} h_{i+1} = h_i + \delta_i \\ \delta_i = H_0 - H_i \\ H_i = h_i + w_i \end{cases} \quad (3\text{-}4)$$

式中　h_i——安装轴线；

　　　δ_i——修正值；

　　　H_0——理想成拱轴线；

　　　H_i——成拱轴线；

　　　w_i——合龙阶段挠度。

第三次迭代计算得到成拱轴线 H_3 与理想成拱轴线 H_0 一致，消除了偏差，即采用迭代算法对安装轴线经过三次迭代计算，得到新的安装轴线 h_3，以 h_3 进行施工时，可使得拱肋成拱轴线达到理想成拱轴线。

3.2.4.4 施工控制高程计算

由上述迭代计算得到的安装轴线可以计算出施工控制高程。首先使用 MIDAS/CIVIL 进行模拟施工阶段的计算分析，得到在各个施工阶段拱肋各节段对应的挠度值，如表 3-16 所示。

表 3-16　施工控制各工况测点挠度值　　　　单位：m

控制点	各工况测点挠度值							
	节段 1	节段 2	节段 3	节段 4	节段 5	节段 6	节段 7	节段 8
1	-0.002	-0.015	-0.011	-0.014	-0.014	-0.014	-0.013	-0.012
2	—	-0.007	-0.034	-0.048	-0.055	-0.059	-0.059	-0.058
3	—	—	-0.034	-0.069	-0.089	-0.102	-0.110	-0.115
4	—	—	—	-0.057	-0.094	-0.123	0.147	-0.167
5	—	—	—	—	-0.052	-0.104	-0.153	-0.200
6	—	—	—	—	—	-0.074	-0.157	-0.242
7	—	—	—	—	—	—	-0.118	-0.258
8	—	—	—	—	—	—	—	-0.194
9	—	—	—	—	—	—	—	-0.194
10	—	—	—	—	—	—	-0.118	-0.258
11	—	—	—	—	—	-0.074	-0.157	-0.242
12	—	—	—	—	-0.052	-0.104	-0.153	-0.200
13	—	—	—	-0.057	-0.094	-0.123	-0.147	-0.167
14	—	—	-0.034	-0.069	-0.089	-0.102	-0.110	-0.115
15	—	-0.007	-0.034	-0.048	-0.055	-0.059	-0.059	-0.058
16	-0.002	-0.015	-0.011	-0.014	-0.014	-0.014	-0.013	-0.012

以第 3 次迭代计算得到的安装轴线 h_3 作为初始坐标,将得到各施工阶段对应拱肋各节段的挠度值与对应的阶段安装轴线进行叠加之后,即得到最终的施工控制高程,如表 3-17 所示。

表 3-17 施工控制高程　　　　　　　　　　　单位：m

控制点	安装轴线 h_3	各工况测点挠度值	控制高程
1	237.830	-0.002	237.832
2	250.154	-0.007	250.161
3	260.373	-0.034	260.407
4	268.585	-0.057	268.642
5	274.982	-0.052	275.034
6	279.664	-0.074	279.738
7	282.732	-0.118	282.850
8	284.231	-0.194	284.425
9	284.231	-0.194	284.425
10	282.949	-0.118	283.067
11	279.664	-0.074	279.738
12	274.962	-0.052	275.014
13	268.585	-0.057	268.642
14	260.355	-0.034	260.389
15	250.160	-0.007	250.167
16	237.772	-0.002	237.774

通过上述方法计算得到的控制高程应用于实际工程的施工控制,测得合龙后空钢管拱肋轴线高程和理想成拱轴线进行对比分析,如表 3-18 所示。

3.2 连续钢构混凝土桥线性监控研究

表 3-18　施工监控数据对比　　　　　　　　单位：m

控制点	理想成拱轴线	实测值	偏　差
1	237.814	237.806	−0.008
2	250.082	250.077	−0.005
3	260.232	260.209	−0.023
4	268.385	268.372	−0.013
5	274.745	274.718	−0.027
6	279.390	279.379	−0.011
7	282.455	282.438	−0.017
8	284.020	283.986	−0.034
9	284.020	283.994	−0.026
10	282.672	282.647	−0.025
11	279.390	279.364	−0.026
12	274.725	274.694	−0.031
13	268.385	268.346	−0.039
14	260.214	260.201	−0.013
15	250.088	250.053	−0.035
16	237.756	237.745	−0.011

为确定施工控制的精度，将表 3-18 中的偏差大小进行对比得出最大偏差，如图 3-21 所示。

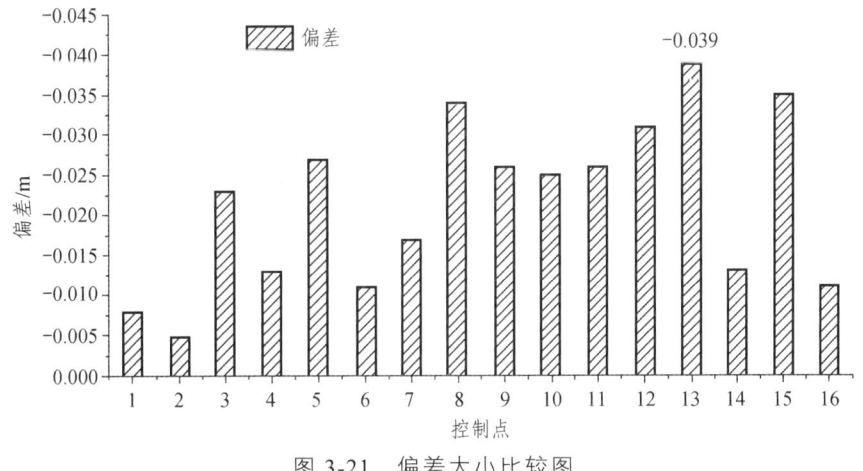

图 3-21　偏差大小比较图

由图 3-21 可知,最大偏差的绝对值为 0.039 mm,出现在 13 号控制点;最小偏差的绝对值为 0.005 mm,出现在 2 号控制点。按照《钢管混凝土拱桥技术规范》(GB 50923—2013)11.2.7 规定,轴线偏位最大偏差 0.039 m<$L/6\ 000$=0.043 m,满足要求。

3.2.5 小 结

本章对比分析了拆索后拱肋应力监控数据和有限元模型数据,详细讨论了钢管混凝土拱桥拱肋拼装过程中的几种线形关系,以制造线型作为施工控制的标准,根据对实际工程的模拟分析,得到如下结论:

(1)根据有限元模型计算结果,拱肋承受压应力,其中上弦管的最大压应力出现在拱顶位置,下弦管的最大压应力出现在拱脚位置;监控数据和有限元数据非常相近,两组数据趋势相近。

(2)通过前进分析法与倒退分析法相结合的分析过程,配合 MIDAS/CIVIL 有限元软件对安装轴线的计算分析,发现初次计算得到的成拱轴线与理想成拱轴线并不一致,必须进行多次迭代计算。

(3)使用迭代公式进行 3 次迭代计算结合施工阶段模拟分析,能得到较为精确的安装轴线和控制高程。

(4)采用上述方法对遂昌乌溪江大桥实施施工控制后能够精确控制钢管拱肋轴线高程和理想成拱轴线的偏差在规范要求范围之内,可为其他同类型同结构桥梁的施工线型监控提供参考。

3.3 桥梁施工受力变形及稳定性研究

3.3.1 拱肋混凝土灌注过程稳定性分析

大跨度钢管混凝土(简称 CFTS)拱桥具有跨越能力大、造型优美等优点,在世界各地、尤其是中国取得了快速发展。在 CFTS 拱桥跨径不断突破的同时,其宽跨比和宽高比逐渐变小,长细比逐渐变大,由于施工阶段结构处于不完整状态,荷载和约束也有较大区别,稳定性问题比较突出,亟需深入研究。拱肋混凝土灌注是 CFTS 拱桥施工的关键阶段之一,

3.3 桥梁施工受力变形及稳定性研究

已有研究多是针对混凝土与钢管的协同作用，很少涉及灌注过程中结构的稳定性分析。本章根据头门港支线灵江特大桥，基于稳定性基本理论，采用有限元方法研究该桥拱肋混凝土灌注过程中拱肋结构的线形、应力状态及稳定性。

金台铁路头门港支线于 TDK4+172.680～TDK8+472.925 设灵江特大桥。本桥为单线桥，为跨越灵江、S327 省道、台金高速互通匝道及马上线公路而设。主桥为下承式 CFTS 拱桥，本桥桥高受航道通航净空高度控制，主跨采用连续梁-拱的结构形式。

拱肋架设完成后，采用泵送顶升法与真空辅助灌浆法进行拱肋混凝土灌注。混凝土灌注顺序为逆时针从内向外灌注，混凝土沿拱脚至拱顶方向按设计分级和灌注顺序（见图 3-22）对称连续接力泵送，上一根钢管内混凝土达到设计强度的 80%后，再进行下一根钢管混凝土的灌注，灌注过程中不需要振捣。

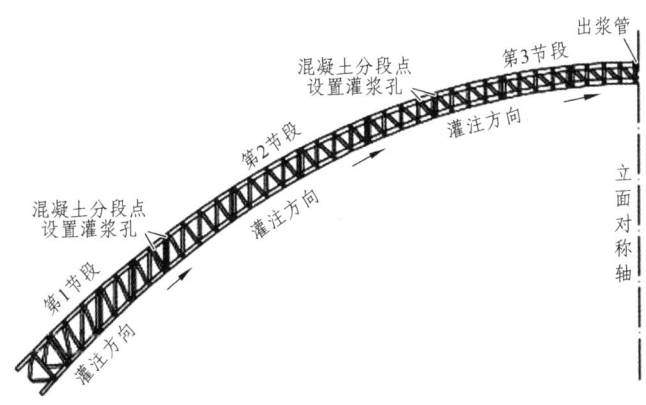

(a) 拱肋混凝土灌注方向

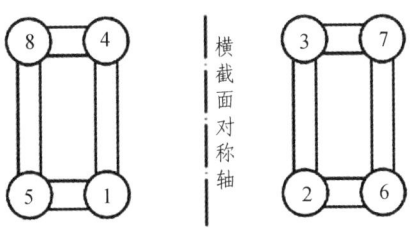

(b) 拱肋混凝土灌注顺序

图 3-22 拱肋混凝土灌注方向和灌注顺序

稳定性基本理论是研究大跨度 CFTS 拱桥拱肋混凝土灌注过程稳定性的基础。稳定性分析包括线性屈曲分析和非线性屈曲分析。与非线性屈曲分析相比，线性屈曲分析把结构稳定问题转化为特征值问题，力学概念明确、求解容易，可预测出屈曲荷载上限。线性屈曲发生前，结构满足线性假设且处于初始构形线性平衡状态，小变形条件下单元应力刚度矩阵和外荷载均与应力呈线性关系，T，L 列式和 U，L 列式具有统一的表达式，即：

$$([K]+[K]_\sigma)\{\Delta U\} = \{\Delta R\} \quad (3\text{-}5)$$

式中：$[K]$ 为单元弹性刚度矩阵；$[K]_\sigma$ 为单元应力刚度矩阵；$\{\Delta U\}$ 为单元位移向量；$\{\Delta R\}$ 为单元外力向量。

临界状态下，使 $\{\Delta U\} \to 0$，$\{\Delta U\}$ 有非零解，此时 $([K]+[K]_\sigma) = 0$。小变形条件下 $[K]_\sigma$ 与应力呈正比。线性屈曲发生前，满足线性假设，多数情况下应力与外荷载也为线性关系，参考荷载 $\{P\}$ 对应的几何刚度矩阵为 $[K]_\sigma$，临界荷载 $\{P\}_{cr} = \lambda\{P\}$，临界荷载作用下结构几何刚度矩阵为：

$$[K]_\sigma = \lambda[K]_\sigma \quad (3\text{-}6)$$

式中：$[K]_\sigma$ 为临界荷载对应几何刚度矩阵；λ 为系数；$[K]_\sigma$ 为参考荷载 $\{P\}$ 对应几何刚度矩阵。由 $|[K]+[K]_\sigma| = 0$ 可得第一类弹性稳定问题控制方程：$|[K]_\sigma = \lambda[K]_\sigma| = 0$。稳定问题转化为特征值问题的求解。

3.3.1.1 数值模型建立

1. 有限元模型

采用有限元软件 ANSYS 建立主桁拱三维有限元模型，共 18 510 个单元、8 704 个节点，其中主桁拱杆件采用 beam188 梁单元模拟，拱脚处三角钢板采用 shell163 壳单元模拟。钢材密度 7 850 kg/cm³，弹性模量 210 GPa，泊松比 0.3；C70 混凝土密度 2 500 kg/cm³，弹性模量 37 GPa，泊松比 0.2。拱脚处采用固定端约束。结构自重采用施加竖向加速度 9.8 m/s² 模拟，湿混凝土采用荷载形式模拟，混凝土与钢管形成共同作用后采用双单元法模拟。

3.3 桥梁施工受力变形及稳定性研究

2. 提取截面及测点选取

主拱肋 7 个截面研究灌注过程中拱肋线形、应力和稳定性。由于拱肋结构南北岸对称，只提取、分析半跨主拱肋的 4 个截面，即 S_0 截面（拱脚）、S_1 截面（$L/6$）、S_2 截面（$2L/6$）、S_3 截面（$3L/6$）。钢管编号与灌注顺序一致。各截面均有 8 个应力测点（P1～P8），布置在各拱肋钢管中心处；各截面有 4 个位移测点（M1～M4），布置在截面底部钢管处（见图 3-23）。

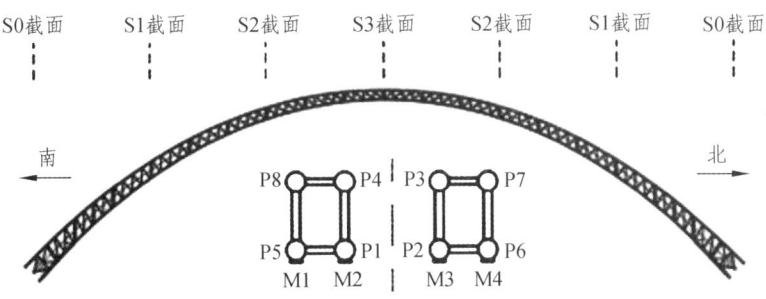

图 3-23　主拱肋测试截面和应力、应变测点布置

3.3.1.2　灌注过程分析

1. 主拱肋线形分析

提取灌注过程中 32 处（8 根钢管各 4 个截面）位移测点值，得到各钢管截面处位移变化随灌注过程的变化曲线。本章仅列举 5 号钢管跨中位移-灌注过程变化曲线（见图 3-24）。其中，Y 为横桥向，Z 为竖向。由图 3-24 可知，各钢管灌注时，5 号钢管跨中截面存在竖向及横桥向位移变化（偏位），且其位移变化呈抛物线状。如在灌注 4 号钢管混凝土初期，5 号钢管跨中（S1-M1）竖向位移初始值 U_{z0} 约为 -160。

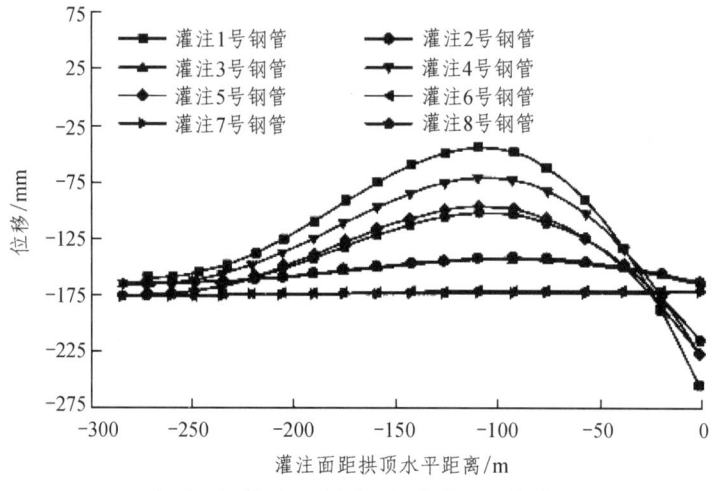

（a）主拱肋 5 号钢管跨中 U_z 偏位

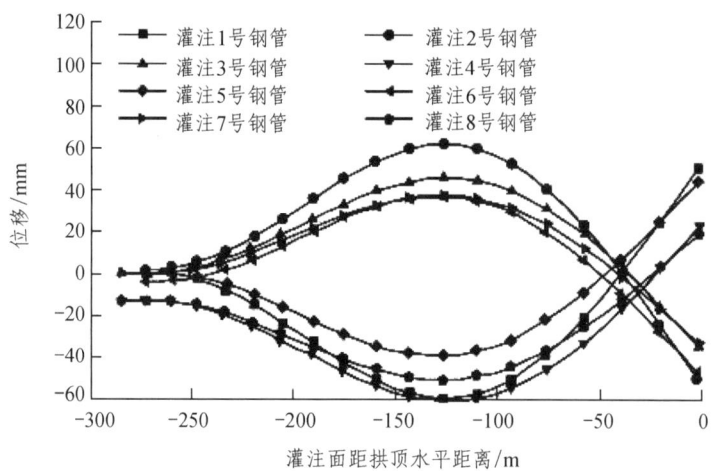

（b）主拱肋 5 号钢管跨中 U_Y 偏位

图 3-24 5 号钢管跨中位移-灌注过程变化曲线

灌注 4 号钢管混凝土至距拱顶水平距离约 100 m 时，5 号钢管跨中竖向位移值约为 -71 mm，其位移变化为在 U_{z0} 基础上增加 89 mm；当灌注 4 号钢管混凝土至拱顶时，5 号钢管跨中竖向位移值约为 -232 mm，在 U_{z0} 基础上减小 72 mm。其他各截面钢管位移随灌注过程的变化均有该趋势。

灌注过程中拱肋竖向偏位（U_z-U_{z0}）结果如表 3-19 所示。

由表可知，灌注各钢管时，偏位最值均出现在跨中截面的 5 号或 6 号（S3-M1，S3-M4）钢管处，主要是由拱结构的受力特性和灌注过程中荷载横向分布不均匀造成的；且灌注初期大于灌注后期，主要是灌注初始阶段的结构抵抗变形能力由拱肋空钢管提供，随着混凝土灌注成型及其与钢管联合作用发挥，主拱肋结构抵抗变形的能力逐渐增强所致。

表 3-19 灌注过程中拱肋竖向偏位（U_z-U_{z0}）结果

工 序	(U_z-U_{z0}) max		(U_z-U_{z0}) min	
	有限元值/mm	具体位置	有限元值/mm	具体位置
灌注 1 号钢管	113	S3-M4	-101	S3-M4
灌注 2 号钢管	113	S3-M4	-101	S3-M4
灌注 3 号钢管	91	S3-M4	-72	S3-M4
灌注 4 号钢管	89	S3-M1	-72	S3-M1
灌注 5 号钢管	63	S3-M1	-70	S3-M1
灌注 6 号钢管	62	S3-M4	-70	S3-M4
灌注 7 号钢管	57	S3-M4	-59	S3-M4
灌注 8 号钢管	57	S3-M1	-59	S3-M1

注："-"表示偏位向下。

2. 主拱肋应力分析

提取灌注过程中 32 处（8 根钢管各 4 个截面）压应力测点值，得到各钢管截面处压应力随灌注过程的变化曲线，此处仅列举 4 号钢管拱脚处（S_0-P_4）钢管应力-灌注过程的变化曲线（见图 3-25）和 1 号钢管拱脚处（S_0-P_1）混凝土应力-灌注过程的变化曲线（见图 3-26）。

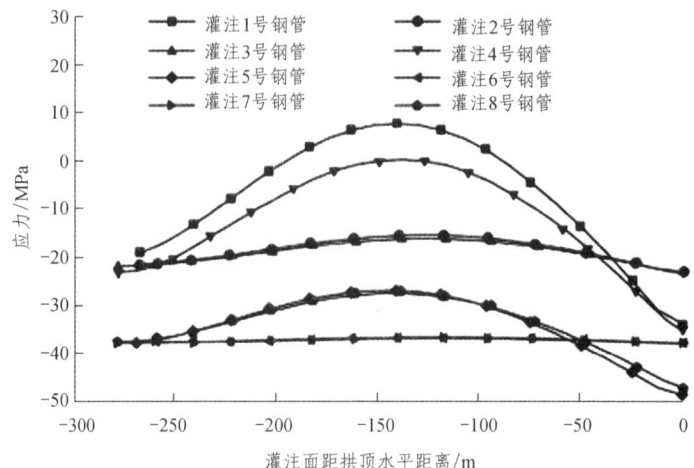

图 3-25 4号钢管拱脚处钢管应力-灌注过程变化曲线

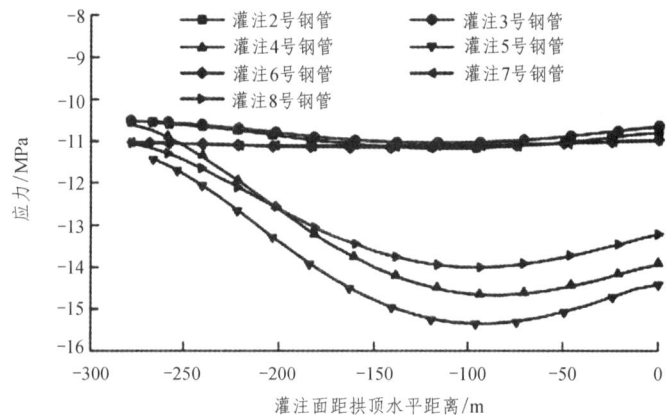

图 3-26 1号钢管拱脚处混凝土应力-灌注过程变化曲线

由图 3-25、图 3-26 可知,无论是钢管应力还是钢管内的混凝土应力,均在混凝土灌注过程中不断变化,灌注钢管对其所在侧的钢管及混凝土的应力影响幅度大于另一侧的钢管和混凝土的应力。灌注过程中拱肋应力结果如表 3-20 所示。由表 3-20 可知,钢管及混凝土结构的应力最值均主要集中在拱脚截面,且小于各自材料的允许值;灌注过程中,钢管应力最值的变化幅度明显大于混凝土最值的变化幅度,灌注 1~8 号钢管过程中,钢管应力最大值和最小值的变化幅度分别为 23.010 MPa 和 24.998 MPa,混凝土应力最大值和最小值的变化幅度分别为 2.153 MPa

和 4.115 MPa,主要是钢管对混凝土的套箍效应以及钢材弹性模量高于混凝土弹性模量所致。

表 3-20 灌注过程中拱肋应力结果

工序	钢管应力				混凝土应力			
	最大值/MPa	位置	最小值/MPa	位置	最大值/MPa	位置	最小值/MPa	位置
灌注 1 号钢管	7.160	S0-P4	−102.998	S0-P1	—	—	—	—
灌注 2 号钢管	6.573	S0-P3	−102.238	S0-P2	−7.003	S0-P1	−11.220	S0-P1
灌注 3 号钢管	2.199	S0-P7	−83.105	S0-P6	−7.004	S3-P1	−14.653	S0-P2
灌注 4 号钢管	1.502	S0-P8	−82.702	S0-P5	−6.258	S0-P3	−14.660	S0-P1
灌注 5 号钢管	−13.280	S0-P8	−88.469	S0-P5	−4.851	S0-P4	−15.335	S0-P1
灌注 6 号钢管	−13.640	S0-P7	−88.480	S0-P6	−4.877	S0-P3	−15.313	S0-P2
灌注 7 号钢管	−15.941	S0-P7	−78.021	S0-P2	−4.923	S0-P3	−14.013	S0-P2
灌注 8 号钢管	−15.603	S0-P8	−78.000	S0-P1	−4.946	S0-P4	−14.010	S0-P1

3. 主拱肋稳定性分析

按照 1~8 号钢管的顺序依次灌注各根钢管内混凝土,对灌注期间和灌注完成后混凝土达到设计强度时结构的稳定性进行研究。在自重荷载作用下,灌注过程中主拱肋 1~8 号钢管内混凝土的稳定系数如图 3-27 所示,1~8 号钢管内混凝土到设计强度时屈曲稳定系数如图 3-28 所示。

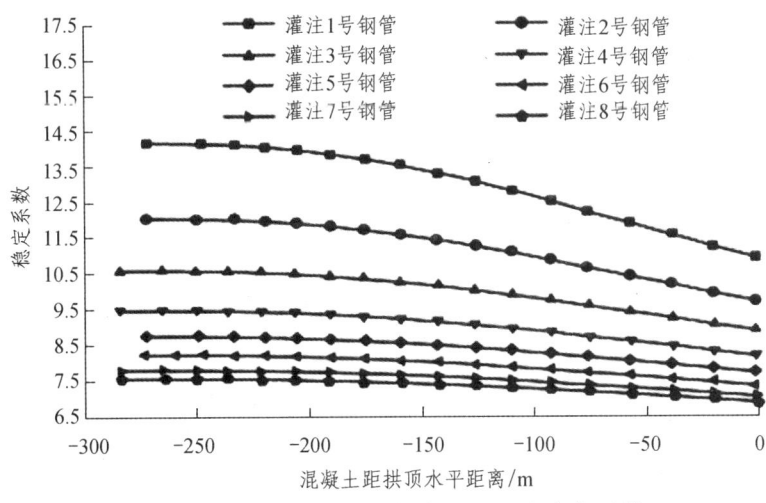

图 3-27 灌注过程中钢管内混凝土的稳定系数

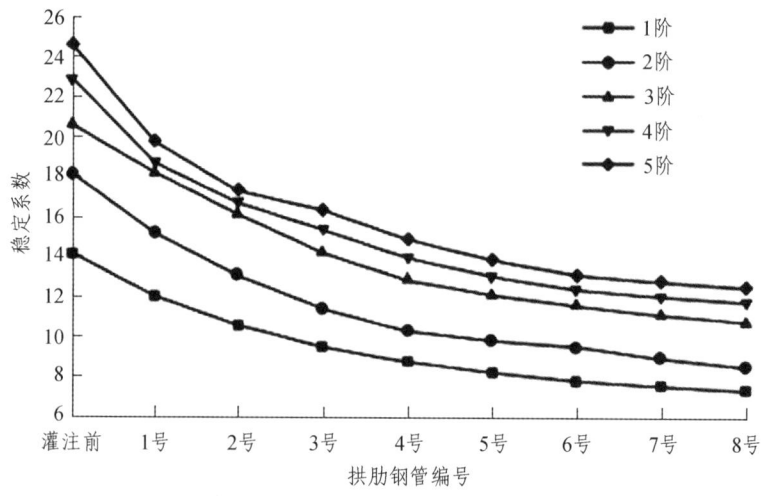

图 3-28　钢管内混凝土达到设计强度时屈曲稳定系数

由图可知，灌注过程中拱肋整体稳定系数逐渐降低，单根钢管内混凝土稳定系数降幅逐渐减小，1～8号钢管内混凝土稳定系数降幅分别为1.32%、18.03%、16%、13.76%、11%、1.%、9.75%和8.89%，灌注过程中不同钢管内混凝土稳定系数平均降幅13.59%，但降低后的稳定系数均大于4。整体稳定系数降低主要是由于灌注过程中的混凝土未达到设计强度，与钢管联合作用尚未发挥，主要以荷载形式参与结构受力。随着灌注开展，混凝土重量在整个结构重量中比例逐渐增加，稳定系数会逐渐降低。稳定系数降幅的减小主要是灌注混凝土需要达到设计强度后才能灌注下一根钢管所致，当混凝土达到设计强度时，混凝土和钢能够发挥共同作用，有利于提高结构稳定性。实际灌注时，由于制作安装误差、初应力等因素的影响，结构稳定系数还会降低，这些因素对灌注过程稳定性的影响有待研究。此外，CFST拱桥跨径增大会引起单根钢管内混凝土灌注时间增长，导致结构线形、应力和稳定性变化更为复杂，主拱肋已泵送混凝土的强度逐渐形成，该强度对主拱肋线形、应力和稳定性的影响也需深入研究。

3.3.1.3　小　结

本章针对大跨度CFST拱桥主拱肋的混凝土灌注阶段，依托主跨头门港支线灵江特大桥，建立其主拱肋混凝土灌注阶段的三维有限元模型，并对该桥灌注过程中的线形、应力和稳定性进行分析和研究，主要研究结果和结论如下：

（1）混凝土由拱脚灌注到拱顶过程中，拱肋存在横向偏位和竖向偏位现象，偏位大小呈现抛物线变化，灌注初期的偏位幅度大于灌注后期的偏位幅度，跨中截面的偏位幅度大于其他截面。实际施工过程中，应采取措施控制拱肋偏位，并严格监控跨中截面的偏位变化。

（2）混凝土由拱脚灌注到拱顶过程中，钢管和混凝土的应力均处于不断变化中，钢管和混凝土的最大应力主要集中在拱脚截面，小于材料的允许值，钢管应力变化幅度大于混凝土应力变化幅度。

（3）混凝土由拱脚灌注到拱顶过程中，整体稳定系数和单根钢管稳定系数降低幅度均逐渐减小。单根钢管内混凝土灌注过程中，稳定系数的最大和最小降幅分别为 21.32% 和 8.89%，分别位于首根钢管和最后一根钢管的灌注过程中。施工中应对其线形、应力予以重点监控。

3.3.2　钢管混凝土拱桥稳定性分析

本章以头门港支线灵江特大桥中的简支系杆拱桥为背景，建立有限元模型，分析了拱桥施工阶段稳定性，并对其运营阶段的线弹性稳定性及考虑几何非线性的稳定性进行分析，最后结合拱桥结构参数，分析了拱肋矢跨比、横撑型式及吊杆非保向力对稳定性的影响。

3.3.2.1　有限元模型的建立

本章采用 MIDAS/Civil 建立头门港支线灵江特大桥中的简支系杆拱桥模型。该桥为外部静定、内部超静定结构，因此只模拟其上部结构。全桥共有 355 个节点，374 个单元，其中系梁、拱肋、横撑均采用梁单元模拟，吊杆用桁架单元模拟；钢管混凝土拱肋采用换算截面法处理，将组合截面换算成全混凝土截面计算。

建模过程中箱梁预应力钢束采用符合 GB/T5224 标准 $\phi^s15.2$ mm 高强低松弛钢绞线，标准抗拉强度 $f_{pk}=1\,860$ MPa，腹板束采用 $17\phi^s15.2$ mm 钢绞线，底板束采用 $19\phi^s15.2$ mm 钢绞线，顶板束采用 $15\phi^s15.2$ mm 钢绞线，钢束均采用金属波纹管成孔，采用相应规格的夹片式锚具锚固。钢束锚下张拉控制应力 σ_{con} 为：腹板束为 $0.67f_{pk}$，顶板束为 $0.68f_{pk}$，底板束为 $0.65f_{pk}$。

模拟支座时没有考虑支座摩擦，假设约束是理想状态，约束各支座相应方向平动与转动自由度，使其与实际约束相符合；拱脚处拱肋与系梁采用刚性连接模拟；由于横撑是焊接在拱肋上面的，因此也是采用刚性连接将拱肋与横撑连接在一起。

3.3.2.2 施工阶段稳定性分析

本桥采用先梁后拱的施工方法，主梁采用满堂支架法现浇施工，梁体施工完成后，开始拱肋施工。根据实际施工过程与施工方法，将全桥施工阶段主要划分为 7 个，表 3-21 为具体施工步骤。在拱桥各施工阶段，尤其是拱肋钢管灌注过程中，保证结构稳定性是至关重要的，本节计算各施工阶段线弹性稳定安全系数，并比较分析，保证施工阶段施工安全性。

表 3-21 主要施工阶段与施工步骤

施工阶段	施工内容
1	主梁施工
2	拱肋及横撑空钢管搭设
3	从拱底向拱顶泵送拱肋混凝土
4	拱肋支架拆除
5	吊杆安装及张拉
6	系梁支架拆除
7	施加二期恒载
8	成　桥

1. 拱肋混凝土灌注阶段拱桥稳定性分析

银川南特大桥系杆拱桥在系梁施工完成后，开始拱肋的吊装与组拼，同时搭设焊接横撑结构，待拱肋架设完成后，灌注拱肋混凝土。在此过程中，拱肋混凝土刚度是逐渐形成的，因此灌注过程中拱肋稳定性问题

3.3 桥梁施工受力变形及稳定性研究

很突出,有必要对灌注混凝土阶段稳定性进行研究,保证施工过程中的安全性。

拱肋上、下弦管内混凝土采用输送泵顶升灌注,先灌注下弦管混凝土,再灌注上弦管混凝土,泵送混凝土由拱脚向拱顶延伸,对称灌注,一次性完成,将灌注过程分为灌注到 1/8 位置、1/4 位置、3/8 位置、1/2 位置。灌注过程中,混凝土呈液体状态,只考虑钢管钢管自身刚度,考虑钢管自重及核心混凝土自重。

运用 Midas 建立拱肋有限元模型,为简化模型,假定:

(1)核心混凝土及钢管截面均符合平截面假定。

(2)在混凝土刚度形成后拱肋钢管和核心混凝土之间没有相对滑移,黏结良好;在建模过程中,拱肋拱脚是和系梁一起施工,并连接在一起的,因此拱肋两端用固定支座模拟,混凝土灌注过程中混凝土没有凝固,处于流动状态,对结构刚度没有贡献,因此用均布荷载施加在拱肋钢管上模拟混凝土作用,计算在浇筑过程中的稳定性,得到各个阶段的稳定系数。为了对比,计算了无拱肋支架和有拱肋支架两种情况下各阶段稳定系数,见表 3-22。

表 3-22 拱肋施工阶段稳定系数

拱肋施工阶段	无拱肋支架支撑	有拱肋支架支撑
空钢管架设后	46.87	260.54
下弦管灌注至 $L/8$	43.28	232.18
下弦管灌注至 $L/4$	33.24	183.04
下弦管灌注至 $3L/8$	25.28	130.82
下弦管灌注至 $L/2$	19.77	109.76
上弦管灌注至 $L/8$	19.06	104.48
上弦管灌注至 $L/4$	16.87	93.19
上弦管灌注至 $3L/8$	14.54	77.40
上弦管灌注至 $L/2$	12.53	59.50
拱肋成型后	24.34	64.79

由表 3-22 可以看出，在拱肋灌注过程中，结构的稳定系数均大于 4，说明灌注过程中结构是安全的；两种情况下，有拱肋支架的灌注过程更为安全；随着混凝土的灌注，拱肋稳定系数呈下降趋势；拱肋成型后稳定系数有所增大，这是由于混凝土凝固后，与拱肋形成联合截面，拱肋刚度有所提高。在有拱肋支架和无拱肋支架两种情况下，灌注过程中拱肋的一阶屈曲模态均表现为拱肋面外对称失稳，因此只给出了拱肋灌注至 $L/2$ 时上下弦管的一阶屈曲模态，见图 3-29 和图 3-30。

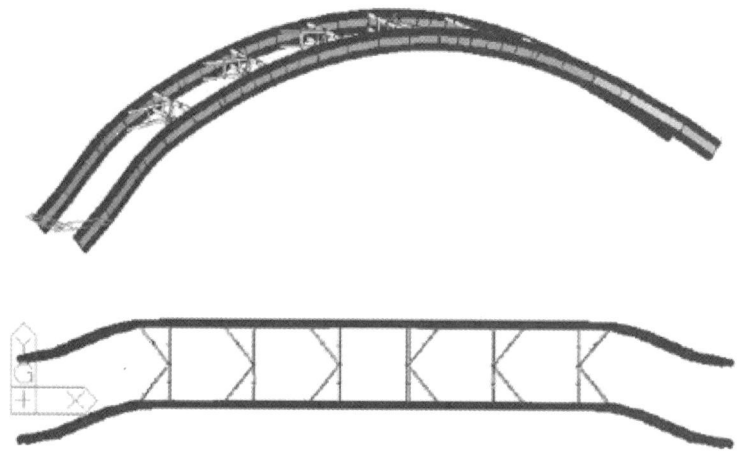

图 3-29　无拱肋支架下弦管灌注至 $L/2$ 时一阶屈曲模态

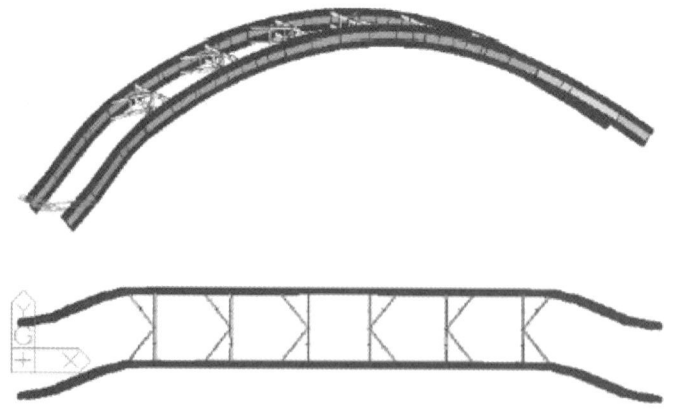

图 3-30　无拱肋支架上弦管灌注至 $L/2$ 时一阶屈曲模态

2. 吊杆张拉阶段拱桥稳定性分析

吊杆张拉是在拱肋成型并拆除拱肋支架后进行的,吊杆张拉后拆除系梁支架。吊杆编号见图3-31,吊杆张拉顺序见表3-23。

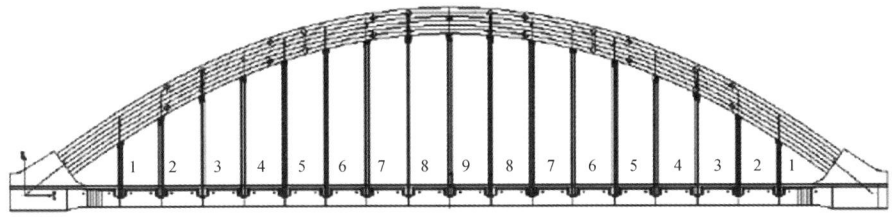

图 3-31　吊杆编号

表 3-23　吊杆张拉顺序

张拉次序	吊杆编号	张拉力/kN
1	5#	700
2	1#	700
3	9#	400
4	3#	750
5	7#	500
6	2#	700
7	8#	400
8	4#	750
9	6#	650

本章对比分析了吊杆张拉前拆除拱肋支架阶段、张拉各吊杆阶段、张拉完成后拆除系梁支架三个阶段的弹性稳定系数,在分析过程中考虑了结构自重和吊杆索力。由于定义了施工阶段的模型不能进行屈曲分析,故对每个施工阶段建立单独模型进行分析,分析结果见表3-24。由于每个阶段屈曲模态均为拱肋面外对称失稳,所以只给出稳定系数最小阶段(拆除系梁支架)屈曲模态图,见图3-32。

表 3-24 吊杆张拉阶段稳定系数

序号	施工阶段	稳定系数	失稳模态
1	拱肋支架拆除	24.34	拱肋面外正对称
2	张拉 5#吊杆	23.99	拱肋面外正对称
3	张拉 1#吊杆	23.57	拱肋面外正对称
4	张拉 9#吊杆	23.55	拱肋面外正对称
5	张拉 3#吊杆	23.37	拱肋面外正对称
6	张拉 7#吊杆	23.21	拱肋面外正对称
7	张拉 2#吊杆	22.59	拱肋面外正对称
8	张拉 8#吊杆	22.41	拱肋面外正对称
9	张拉 4#吊杆	21.72	拱肋面外正对称
10	张拉 6#吊杆	20.65	拱肋面外正对称
11	拆除系梁支架	11.69	拱肋面外正对称
12	施加二期恒载	10.05	拱肋面外正对称

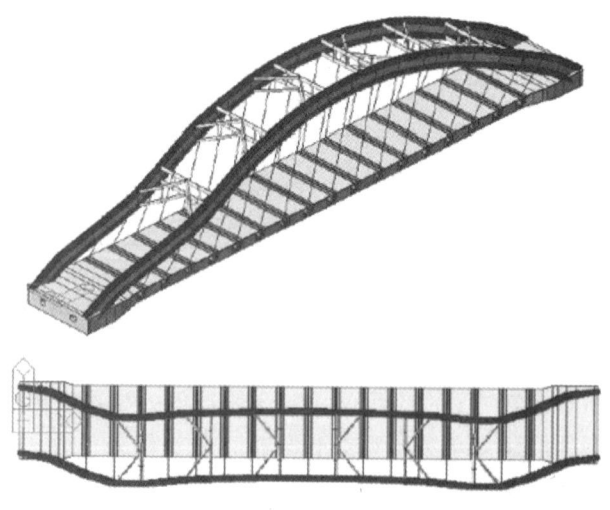

图 3-32 拆除系梁支架后屈曲模态图

3.3 桥梁施工受力变形及稳定性研究

由表 3-24 可得出结论，吊杆张拉过程中屈曲模态均表现为拱肋面外对称失稳；随着吊杆张拉数量的增加，稳定系数逐渐减小；从拆除拱肋支架至全部吊杆张拉完成，稳定系数从 24.34 下降至 20.65，减小了 15%，故吊杆张拉过程对稳定性的影响较小；拆除系梁支架后稳定性明显下降，与吊杆张拉完成相比较，稳定性下降了 43%；在所有施工过程中，稳定系数均大于 4，故吊杆张拉阶段全桥稳定性良好。

3.3.2.3 成桥阶段稳定性分析

对二期桥面铺装完成后的全桥稳定性进行分析，二期恒载按 184 kN/m 考虑，分别计算了全桥前 20 阶稳定系数及屈曲模态，本章只给出前五阶稳定系数及屈曲模态，见表 3-25 及图 3-33 ~ 3-37。

表 3-25 恒载作用下屈曲计算结果

阶数	稳定系数	失稳模态
1	10.05	拱肋面外正对称
2	10.14	拱肋面外反对称
3	15.55	拱肋面外正对称
4	15.62	拱肋面外非对称
5	17.46	拱肋面外反对称

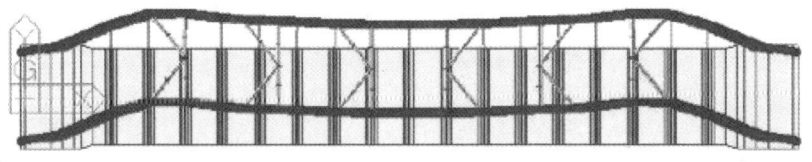

图 3-33 恒载作用下一阶屈曲模态图

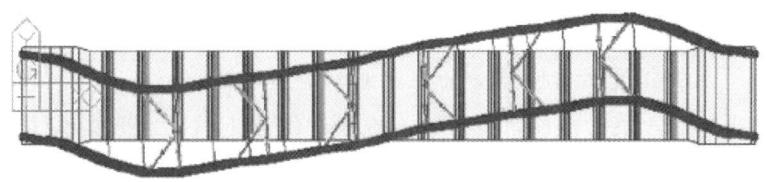

图 3-34 恒载作用下二阶屈曲模态图

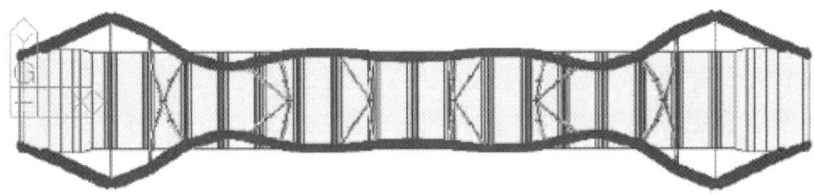

图 3-35　恒载作用下三阶屈曲模态图

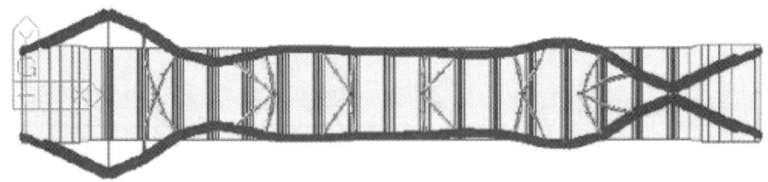

图 3-36　恒载作用下四阶屈曲模态图

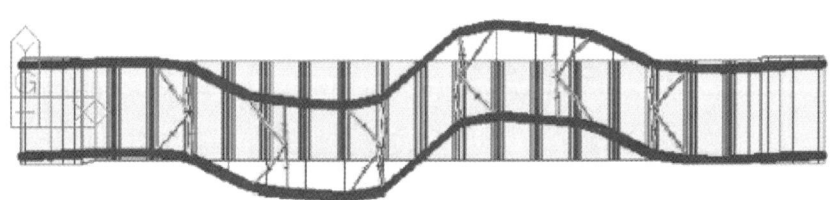

图 3-37　恒载作用下五阶屈曲模态图

根据有限元模型计算的全桥前 20 阶失稳模态可知，全桥直到 17 阶才发生面内失稳，低阶失稳都是拱肋面外失稳，为防止面外失稳，增强拱肋横向刚度显得比较重要；成桥阶段的稳定屈曲系数为 10.04，符合规范要求，说明成桥后结构是安全的。通过对金台铁路灵江钢管混凝土系杆拱桥施工阶段稳定性进行了分析，在拱肋混凝土灌注、拆除拱肋支架、吊杆张拉、拆除系梁支架直到二期恒载铺装阶段，拱桥弹性稳定系数均大于 4～5 的要求，说明在各施工阶段拱桥是稳定的。

3.4 单线铁路大跨度上跨高速系杆拱桥施工技术

3.4.1 工程概况

金华至台州铁路罗桥跨台金高速公路特大桥 1-156 m 系杆拱位于浙江省永康市前仓镇，主桥为简支梁拱组合体系，为单线电气化铁路。该桥上跨台金高速公路，交叉角度为25°，现状路面宽25 m（双向四车道），立交净空要求为净宽42 m，净高5.5 m。系梁底最不利位置距台金高速公路高度为8.555 m，原地面至梁面最大高度为20 m，原地面至系杆拱拱肋最大高度为51.2 m。本系杆拱采用先梁后拱的施工方法，主系梁采用碗扣式满堂支架现浇施工，上部拱肋采用少支架结构拼装施工。主系梁横桥向一次浇筑，纵桥向分3段、2个合龙段施工，即先施工两边段梁（长47.5 m），再施工中段梁（长61 m），最后主系梁合拢（合龙段长2 m）。系梁施工完毕后，在系梁桥面搭设临时拱架，在其上安装钢管拱肋及横撑，拱肋泵送管内混凝土。待拱肋混凝土达到设计强度后，将系梁桥面临时拱架与拱肋分离，安装并张拉吊杆，施工桥面等二期工程。

1. 梁部结构型式

主系梁采用单箱双室预应力混凝土箱形截面，顶宽11.6 m，一般梁段梁高2.5 m、底宽10.4 m，实体段梁高3 m、底宽11.6 m。底板厚度为0.3 m，顶板厚度为0.35 m，边腹板厚度为0.6 m，中腹板厚度为0.4 m。吊点处设横梁，横梁厚度为0.4 m。拱脚实体段长11 m，拱脚高5.9 m、横桥向宽2 m。桥面挡砟墙内测净宽4.5 m，桥面板宽11.6 m，人行道宽1.05 m，采用整体桥面形式。

如图3-38所示。

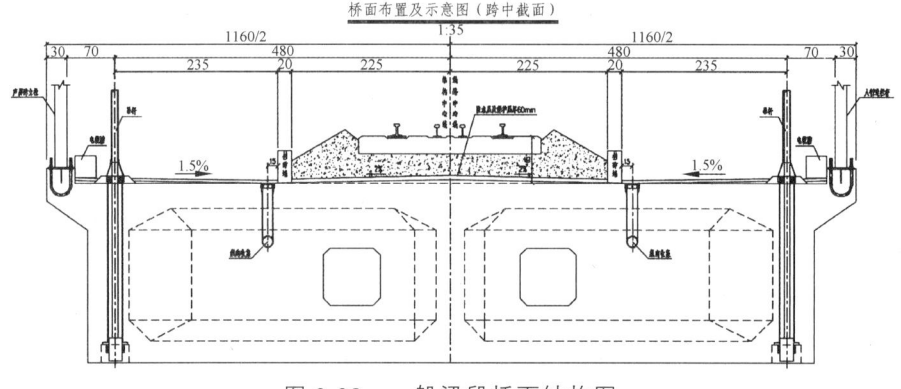

图 3-38 一般梁段桥面结构图

2. 拱部结构型式

系杆拱全长 160 m，计算跨径 156 m，拱轴线采用二次抛物线方程，矢高 31.2 m，矢跨比 1/5。拱肋采用哑铃形钢管混凝土结构，拱肋高 3.4 m，中心横向间距 9.6 m，由上、下两直径为 1.2 m 的钢管和腹腔组成，管壁厚 20 mm，拱脚附近局部区域厚 24 mm。两拱肋之间共设 8 道 K 形横撑，拱顶处设一处 X 形横撑。全桥共设置 19 对吊杆，吊杆采用 PES 防腐拉索。本桥拱肋施工工艺为少支架法施工。拱肋钢管及腹腔内灌注 C50 自密实补偿收缩混凝土。吊杆顺桥向间距 7 m，全联共设置 19 对单吊杆，吊杆采用 PES（FD）7-127 型低应力防腐拉索（平行钢丝束）。如图 3-39 所示。

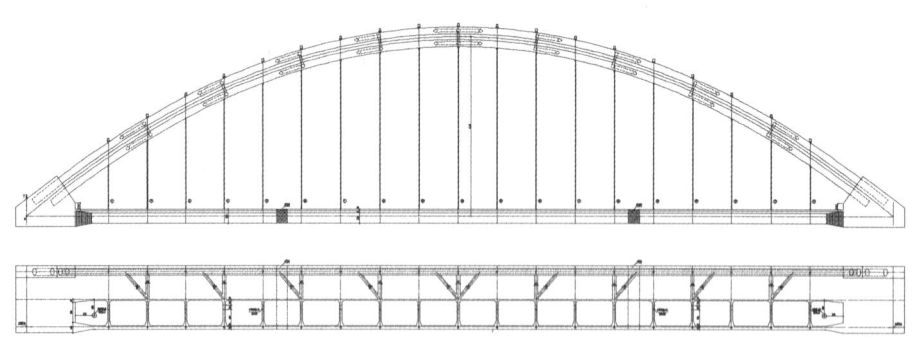

图 3-39 拱桥结构图

3.4 单线铁路大跨度上跨高速系杆拱桥施工技术

3.4.2 工艺原理

1. 梁部施工时

（1）结合地形地貌及周围交通组织规划现浇梁支撑型式，在基础处理后，现场搭设满堂支架和贝雷门洞支架。

（2）混凝土浇筑时在高温季节，大体积混凝土散热采用梁面洒水养护和波纹管通水降温，并实时监测梁体温度变化，防止温度骤变和温度过高导致的病害。

2. 拱部施工时

（1）拱肋节段分为 21 段，采用履带吊进行吊装。经过对节段长度、履带吊吊装能力以及现场场地的分析，结合质量、工期、经济、安全方面考虑，材料进场后，先在地面进行一次拼装（地面二拼），然后吊装到拱上拼装。

（2）拱肋支架采用双拱双排纵横连接土字形支架。单处拱肋高空拼装点采用两根立柱支撑，考虑到支架稳定性要求，将其与纵横向相邻立柱分别连接，并设置好剪刀撑。

（3）高空焊接采用罩子防风，并搭设施工平台，防止焊渣掉落到高速上。

（4）泵送顶升混凝土采用 C50 自密实纤维混凝土，委托试验室进行配合比设计。泵送混凝土施工时，现场采用 4 台地泵对称浇筑，出浆时用料斗接住混凝土。

（5）拱肋及横撑采用第七套防腐体系，现场高空喷漆时采用彩条布进行遮挡，减少对农田的污染。

3.4.3 施工工作步骤

3.4.3.1 梁部施工

1. 地基处理并搭设支架

（1）一般梁段：清除表层浮土、杂草，换填宕渣并压实，浇筑一层厚 20 cm 的 C20 混凝土，然后搭设满堂支架。

（2）梁端实体段、跨涵洞段：开挖钢管立柱条形基础，并对条形基础基底承载力进行检算，然后搭设钢管立柱加贝雷桁架。

（3）跨高速段：采用条形基础+两跨简支梁贝雷梁门架方式现浇，跨度为 10.5 m+10.5 m，边跨条形基础宽度采用 1.2 m，中间条形基础宽度采用 1.3 m，贝雷片中心间距按 0.45 m 布置，条形基础采用 3 层贝雷架作为门洞支撑立柱，每层立柱采用 3 排贝雷片，顶层贝雷片设加强杆。贝雷门架顶面满铺 4 mm 厚钢板，作为防护；钢板上横桥向设置双排 14#工字钢作为立杆分配梁；侧面设全封闭围挡。

支架搭设完毕后进行预压，进行过程观测，并计算模板预拱度。

2. 支座、模板、钢筋、预应力管道施工

（1）支座：系梁采用 TJQZ 系列球形刚支座，每个桥墩设两个 35 000 kN 级支座，10#墩设纵向固定支座。采用重力灌浆方式向支座底部灌入无收缩高强水泥砂浆。

（2）模板：采用在现场汽车吊组拼，人工配合方式施工。本主系梁模板均采用 18 mm 厚竹胶板，模板由底模、侧模、内模、端模板组成。四部分组成模板安装顺序为：底模安装→侧模安装→端模安装→内模安装；模板拆除顺序为：先拆内模后拆端模。为了防止漏浆侧模、端模、底模采用橡胶条嵌缝。

考虑到预应力混凝土梁体的弹性压缩和徐变、梁体的上拱底模和侧模在设计制造时应有适当的预留长度和反拱度。

（3）钢筋：系梁钢筋应整体绑扎，即先进行底板及腹板钢筋绑扎，然后进行顶板钢筋绑扎。钢筋绑扎前由测量人员复测模板的平面位置及高程，其中高程包括按吊架的计算挠度所设的预拱度，无误后方进行钢筋绑扎。纵向普通钢筋在两梁段的接缝处的连接方法及连接长度满足设计及规范要求。

（4）预应力管道：预应力波纹管在钢筋绑扎时安装固定。孔道定位必须准确可靠，严禁波纹管上浮。直线段平均 0.5 m，弯道部分适当加密设置定位钢筋 1 道，定位后管道轴线偏差不大于 5 mm。如预应力筋管道与普通钢筋的空间位置发生冲突，适当调整普通钢筋的位置，以保证预应力管道位置准确。切忌振捣棒碰穿孔道。

3.4 单线铁路大跨度上跨高速系杆拱桥施工技术

3. 大体积混凝土浇筑及养护

主系梁横桥向一次浇筑，纵桥向系梁和拱脚浇筑分 7 次浇筑，浇筑顺序为：10#墩侧系梁现浇段Ⅰ→10#墩侧 2 个拱脚→11#墩侧系梁现浇段Ⅰ→11#墩侧 2 个拱脚→系梁现浇段Ⅱ→10#墩侧系梁合龙段后浇带→11#墩侧系梁合龙段后浇带。

以上结构除合龙段外均属于大体积混凝土，这种大体积混凝土具有水化热高、收缩量大、容易开裂等特点。大体积混凝土浇筑需将温度应力产生的不利影响减小到最小，防止和降低裂缝的开展。

总体施工顺序为：场地清理→拱脚复测→设置吊锤→配备投光灯、振捣棒、水准仪→调试冷却管、温度表→泵车就位→浇筑混凝土→混凝土振捣→沉降观测→打开水泵抽水冷却并记录温度→浇筑结束进行覆膜养护。

（1）温度控制措施：将 W1 预应力管道位置处的波纹管作为冷却管，将水通至冷却管中，对大体积混凝土浇筑时的温度进行调节。由于梁面标高是按 7.8‰的坡度从小里程向大里程递增的，结合地表水分布，将进口布置在 10#墩侧系梁现浇段Ⅰ的大里程侧，出口布置在小里程侧。通过协商将 11#墩附近水塘作为水源，将水抽至最近的梁面上，要保证管道不得悬空在高速上。输送管道采用直径 8 cm 的 PVC 管，输送管与冷却管相连接。出口处设置滤网，将冷却水进行过滤。布置见图 3-40。

进口阀门在系梁实体段混凝土浇筑高度为 1 m 时打开，在冷却管的进口和出口位置各设置一块温度表，每隔 30 min 对水流的温度进行测量并记录，计算温差。当两侧温差在 30 ℃ 范围以内，则可以适当减小水流直至关闭阀门。水流速控制在 2 m/s 左右，即 1/3 冷却管。

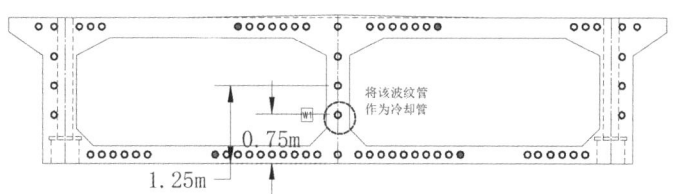

图 3-40 将波纹管作为冷却管

（2）沉降观测：采用铅锤控制，将细线绑在梁底适当处，将锤头悬空放下，并保证细线与支架或其他部位没有接触。在混凝土浇筑过程中，观察其垂直度以及沉降率。

4. 预应力钢筋张拉、注浆

本梁采用三向预应力体系，即纵向、横向、竖向。张拉时两端对称张拉，以油压表读数为主，伸长量校核，实际伸长值与理论误差控制在6%内。预施应力过程中应保持两端的伸长量基本一致。预应力张拉应在系梁混凝土强度达到设计强度100%，弹性模量达到设计100%后进行，且必须保证张拉时系梁混凝土龄期大于7天。

张拉时间如下：

（1）系梁混凝土浇筑并等强后，进行纵向第一批预应力钢筋和横向预应力钢筋张拉。

（2）钢管混凝土施工后，进行拱脚竖向预应力钢筋张拉。

（3）吊杆初张拉后，进行纵向第二批预应力钢筋张拉。

孔道压浆方式均采用真空压注法，必须保证孔道压浆饱满密实。管道压浆水泥强度等级不低于M50。压浆完毕适时进行封锚工作。封锚砼表面颜色应与主梁砼一致，封锚砼采用与主梁相同等级的砼进行封锚。

3.4.3.2 拱部施工

1. 拱脚段施工

在拱脚位置采用20a#槽钢搭设支架，拱脚段吊装采用200 t吊机，吊起前在环口位置贴好反光贴，落架后通过测量对位置进行微调，并加固好拱脚钢管。如图3-41所示。

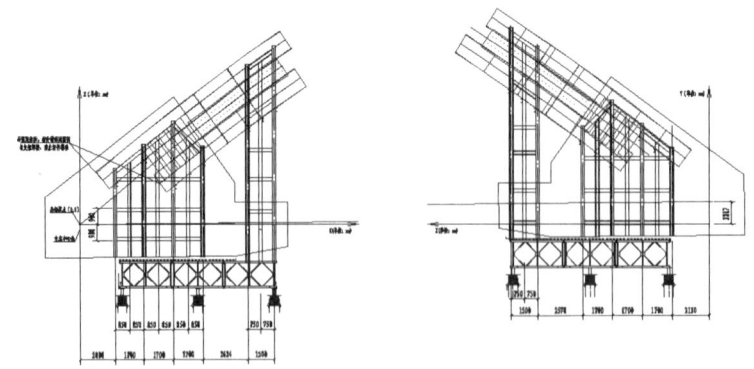

图3-41 拱脚支架结构图

3.4 单线铁路大跨度上跨高速系杆拱桥施工技术

2. 拱肋支架搭设

拱肋支撑采用双拱双排纵横向联结支架型式,现场在地面和梁上各配置一台 75 t 吊机。由于单线铁路梁面空间小,拱肋接缝处无法采用 4 根立柱作为稳定支架,而只能采用两根立柱,而两根立柱无法保证其横向稳定性,因此采用"纵向连接+横向连接+斜撑"的方式固定支架。经过迈达斯软件分析最不利支架标准组合下施工支架最大竖向位移为 3.337 mm,最大纵向位移为 11.575 mm,最大横向位移为 5.122 mm。然后根据支架沉降量预留各段拱肋高程。如图 3-42、3-43 所示。

图 3-42 拱肋支架吊装图

图 3-43 拱肋支架结构图

3. 拱肋拼装

1)拱肋二拼

为完成工期要求、提高拼装精度,拱肋到达现场后,现场制作胎架供拱肋二拼，二拼完成后，进行拱肋吊装。现场二拼前用型钢做好胎架，在此过程中测量各型钢标高，保证各底部 H 型钢在同一水平面上。在第一段拱肋上胎架后，在接缝处焊接码板，然后将第二段拱肋直接嵌入。用 CAD 画出地面二拼的放样图，进行实地测量调整拱肋线型。如图 3-44 所示。

图 3-44　测量两段拱肋拼合后的线型和不圆度

2）拱肋吊装

为保证拱肋安装的准确性，在前一段拱肋的环口设置了定位码板，在拱肋安装的另一侧设置了 H 形马凳。如图 3-45 所示。

图 3-45　定位码板和 H 形马凳现场图

3.4 单线铁路大跨度上跨高速系杆拱桥施工技术

3）横撑吊装

横撑钢管相贯口连接的弧形采用钢构 CAD 软件展开后，制作同尺寸铁皮包裹钢管，再进行切割。此方法保证了两钢管相贯口贴合紧密。如图 3-46 所示。

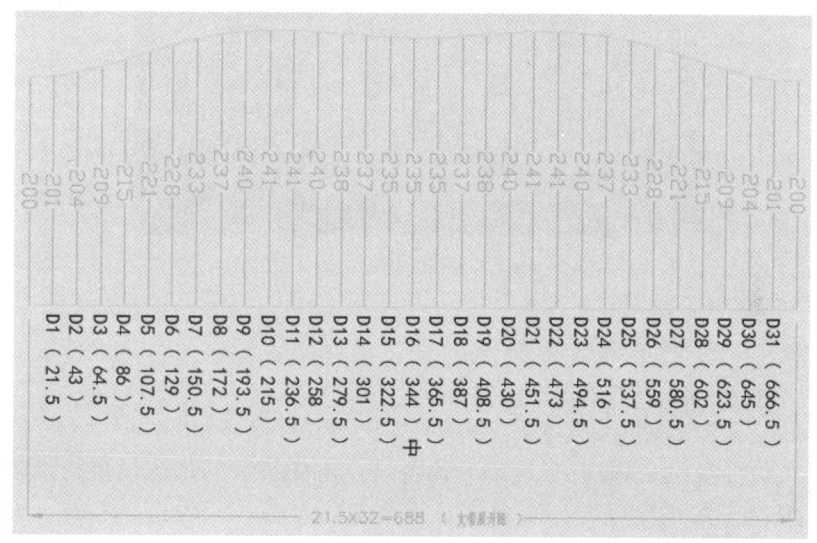

图 3-46　横撑接头相贯线展开图

4）拱肋合龙

根据温度对安装的影响以及工期的安排，钢结构合龙将处于高温季节，因此合龙时间根据实际观测的变形规律和合龙间隙变化情况，选择温差比较小的时段，即凌晨 5 点左右开始合龙。每跨最后一个安装节段为合龙段，当前几个节段安装调整定位后，实测各跨支座横轴线至已安装完箱梁之间距离，并与设计尺寸比较，定好尺寸后，切割合龙段，并切割坡口。此项处理内容应在构件堆放场地处理完毕，以免占用现场吊装时间。如图 3-47 所示。

图 3-47 拱肋合龙段施工图

3.4.3.3 钢管混凝土施工

1. 泵送顶升钢管混凝土

拱肋混凝土采用 4 台地泵对称浇筑，现场搭设好加固地泵的钢管支架。混凝土施工顺序为：上弦管→下弦管→腹板。为防止出浆时，混凝土掉落到高速公路上，现场采用料斗进行接料并吊离高速公路范围。地泵支架如图 3-48 所示，出浆料斗如图 3-49 所示。

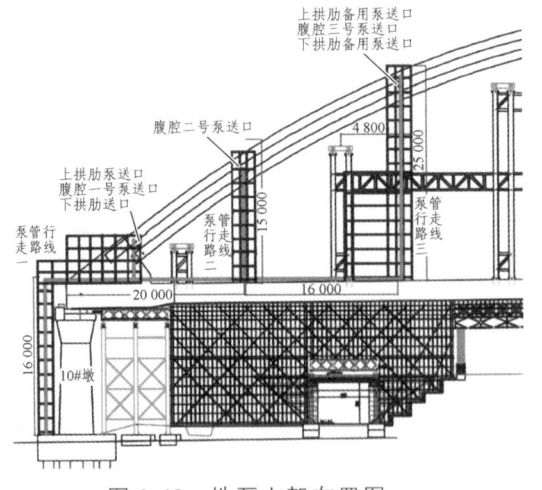

图 3-48 地泵支架布置图

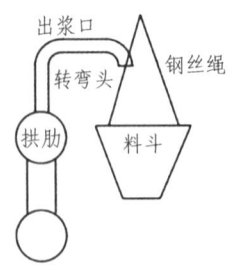

图 3-49 出浆料斗图

3.4 单线铁路大跨度上跨高速系杆拱桥施工技术

2. 吊杆张拉

待管内混凝土达到设计强度的 90%后，拆除系梁上临时支架，按照设计要求进行吊杆安装及张拉。

吊杆以成圈方式运至工地现场，由于吊杆施工期间拱桥两侧的连续梁已经结束，且吊杆索长度和重量均不大，将吊杆直接运输到拱脚附近位置堆放。

将吊杆展开放出 6~8 m，在距离锚具 3~5 m 的位置安装起吊索夹或直接用吊绳捆扎在索体表面，汽车吊挂钩和索夹（或吊绳）连接。卷扬机钢丝绳从拱肋端索导管内下放到桥面，通过专用牵引头和锚具连接就位。

汽车吊作为起吊主体，吊臂缓慢升高，卷扬机作为配合设备，在吊臂升高的同时，亦跟随提升。当汽车吊吊臂升高到拱肋索导管端口位置时，利用卷扬机钢丝绳调整角度，使得锚具顺利穿入索导管内，此时以卷扬机提升为主，汽车吊配合缓慢抬高，直至锚具露出锚垫板后 5 牙以上，拆除卷扬机钢丝绳牵引点，旋上锚具螺母，然后拆除汽车吊在索体位置的吊点，完成吊杆上端安装。

此时吊杆已经在空中全部展开，利用手拉葫芦，将下锚具调整到位，穿进系梁端索导管内。当锚具露出索导管后，确定锚具露出锚垫板的高度，旋上螺母，完成吊杆下端安装。

对于短索，在汽车吊吊臂高度足够的情况下，可以利用汽车吊将吊杆在空中全部展开、抬高，然后从拱肋端索导管下放整个吊杆，依次旋上上下端锚具螺母。

完成吊杆安装后，根据设计图纸要求，按顺序对称进行吊杆的第一次张拉，并在桥面二期恒载完成后进行第二次张拉。张拉均在拱肋上端进行。

最后完成吊杆相关配件的安装，包括磁通量传感器、减震器、防雨罩、锚具护罩、不锈钢护管等。

拱肋空间体系受力复杂，各施工阶段内力、应力、位移变形变化频繁，施工应严格按照设计顺序进行各阶段的张拉，并严格控制张拉力。

3.4.3.4 防腐涂装、桥面系施工及高速支架拆除

系杆拱拱肋及横撑防腐涂装采用第 7 套防腐体系，共包含 5 道油漆，现场喷漆时，采用彩条布挂在拱顶检查梯上，对拱肋进行全封闭，防止油漆飘到附近农田和村民家中。

现浇系梁桥面其他构造包括挡渣墙、电缆槽、接触网支柱、人行道栏杆、声屏障。高速支架拆除采用左右车道单向轮流封道，一次封道 2 天。梁底贝雷片采用拖拉法移除，现场共配置 6 台吊机。

3.4.3.5 操作要点

（1）系梁大体积混凝土施工时，水化热大，散热不及时会导致梁体出现裂缝。现场采用洒水养护和波纹管通水养护的方式给梁体降温，并提前埋设测温接头，实时检测梁体各处温度变化情况。

（2）单线铁路的梁面较窄，无法采用 3 根或 4 根立柱作为相邻拱肋拼装处的支撑支架，仅有布置两根立柱的空间。两根立柱支撑同一点时，支架不稳定，现场将左右两条拱对应位置的立柱连接起来，并将同一条拱相邻支撑的立柱连接起来，将单点支架连接为整体式支架，增大了支架的稳定性。

（3）拱肋设计分段 19 节段，若分 19 次吊装，则会大大增加工期损失和机械租赁及人工费用。现场采用拱肋二拼，对到场的拱肋先进行一次地面拼装后再进行吊装，增加了施工面，加快了工期，并且地面拼装比高空拼装更易控制安装精度和焊接质量。

（4）泵送混凝土时出浆口爆浆，易污染拱肋和高速公路，为杜绝污染和安全事故的发生，现场技术人员采用敲击判断混凝土顶升位置，并及时用料斗在出浆口接混凝土。

现场系杆拱施工如图 3-50 所示。

3.4 单线铁路大跨度上跨高速系杆拱桥施工技术

图 3-50 现场系杆拱施工照片

第4章 金台铁路临近既有线施工安全控制技术研究

4.1 临近既有高速公路铁路隧道掘进施工安全风险及安全事故致因分析

临近既有高速公路铁路隧道掘进施工安全风险及安全事故致因分析：根据工程勘察资料、设计图纸等，结合金台铁路隧道掘进施工特点，分析其施工重点、难点，包括掘进爆破振速控制、聚能水压爆破技术参数确定等难点。提出本工程施工可能存在的主要安全技术问题，识别风险源，研究其成因和机理。

4.1.1 工程概况

上百岩隧道位于浙江省临海市沿江镇附近，隧道起讫里程为 DK146+340 ~ DK148+740（对应既有营业线里程为 K462+301 ~ K464+701），全长 2 400 m，为客货共线单线电气化铁路隧道，隧道最大埋深约 185 m，采用 3‰/40 m 和 – 6.8‰/2 360 m 的人字坡。如图 4-1。

上百岩隧道进口段由金台铁路 6 标中铁十局一分部负责施工，里程段为 DK146+340 ~ DK147+540（对应既有营业线里程为 K462+301 ~ K463+501），长 1 200 m。

新建金台铁路上百岩隧道（进口段）与既有杭深铁路馒头山隧道并行，隧道沿南北走向，距杭深铁路外轮廓线最小距离在 DK147+540（对应既有营业线里程为 K462+501）处为 86 m，距杭深铁路外轮廓线最大距离在进口洞口 DK146+340（对应既有营业线里程为 K462+301）处为 258 m。

第 4 章 金台铁路临近既有线施工安全控制技术研究

图 4-1 上百岩隧道进口

4.1.2 现状调查

调查 QC 小组随机抽取 49 次爆破数据找出影响爆破水平振速因素统计表如表 4-1。

表 4-1 调查统计表

序号	问　题	频数/次	频率/%	累积频率/%
A	单孔爆破释放能量大	23	46.9	46.9
B	爆破振动波叠加	17	34.7	81.6
C	炮孔耦合系数大	5	10.2	91.8
D	炮孔封堵质量差	2	4.1	95.9
E	其　他	2	4.1	100
	合　计	49	100	

根据上述爆破水平振速因素统计表，作如下排列图（图 4-2）。

4.1 临近既有高速公路铁路隧道掘进施工安全风险及安全事故致因分析

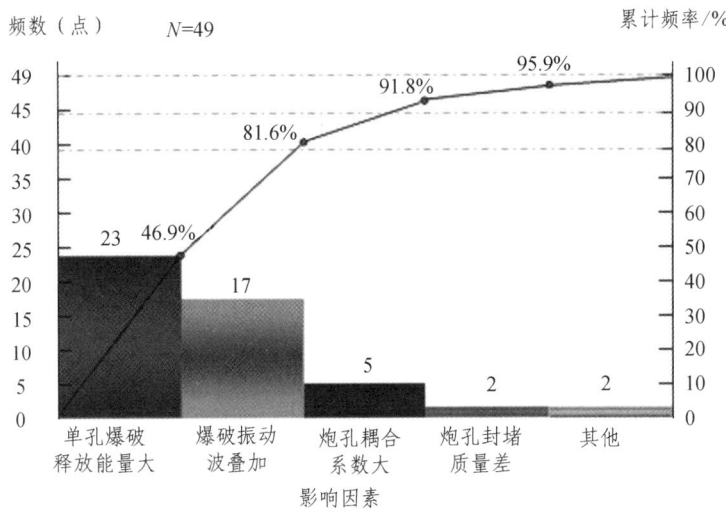

图 4-2 影响爆破水平振速因素排列图

根据现状调查及排列图分析，项目爆破水平振速已达到 1.840 5 cm/s，不能满足要求；单孔爆破释放能量大和爆破振动波叠加占影响因素的 81.6% 是主要问题，要重点控制。

通过现状调查可知，爆破水平振速远大于允许的 1.0 cm/s，为确保施工安全降低对周围结构物及管线的扰动，根据评价要求，将目标设定为：爆破水平振速控制在 1.0 cm/s 以内。

4.1.3 原因分析

针对隧道环向中埋式止水带一次安装合格率低的问题，QC 小组分别从人、机、料、法、环、测等方面分析，汇总归纳如表 4-2。

表 4-2 要因确认表

序号	末端因素	确认内容	确认方法	负责人	是否要因	完成时间
1	教育培训不够	公司对现场作业情况进行了检查后，组织专项培训、现场指导并考核	现场调查	苏××	否	2018-11-3
2	装药方案不合理	现场装药设计为不耦合装药的方案，能延长爆轰气体产物作用时间，降低爆破震动叠加	调查分析	陈××	否	2018-10-31

续表

序号	末端因素	确认内容	确认方法	负责人	是否要因	完成时间
3	循环进尺大	循环进尺大导致单孔装药量增加，在不调整分段的情况下，导致爆破水平振动速度增加。公司调整开挖循环进尺，由3.5 m调整到3 m，改善了此情况	调查分析	苏××	否	2018-10-29
4	炮孔布置不合理	炮孔数量较少，掏槽眼内插角较小且位置偏高，周边眼间距偏大，造成爆破效率低，所用炸药量大，单孔爆破释放能量大	调查分析	苏××	是	2018-12-5
5	炮孔分段不合理	分段不合理，段别较少，单段炮孔数量大，在相同的循环进尺下造成单段炸药用量大，引起爆破振动叠加大	调查分析	陈××	是	2018-12-4
6	毫秒雷管段位选用不合理	采用的非电毫秒雷管相邻段位起爆间隔时间最短为50 ms，根据爆破振动波形图显示，振动波无叠加	调查分析	苏××	否	2018-12-3
7	测量设备未交验	检测、测量设备定期校验，系统误差在允许范围内	调查分析	苏××	否	2018-10-31
8	交底未交至作业层	对以往全部交底进行排查，除两份未覆盖所有作业人员外，均已交至全体作业人员，及时督促相关人员补充完善，并进行相关教育	调查分析	苏××	否	2018-10-1
9	不按交底施工	小组于12月23日、12月24日、12月27日、12月28日四次对现场装药情况进行突击检查，结果显示现场操作人员均能按交底操作	调查分析	陈××	否	2018-10-3
10	炮孔过大	小组于现场随机抽取钻头30个，并对直径进行测量统计，发现26个钻头直径基本相同，且能够满足爆破设计要求，3个钻头因磨损，直径偏小，仅1个钻头直径较大。已下发通知，禁止使用	调查分析	陈××	否	2018-10-2
11	人员责任心差	项目制定了施工作业奖惩措施，对各工序作业质量进行考核，进一步提高了人员责任心	调查分析	陈××	否	2018-11-6
12	岩石硬度大、完整性好	岩石完整性好，有利于振动波的传播，但这是地质的实际情况	调查分析	苏××	是	2018-11-3

4.1 临近既有高速公路铁路隧道掘进施工安全风险及安全事故致因分析

4.1.4 制定对策

整理降低营业线隧道爆破振速情况，对策实施如表4-3。

表4-3 对策实施表

序号	类型	对策	目标	措施	地点	时间	负责人
1	炮孔布置不合理	调整炮孔布置	提高爆破效率，减少炸药用量	1. 加大单位面积炮孔数量； 2. 调整掏槽眼内插角； 3. 进行小规模生产性试验	施工现场	2018-12-15	陈×× 苏××
2	炮孔分段不合理	调整炮孔分段	减少单段炸药用量	根据爆破振动安全检算公式 $Q_m = K'R^3 \cdot (V_{kp}/K)^{3/\alpha}$，控制最大允许段用药量，以控制单段炮孔数量	施工现场	2018-11-30	陈×× 苏××
3	岩石硬度大、完整性好	采用预裂爆破	对围岩预裂，减少振动波的传播	1. 编制预裂爆破设计，现场由技术员全过程监督实施； 2. 进行小规模生产性试验，对预裂孔间距进行调整	施工现场	2018-11-30	陈×× 苏××

4.1.5 实施对策

实施一：调整炮孔布置，单位面积炮孔数量（不含周边眼）由1.26个增加到1.40个；同时循环进尺由3.5 m调整到3.0 m；掏槽眼内插角由31°调整到42°；炮孔布置调整后雷管段位数增加，受雷管段别限制，采用毫秒雷管结合秒雷管分两次起爆。如图4-3、4-4所示。

第4章 金台铁路临近既有线施工安全控制技术研究

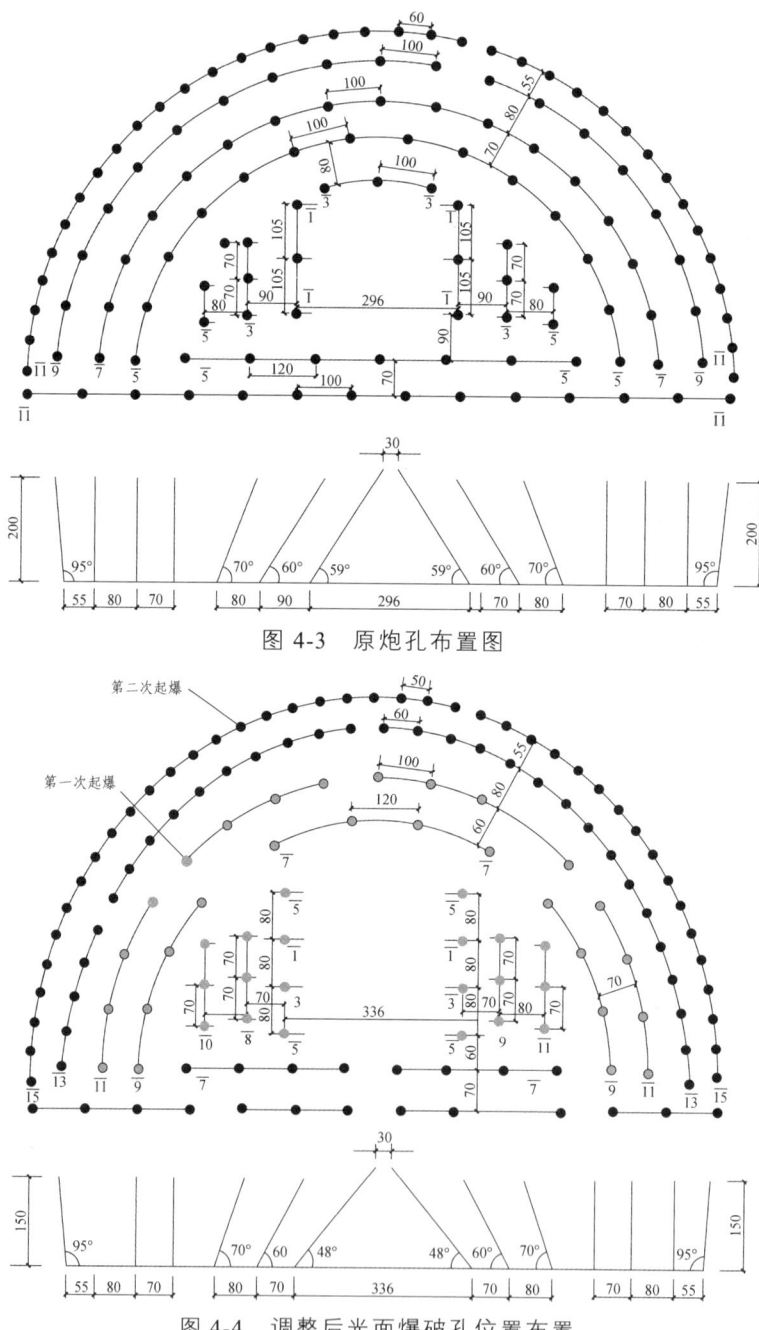

图 4-3 原炮孔布置图

图 4-4 调整后光面爆破孔位置布置

4.1 临近既有高速公路铁路隧道掘进施工安全风险及安全事故致因分析

实施二：根据爆破振动安全检算公式 $Q_m = K'R^3(V_{kp}/K)^3/\alpha$ 严格控制单段炸药用量，雷管段数大幅度增加。如图4-5。

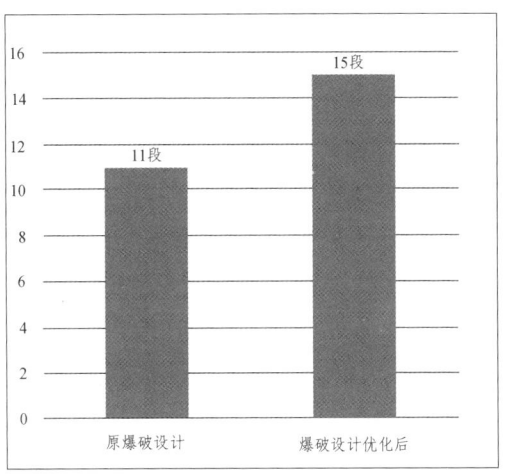

图4-5 实施前后雷管使用段数对比图

4.1.6 效果检查

QC小组通过多次生产性爆破试验，在小组成员现场认真指导、监督和工人的积极配合下，爆破水平振速达到了目标控制要求，现场对爆破水平振速进行监测，爆破水平振速在实验改进过程中的监测数据变化情况，可见走势如图4-6。

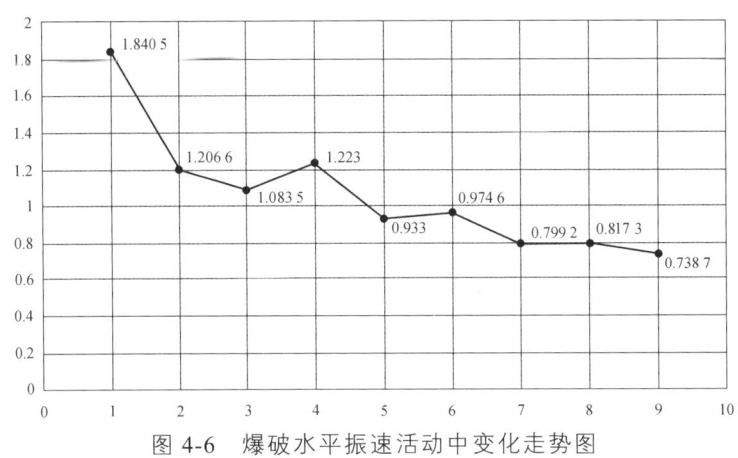

图4-6 爆破水平振速活动中变化走势图

由上图可知，通过采取改进措施后爆破水平振速控制在 1.0 cm/s 之内，达到了预期目标。如图 4-7。

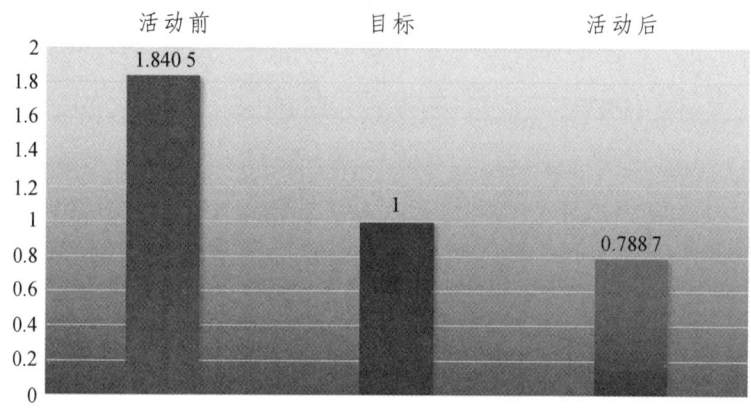

图 4-7　活动前后爆破水平振速对比图

通过试验、改进等手段爆破效率由原 80%提高到 85%，炸药单耗降低 11%，最大段炸药用量减小 40%，预计可节约成本 20 万元；同时采取预裂爆破，破坏了围岩的整体性，有效控制了爆破水平振动波速。

该工法施工技术难度较小、操作方便、效益突出，得到业主单位、监理单位的共同认同，树立了企业的良好形象。

4.1.7　巩固措施与总结

4.1.7.1　巩固措施

（1）定期对施工人员进行爆破知识培训，提升施工人员营业线隧道爆破施工的安全意识。

（2）严格爆破施工过程检查，发现问题，及时处理。

（3）根据隧道围岩情况及隧道与结构物、管线的相对位置关系，及时调整循环进尺，控制单段炸药用量。

4.1.7.2　总　结

通过 QC 小组成员的共同努力，较好地解决了隧道营业线爆破水平振速的控制问题，完成了预期目标，取得了良好的社会效益，为以后的工

4.1　临近既有高速公路铁路隧道掘进施工安全风险及安全事故致因分析

作打下较好的基础；同时，营造了团结合作、互帮互助的良好工作氛围，提高了 QC 小组成员的素质和解决现场实际问题的能力。下一步小组将就加快硬质围岩人工开挖速度进行研究。

4.1.8　将军岭隧道

4.1.8.1　隧道区主要的工程地质问题

隧道区主要工程地质问题有围岩失稳，突然涌水、涌泥，岩爆，热害等。

1. 围岩失稳

围岩的稳定性主要受岩性、岩体结构、地下水特征以及初始应力的影响。隧道区围岩失稳的类型主要有：① 岩体的破裂，主要发生在裂隙较少的坚硬、脆性的围岩段落中。② 岩块的滑移和坠落，主要发生在由各种结构面切割的、比较坚硬的岩体中。③ 破碎松散岩体的坍塌，主要发生在较大的断层破碎带、密集结构面切割形成的破碎岩体或松散堆积层段落。④ 松软岩体的塑性变形，主要发生在软岩、松软土层段落。

2. 突然涌水、涌泥

隧道区构造活动强烈，断层节理等构造裂隙发育，在断层破碎带、侵入岩接触带、裂隙密集带及揉皱强烈发育带等储水构造中，构造裂隙水发育。水质大多较优良，一般具备承压性。特别是：线路穿越的深大断裂带及伴生的众多次级断层，使得铁路沿线具有众多的储水构造，其裂隙水水量丰富，隧道工程穿越构造带时易产生突水、突泥。

3. 岩　爆

将军岭隧道最大埋深达 860 m，隧身地层岩性主要为凝灰岩等硬质岩，开挖过程中可能出现岩爆，产生岩块弹射、洞壁岩体有剥离和掉块等现象。

4. 热　害

根据测井资料实测及估算，隧址区内最大原岩温度为 39.08 °C，隧道最大埋深处地温相对较高,远超过我国铁路工程技术规范规定的保证工人的身心健康和工作效率的上限温度值 25 °C,同时隧址区存在多处中酸性侵入岩脉,且需考虑施工时机器散热、爆破等因素,因此,设计时必须考虑加强通风、散热工作,保证施工安全。

4.1.8.2 施工注意事项

(1)洞身 D1K46+055 ~ D1K46+265 段下穿县道、乡村水泥路、房屋等,埋深 16 ~ 18 m,地质条件较差,强-全风化层较厚,且有断层破碎带,隧道左侧洞顶有水流,洞内采用径向注浆堵水措施。施工中应做好超前地质预报工作,以策安全。

(2)D1K46+545 ~ D1K46+775 段落右侧 300 m 为水库,为防止突水突泥,采用超前帷幕注浆加固地层,D1K46+900 ~ D1K47+000 段下穿一冲沟,沟内有水流,该段洞内采用径向注浆堵水措施。施工中应做好超前地质预报工作,以策安全。

(3)隧道 D1K57+910 ~ D1K57+930 段埋深浅,偏压严重,最浅出覆土仅 0.9 m,该段落于洞外施做挡墙,挡墙位于稳定基础之上,然后对地表采用 C20 混凝土回填,洞内采用Φ89 管棚超前支护,施工中应加强监测,做好超前地质预报工作,以策安全。

(4)根据《工程岩体分级标准》(GB50218—94),对隧址区的岩爆强度进行预测,隧道岩石存在极高应力区及高应力区。其中隧道 D1K47+355 ~ D1K50+160、D1K53+650 ~ D1K55+135、D1K55+940 ~ D1K56+615 段埋深为 280 ~ 500 m 段 R_c/σ_{max} 在 4 ~ 7 之间,为高应力区;D1K50+160 ~ D1K53+650 段 R_c/σ_{max} 小于 4,为极高应力区,现场可根据情况采取以下措施:对围岩临空面采用喷射高压水,降低围岩脆性;采取光面爆破、短进尺,或分部开挖,释放地应力,避免应力集中;初期支护挂网、锚杆等支护措施,局部设置预应力锚杆;根据实际情况施做超前钻孔爆破释放围岩压力,必要时设置超前导坑;应预先准备防护设施,以备发生岩爆时保护人员及设备的安全,确保施工安全。

(5)隧道洞身穿越 20 条断层,应加强超前地质预报工作,并加强监控量测。

(6)如前所述,本隧道隧址区内最大原岩温度为 39.08 °C,根据实测

4.1 临近既有高速公路铁路隧道掘进施工安全风险及安全事故致因分析

及估算，隧道最大埋深处地温相对较高，远超过我国铁路工程技术规范规定的上限温度值 25 ℃，同时隧址区存在多处中酸性侵入岩脉，且需考虑施工时机器散热、爆破等，因此，施工时必须加强通风、散热工作，保证施工安全。

4.1.9 牛和岭隧道

4.1.9.1 主要工程地质问题

该隧道主要风险事件有岩爆、塌方、突水等，施工时必须提高安全生产认识，严格遵守有关安全生产的法律法规和规章制度，建立安全生产保障体系，落实各项安全生产措施，加强和改进安全生产管理，做好安全应急救援预案，配备应急救援人员、器材、设备。

4.1.9.2 施工注意事项

（1）隧道 DK25+265 ~ DK25+390 段埋深较浅，且下穿水库库尾，施工时应避开雨季，并与相关部门沟通，施工期间排干水库，保证施工安全。

（2）隧道洞身段 DK29+710 ~ DK29+860 Ⅳ级围岩浅埋段，洞顶距地面一般为 8 ~ 16 m，岩体破碎，DK29+740 处地表为水沟，常年流水，雨季水量较大，且洞顶为一条水泥路。该段尽量避开雨季施工，做好注浆堵水措施，施工过程中加强超前地质预报工作，保证施工安全。

（3）本隧道最大埋深达 266 m，隧道 DK63+953 ~ DK64+156 段埋深为 230 ~ 266 m，R_c/σ_{max} 在 4 到 7 之间，为高应力区。隧身地层岩性主要为凝灰岩，开挖过程中可能出现岩爆，产生岩块弹射、洞壁岩体有剥离和掉块等现象，在施工时期应加强超前地质预报及支护、局部设置预应力锚杆。

4.1.10 工程施工重难点分析

（1）既有线路拨接有较大的实施难度，首先，拨接施工需要在列车正常通过时进行，施工组织难度较高，有较大的安全风险；其次，拨接施工同时在四个垭口同时进行，而且其中两个是弯道；再次，这个施工需要立体交叉作业，设计到轨道、电力、信号等不同专业的设备，需要各专业单位配合同时进行。

（2）临近既有线施工过程中会对营业线的正常运营、工程施工造成潜在的安全影响，加之营业线轨道多处于野外，施工环境复杂多变，工程施工周期还受到强制约束，这些因素都造成了铁路临近既有线施工面对着许多安全风险隐患，例如掘进爆破振速控制问题、聚能水压爆破风险、铁路路基沉降或坍塌、人员机具侵限、高空坠物侵限、作业人员触电、地下电务信号电缆和电力电缆位置的不准确、大雨大风雾霾等不良天气的影响等。

（3）既有线路改造施工涉及专业多，安全隐患多。施工涉及工务、电务、供电、运输等专业，各专业的系统设备各自相对独立，但施工中又互相配合约束，施工过程中如何组织管理，能让各专业紧密配合，安全完成好任务是一项难度较大的工作。

4.1.11 临近既有线隧道开挖控制爆破施工方法及控制

4.1.11.1 爆破方法

临近既有线隧道开挖控制爆破施工需要分析爆破方法的优劣。工作人员在确定爆破方法的过程中考虑到新旧隧道间距较小，因此为了提升临近既有隧道的施工安全，则爆破规模较大的全断面开挖或上下台阶法的应用显然无法起到有效的控制爆破的效果。故工作人员应当通过结合既有隧道的实际状况，来和力度选择整个断面的分区掘进爆破的方案，可以获得良好的预期应用效果。其次，工作人员在选择爆破方法的过程中还应当考虑到进尺小则循环爆破方量小，在这一过程中一次爆破药量小并且相对地爆破震动也小，故能够具有临空面好的优越性且可以提高炸药能量利用率，最终能够切实地达到降低爆破震动的效果。

基于二氧化碳爆破过程，主要是二氧化碳气体一旦处于高压状态下，呈现出液态变化的状态，在高压泵液态二氧化碳压缩之后，将其放入圆柱体容器内，安全膜和破裂片逐渐装入，同时导热棒和密封圈也逐步装入，合金帽拧紧之后完成了爆破的前期准备。爆破筒一旦和起爆器连接，爆破筒一旦插入钻孔之后进行固定，和起爆器电源连接，高导热棒中通过微电流的时候，逐渐气化了液态二氧化碳，基于急剧膨胀状态下，需

4.1 临近既有高速公路铁路隧道掘进施工安全风险及安全事故致因分析

要做好高压冲击波的分析工作,以至于液态二氧化碳吸热气话,出现了体积急剧膨胀,并导致高压岩体开裂。

其中二氧化碳爆破原理,就是利用液态二氧化碳在突然快速加热的条件下,急剧快速气化膨胀,产生强大冲击力的原理,通过适当的控制,造成爆破破岩的效果。

首先,采用充装机将液态的二氧化碳装入爆破管内(还要装入爆破片、加热器等),并将爆破管装入炮孔,对炮孔进行严密封闭;然后采用智能云安全发爆器激活爆破管里面的加热器,使液态二氧化碳在快速加热的条件下,急速膨胀 1 000~2 000 倍以上,强大的冲击力(200~400 MPa),首先冲破爆破片,接着沿着设定的出气孔快速冲出,冲出后,由于爆破钻孔封闭,不能自由外泄,从而对周围的岩石产生冲击,产生破坏作用,形成破岩效果。

竖井爆破布孔方式,首先在中间打 3 个直径为 90 mm 的垂直空孔,深度 3 m,不装爆破管。然后在其周围打 9 个掏槽眼,掏槽眼间距 0.5 m,向中心倾斜 80°,深度 1.5 m。辅助眼孔距 0.6 m,周边眼孔距 0.5 m。爆破管出气方向为垂直于周边墙壁。起爆时依次起爆掏槽眼,辅助眼,周边眼。具体的爆破方式则需要依照实际情况合理选择。

4.1.11.2 爆破控制

临近既有线隧道开挖控制爆破施工的关键是爆破的控制工作。工作人员在进行爆破工作的过程中可以发现常规的掏槽孔爆破在整个断面爆破中比相同装药量的其他炮孔爆破产生较大的振动速度,因此在这一过程中通过选择合理的掏槽形式及掏槽孔位置,就能够起到强化临近既有隧道的新建隧道开挖中控制爆破的效果。其次,工作人员在爆破控制的过程中可以通过合理地减少辅助眼爆破时的震动强度,来获得更加良好的工程效果。

4.1.11.3 爆破施工技术的优化设计

临近既有线隧道开挖控制爆破施工优化是一项系统性的工作,以下从做好爆破参数选择、合理确定开挖顺序、提高爆破监测效率等方面出

第4章　金台铁路临近既有线施工安全控制技术研究

发,对于临近既有线隧道开挖控制爆破施工的优化进行了分析。

1. 做好爆破参数选择

临近既有线隧道开挖控制爆破施工优化的第一步是做好爆破参数的选择。工作人员在做好爆破参数选择的过程中首先应当考虑到介质系数和震动衰减系数 k、α 值相差很大的情况,故为了能够解决在爆破设计的初始阶段很难确定 k、α 合理取值的问题,应当通过计算爆破振动速度值来获得相应的参数。其次,工作人员在做好爆破参数选择的过程还应当于洞口明挖处和进洞口处进行多次爆破开挖试验和震动监测,从而能够在此基础上获得更多精确的测试数据。

2. 合理确定开挖顺序

临近既有线隧道开挖控制爆破施工优化需要合理地确定开挖的顺序。第一阶段是上弧引导部分的第一部分和第二部分的上部。当使用开挖区时,既减少了既有隧道开挖的影响,又减少了Ⅳ区和Ⅲ区。当开挖区的地表面积Ⅰ的创建,借用,减少对现有隧道开挖的影响;表面面积Ⅳ可以借用1,3区Ⅱ,从而大大降低爆破振动。第一阶段的第二阶段应提前1~2。爆破网络设计优化设计和非电毫秒爆破塑料导爆管网路的使用。为了保证网络的安全,有必要使用复杂的网络和内外孔之间的差异,就能够获得更加良好的。

3. 提高爆破监测效率

临近既有线隧道开挖控制爆破施工优化离不开对于爆破监测效率的提升。工作人员在提高爆破监测效率的过程中首先应当对于诸如由 CD-1 传感器、DS-VM 测振仪等设备进行合理的选择与应用。其次,工作人员在提高爆破监测效率的过程中还应当根据开挖新隧道时爆破产生的最大振动速度的位置在离开挖区最近的旧隧道的衬砌上的情况,来确保其高度与开挖区中心高度能够保持一致。与此同时,工作人员在提高爆破监测效率的过程中还应当根据测试数据进行回归分析,从而能够在此基础上求得能较好反映该隧洞实际地形地质情况的数据,最终能够为临近既有线隧道开挖控制爆破施工优化起到良好的助益。

4.1 临近既有高速公路铁路隧道掘进施工安全风险及安全事故致因分析

4.1.12 解决施工与行车干扰的措施

1. 解决施工对通过能力影响所采取的必要措施

本段工程接轨于金温铁路枫山站及在建金丽温高铁永康南站，并且于台州站至台州南站与既有甬台温铁路并行。施工中应加强对既有线的防护措施，确保施工和运营安全。困难条件下，采用特殊施工方案，如跨线框架墩，横梁施工采用下搭跨线军便梁，现浇施工等。在跨既有线及与既有线并行地段施工存在行车干扰，加之线路拆铺、换轨等工程，将影响列车运行（如封锁线路、列车缓行和增加工程列车等）。

2. 充分利用行车间隙时间合理组织施工的意见

与既有线有联系的工程，当对既有线运营产生影响时，施工组织要求对各项工程的施工先后顺序合理安排，搞好施工过渡。施工安排以不中断行车及车站主要客货运作业为基本原则，与既有线无干扰的工程可以先安排施工，完工后改变车流组织方式，临时开通，再分步完成其他工程的改造。线路拨接、换轨有关区间封锁要点应纳入行车计划。

3. 保护行车安全和施工安全锁采取的防护措施

为了在施工期间最大限度地减小施工和行车的相互干扰，建议采取以下方面安全施工措施：

（1）线路拨接，换轨有关区间封锁要点，纳入路局的行车计划。

（2）妥善安排施工过渡，施工过渡工程与正式工程统一由施工部门施工，路局有关部门予以配合。

（3）接触网工程的立杆，桥梁打孔浇注，支柱接触悬挂安装，架线，悬挂调整等施工项目，需充分利用开天窗时间，按每天出车一次考虑。

（4）靠近既有线施工的桥涵基坑开挖采用钢板桩防护。

（5）在施工中，应确保既有新长线铁路安全运营，施工单位要与运营单位各部门紧密协作，在保证行车安全的前提下，充分利用天窗时间进行施工，以确保工期。

4.2 路基帮宽施工安全技术方案和管理措施研究

路基帮宽施工安全技术方案和管理措施研究：在研究分析工程施工安全重大风险源及其成因的基础上，应用国内外安全风险管理理论，并采用泡沫轻质混凝土技术，研究制定既有金台铁路隧道安全施工技术方案和管理措施，并在实施过程中不断补充完善泡沫轻质混凝土技术和安全管理体系，指导工程安全、优质施工。

临近营业线路基帮宽施工会影响既有营业线设备稳定、使用和行车安全，因此对施工技术及安全防护要求较严格。随着我国经济的飞速发展，铁路改扩建工程增多。对路基扩建工程来说，新旧路基沉降差异大是最难解决的问题。泡沫轻质土是我国从国外引进的一种新型材料，具有轻质高强、节能利废、冲击能量吸收等良好的工程特性，应用于高等级公路、地铁等基础设施建设，对于降低高填方段、地铁隧道、地下通道等回填荷载具有重要意义。在我国大力推广和使用泡沫轻质土，可有效降低地基应力，减小地基差异沉降，从而有效解决软基路堤的桥头跳车、道路拓宽以及高寒地区路堤隔热保温等问题，增大道桥工程的安全系数；同时，还能降低工程造价，减少后期维修费用，提升道桥工程综合经济和社会效益。

台州南站路基帮宽采用泡沫轻质土施工，泡沫轻质土在目前国内铁路建设中应用较少，通过本项目对泡沫轻质土在营业线路基帮宽中的应用，总结出一套可行的施工技术。通过对本项目的一些重点难点施工研究、摸索、总结出一套适合施工的方案或技术方法，为公司以后在类似的站场施工方面提供技术依据是十分必要，在其他铁路工程施工上也可提供一些值得借鉴的地方。

4.2.1 临近营业线路基帮宽施工特点安全防护要求

4.2.1.1 施工特点

临近营业线路基帮宽施工主要指新建铁路工程、既有线改造工程及地方工程等与既有线平行、交叉、接入，在既有线两侧 30 m 范围内（包

4.2 路基帮宽施工安全技术方案和管理措施研究

括上跨、下穿既有铁路），涉及既有线安全和正常使用的施工。

4.2.1.2 技术要求

临近铁路营业线施工会影响营业线设备稳定、使用和行车安全的工程施工，属铁路局施工计划中 A 类工程，对施工技术管理和安全防护有如下要求：① 管理上施行"垂直重点管理""横向强制协调"的强硬手段，在工程全面铺开、基本平行启动的情况下，分清轻重缓急、抓好技术和工期上的控制项目。② 投入足够的施工技术人员及防护人员并加强既有线施工安全教育培训，建立健全既有线施工管理和作业制度。充分调动大家的积极性和创造性，为顺利施工提供可靠的技术保障及充分的安全监控、防护。③ 严格落实"施工不行车、行车不施工"，以及既有线施工"全封闭、全隔离、全监控"的要求，强化既有线施工安全防护措施，严格落实一人一机防护和车过机停的要求。

4.2.2 临近营业线路基帮宽施工安全防护措施

4.2.2.1 安全防护要求

在正式施工前，需要在道路路肩以及路基部位对警戒线做好设置，并做好现场防护员以及驻站联络员的设置，以此提升施工安全水平。对于既有线列车来说，其运行具有着间隔大以及密度小的特点，在路基施工中不会对既有线的运输安全产生影响，且在路基施工中不涉及封锁以及慢行等情况。经过实际情况的调查以及研究，需要做好临近营业线的安全监督计划制定。

4.2.2.2 安全防护技术措施

1. 路基帮宽防护

路基填筑时尽量安排在旱季施工。既有路基开挖时，应随路基填筑，随挖随填，以确保既有路基的边坡稳定，保证行车安全。既有路基边坡护砌的拆除不宜过早，应随帮填路基而进行，以不影响帮填为原则。

第 4 章 金台铁路临近既有线施工安全控制技术研究

2. 既有线安全控制

为确保既有线列车的运营安全,应该在填筑区应设置限界标志杆,拉隔离标志线,在距离铁路中心 3 m 处打入钢管设立醒目隔离标志,保证人员和机具不侵线。

在正式施工前,需要做好安全技术交底工作,对架子队、施工单位以及人员做好本次施工方案、应急处置以及安全措施相关事项的交代。而对于后续施工中可能出现的问题,则需要做好应急工作的准备,并做好施工材料以及设备的配备。在每天工作开展前,需要召集安全以及技术等人员做好施工交底,在对安全预想工作进行开展的同时对施工责任进行落实。作为工地防护员以及驻站联络员,则必须做好相关资质的检查,保证其持证上岗。在施工过程中,两者都需要通过对讲机以及电话设备的应用做好工作联系,对现场施工以及既有线列车的运行情况做好掌握,保证通信的畅通性。而工地防护员除了需要做好相关防护备品的配备之外,也需要做好信号旗以及对讲机的配备以及应急措施的掌握。

在临近节优先位置施工中,需要在施工地点两端的 800 m 线路外侧路肩位置对作业提醒标进行设置,并在施工区域两端 20 m 位置外侧路肩对施工作业地点标进行设置。

在施工过程中,需要在同施工点两端 20 m 的位置对一名防护员进行设置,并保证在列车通过前 5 min 停止作业,避免出现安全问题,当列车通过之后再继续作业。施工需要的推土机以及挖掘机等设备,则需要在既有线车辆到达前的 10 min 停止施工,同样等列车全部通过后再继续施工。

4.2.2.3 机械设备安全控制

机械设备方面,则首先需要做好操作人员资格的检查,避免出现无证上岗或者证件同所操作的机械设备不相符的情况。为了保证机电设备运行的安全性,则需要以定期的方式组织开展车辆以及机电设备的检查,对检查中查出的安全隐患及时通过科学措施的制定进行处理,避免在施工中因设备质量问题导致事故发生。同时,要做好相关设备人员的安全

4.2 路基帮宽施工安全技术方案和管理措施研究

培训工作,使其能够对作业安全措施以及风险情况进行充分的掌握,并在培训完成后进行考核,当考核合格后才能够操作。推土机以及挖掘机在实际作业中,需要做好其走行方向的设置,即保证其走行方向为垂直既有线方向,保证设备的易倾覆方向为非既有线位置,并做好专人盯防,避免设备出现侵入安全限界的情况。在夜间施工中,需要做好相关防护以及照明设施的设置,避免出现照明灯光迎向行车方向的情况,并保证施工中的材料、机具以及临时设施等不会出现侵入临时行车限界问题。

4.2.2.4 线路变形应急控制

在施工中,要做好沉降以及位移检测,并在施工区域既有线路肩位置做好沉降观测控制点的设置,保证其间距为 30 m,次数方面,则需要每天观测两次。同时,要通过安排专人的方式对线路几何尺寸进行检查并做好记录,即每当通过一趟列车进行一次检查,保证每 2 h 进行一次记录。当相邻观测沉降差大于 1 m 时,则需要在及时排查、提高观测频率的同时对应急预案进行启动。而如果在停止施工后经过观察该沉降值存在着继续变大的情况,则需要组织人员通过草袋的应用做好路基边坡的加固,并在及时向设备管理单位提交报告的同时做好加固措施的制定,当线路完成加固后才可以放行,其主要步骤有:第一,当发现问题时,防护人员需要及时将现场情况上报给设备管理单位以及车站,并进入受到影响的线路区域当中。第二,对现场情况进行观察,如果经过观察发现存在线路变形超限、路基坍塌而对行车安全产生影响的,应立即用厂制短路铜线进行线路顶红短路,并向上级部门对现场情况进行汇报,在对应急预案进行启动的同时寻求援助。第三,如果此时已经有列车驶入该区间,则需要及时向列车显示停车信号。如果是白天,可以对红色信号旗进行应用;如果是夜晚,则可以对红色灯光进行应用,并将响墩放置在能赶到的地点钢轨上。第四,在抢修工作开展前,需要在显著位置对应急牌进行放置,在对步骤、内容写明的同时做好防护。在整个抢修工作中,要保证设备管理以及监督相关人员在场,组织人员、机具、设备配合站段抢修路线及早恢复通车。

4.2.2.5 帮宽路基安全防护

在路基填筑工作进行前，需要在边坡上按照填方坡脚的方式逐渐向上挖成具有向内倾斜的台阶，保证其宽度在 1 m 以上。在营业线路路基施工之前，需要先做好临时排水系统的修建，并保证排水系统具有良好的畅通性，避免出现渗漏情况。在对片石护坡以及防护坡面进行拆除时，需要按照从下到上的顺序进行，并在工作开展中对营业线路的稳定性做好监测，避免因路基失稳对行车安全产生影响。

4.2.3 泡沫轻质土研究的主要内容和关键技术

4.2.3.1 泡沫轻质土介绍

泡沫轻质土是轻质混凝土的后起之秀。它是在加气混凝土的基础上发展起来的，实际上是一种物理发气的加气混凝土，应说它是加气混凝土的一个变种和特殊生产方式。它最初的发展，也是起源于对加气混凝土的一种补充。由于加气混凝土需要蒸压，无法现场施工，虽性能优异，但应用仍受到一定的限制，于是人们又发明了泡沫轻质土。它的性能和气孔结构均接近于加气混凝土，却不需蒸压，可十分方便地在任何建筑部位浇筑。泡沫轻质土的最初应用是现浇轻砼，由于其便利性，以后又扩展到了泡沫轻砼制品。泡沫轻质土在国内外的第一阶段应用，均是以降低砼体或其制品密度为出发点的。后来，随着它保温优异性能的显现，它的应用逐渐向保温功能发展。这是泡沫轻质土的第二应用阶段。在北欧北美高寒地区的一些国家，如瑞典、加拿大、芬兰等，泡沫轻质土已成为仅次于加气混凝土的第二大轻砼，在建筑保温方面的应用占有很大的比例，被誉为"建筑保温服"。近几年，泡沫轻质土的其他主要作用又陆续被人们发现，如它作为硬化后具有一定强度的低成本大体积流体回填材料、垃圾覆盖材料、地基处理材料，具有无可替代的优势。再如它作为轻质景观材料、装饰材料、天然浮石取代材料等，都是得天独厚、非他物所能的。泡沫轻质土的这些新功能、新用途的发现和应用，又将它推向了用途更广阔的第三应用阶段。目前，泡沫轻质土正处于由第二段向第三阶段发展的过渡阶段。这一过渡阶段仍将持续很长的时间。当

4.2 路基帮宽施工安全技术方案和管理措施研究

泡沫轻质土完成这一过渡，完全进入第三阶段后，它的用途将是非常广泛的。

我国早在20世纪60年代就开始生产应用泡沫轻质土，不过一直是应用于现浇轻砼方面，而且应用量也很小。虽然20世纪后末期也有一些厂家试图生产泡沫轻砼制品，但均未推广应用。泡沫轻质土真正成为一个重要的轻砼品种，并发展成为一个具有一定生产应用规模的行业，也只是进入新世纪后的这几年。它的突然升温和超高速发展，出乎许多业内外人士的意外。在短短的几年之中，这个以前人们从没听说过的混凝土新秀，一下子就站到了轻砼领跑者的位置上，并跑到了最前头，成为发展最快的轻质混凝土品种。而现浇泡沫轻质土地暖、屋面保温层、泡沫轻质土回填、泡沫轻质土地基等，也都获得了一定的推广，特别是地暖和屋面保温，应用十分广泛。

泡沫轻质土目前这种普及和应用程度，超出了大多数人的估计。可以说，许多人对泡沫轻质土都没有心理准备，对它的出现感到突然，也感到陌生。由于泡沫轻质土热了起来，许多人也跟着热点走，对它热了起来。但大家热起来之后，又觉得对它知之甚少，通之尤少，才更加迫切地想了解它。

泡沫轻质土目前的应用虽广，但许多方面的应用仅是起步，大规模应用还需要一定的时间。从目前的实际规模化应用的情况看，它的主体性应用仍是建筑保温，其他方面的应用仍较少。

从发展趋势看，泡沫轻质土在地下回填、挡土墙、垃圾覆盖、地基处理等工程方面的应用量将会日益扩大。它的这些方面的应用虽不是普及性的，但由于工程量相当大，所以一旦推广，应用总量将很可观。随着泡沫轻质土应用技术的开发和普及，它的应用范围会逐年扩展，前景是十分美好的。

到目前为止，该技术在公路工程、市政工程领域应用较多，在铁路工程中应用比较少，尤其在既有铁路路基帮宽过程中应用极为少数。

泡沫轻质土填筑路基主体，无需采用大型设备对其进行碾压，尤其在铁路营业线施工中，尽量减少大型机械施工，减少对营业线的影响，减少施工安全隐患，若能得到大面积普及施工，将大大减少施工单位对营业线造成的安全影响。

4.2.3.2 主要研究内容

台州南站路基全长 1.3 km，设计本体填筑采用泡沫轻质土施工，路基采用单侧帮宽形式，帮宽宽度 5.3 m，高度 3~5 m；紧邻既有高铁杭深线，速度 200 km/h；本段路基地质情况为沿海地区典型的淤泥质软土，土体的含水量大、多为流塑状。

本次研究的主要内容为：在泡沫轻质土单侧路基帮宽施工中，通过对营业线高铁路基稳定性监测，判定泡沫轻质土帮宽施工对营业线高铁路基帮宽施工的应用。

4.2.3.3 关键技术

（1）根据不同的材料组成用量和不同的气泡率，从节约成本的角度考虑，通过试验选择满足工程设计要求的密度和强度，确定最佳施工配合比。

（2）选择试验段进行工艺试验，确定泡沫轻质土施工的分段、分区、分层参数、浇筑工艺和养护措施。

（3）通过对既有线路基监测数据进行收集，分析泡沫轻质土路基帮宽对既有线路基稳定性的影响。

4.2.4 泡沫轻质土施工工艺

4.2.4.1 消泡试验

（1）轻质土路基施工前，对所采取的原材料进行消泡试验，原材料适应性试验测定的湿容重增加值应小于 0.6 kN/m^3。

① 试验器具：

a. 容量筒：金属制成，内径 108 mm，净高 109 mm，筒壁厚 2 mm，容积为 1 L。

b. 圆筒：金属或硬质塑料制成，内径 80 mm，净高 80 mm，筒壁厚 2 mm。

c. 电子秤：量程 3 000 g，精度 0.1 g。

4.2 路基帮宽施工安全技术方案和管理措施研究

d. 平板:塑料板或光面瓷砖,厚度 1 cm,边长 30 cm。

e. 游标卡尺:量程不小于 300 mm,精度 0.1 mm。

f. 试验用搅拌机:容量不低于 30 L,转速不小于 30 r/min;具有搅拌定时功能。

g. 塑料桶:容量 25 L。

h. 发泡装置:可控制并调节泡沫密度。

② 室内泡沫轻质土制备:

a. 试验室拌制泡沫轻质土时,拌和用的材料应提前运至室内,拌和时试验室的温度要求为 20~25 ℃。

b. 试验用水泥、粉煤灰、矿粉、发泡剂等原材料必须和施工现场使用的材料一致。试验室拌制泡沫轻质土前,应先将适量的发泡剂按稀释倍率稀释好并置于发泡装置内,并事先根据标准泡沫密度调整好发泡剂水溶液的发泡倍率,以备随时发泡。

c. 泡沫的用量应采用容量筒计量,其他材料应称重计量,计量精度应满足:水泥 ±0.5%,粉煤灰 ±1%,矿粉 ±1%,泡沫体积 ±0.5%。

d. 试验室制备泡沫轻质土,应采用搅拌机拌和,且应先将水泥、粉煤灰和水按配合比拌和,拌和时间不少于 2 min,然后立即制备泡沫加入其中再次拌和,再次拌和时间为 2 min;拌和料总量应不少于搅拌机容量的 20%。

③ 湿容重按以下步骤测定:

a. 准备好电子秤,并将其水平放置。

b. 将量杯 1 平放于电子秤上,测得量杯 1 质量 m_0,精确至 1 g。

c. 用量杯 2 接取试样,并将试样慢慢地倒入量杯 1 中。

d. 当试样装满量杯 1 时,用平口刀轻敲量杯 1 外壁,使试样充满整个量杯 1。

e. 用平口刀慢慢地沿量杯 1 端口平面刮平试样。

f. 将装满试样的量杯 1 平放于电子秤上,测得试样加量杯 1 的质量 m_1,精确至 1 g。

g. 湿容重(kN/m^3)按下式计算:

$$\gamma = \frac{10 \times (m_1 - m_0)}{V_0} \tag{4-1}$$

式中 γ——湿容重（kN/m³），精确至 0.1 kN/m³；

m_1——量杯加试样质量（kg）；

m_0——量杯质量（kg）；

V_0——量杯体积（m³）。

h. 重复试验 a～g 步骤，取 3 次试验结果的算术平均值为新拌气泡混合轻质土湿容重（kN/m³），精确至 0.1 kN/m³。

i. 湿容重试验应在每次试样后 5 min 内完成。

④ 试验室制备好轻质土拌合物后，即可展开消泡试验：

a. 对搅拌筒内的泡沫轻质土测试其初始湿密度。

b. 设定搅拌机搅拌时间为 1 min。

c. 开启搅拌机搅拌泡沫轻质土至搅拌时间结束。

d. 测试本次搅拌后的泡沫轻质土湿密度。

e. 重复第 3 步第 4 步，直至搅拌次数达到 10 次。

f. 以纵轴为湿密度、横轴为累积搅拌时间绘制消泡试验曲线。

g. 记录前 10 次的最大湿密度，计算湿密度增加率。

（2）容重等级按湿容重大小划分，采用符号 W 与湿容重标准值表示。见表 4-4。

表 4-4 容重等级表

容重等级	湿容重 γ/（kN/m³）	
	标准值	允许变化范围
W3	3.0	$2.5 < \gamma \leq 3.5$
W4	4.0	$3.5 < \gamma \leq 4.5$
W5	5.0	$4.5 < \gamma \leq 5.5$
W6	6.0	$5.5 < \gamma \leq 6.5$
W7	7.0	$6.5 < \gamma \leq 7.5$
W8	8.0	$7.5 < \gamma \leq 8.5$

4.2 路基帮宽施工安全技术方案和管理措施研究

续表

容重等级	湿容重 γ /(kN/m³)	
	标准值	允许变化范围
W9	9.0	$8.5 < \gamma \leqslant 9.5$
W10	10.0	$9.5 < \gamma \leqslant 10.5$
W11	11.0	$10.5 < \gamma \leqslant 11.5$
W12	12.0	$11.5 < \gamma \leqslant 12.5$
W13	13.0	$12.5 < \gamma \leqslant 13.5$
W14	14.0	$13.5 < \gamma \leqslant 14.5$
W15	15.0	$14.5 < \gamma \leqslant 15.5$

（3）强度等级按抗压强度大小划分，采用符号 CF 与抗压强度标准值表示，抗压强度的单组平均值和单块最小值应大于表 4-5 中规定值。

表 4-5 强度等级表

强度等级	抗压强度 q_u/MPa	
	每组平均值	单块最小值
CF0.3	0.30	0.26
CF0.4	0.40	0.34
CF0.5	0.50	0.42
CF0.6	0.60	0.51
CF0.7	0.70	0.59
CF0.8	0.80	0.68
CF0.9	0.90	0.76
CF1.0	1.00	0.85
CF1.2	1.20	1.02
CF1.5	1.50	1.27
CF2.5	2.50	2.12
CF5.0	5.00	4.25
CF7.5	7.50	6.37
CF10	10.00	8.50

4.2.4.2 配合比试配与选择

(1) 泡沫轻质土性能指标见表 4-6。

表 4-6 泡沫轻质土性能指标

轻质土距顶部距离/m	施工湿密度 R_{fw}/(kg/m³)	7 d 抗压强度/MPa	28 d 抗压强度/MPa
0~1.0	$650 \leqslant R_{\mathrm{fw}} \leqslant 700$	≥0.8	≥1.5
>1.0	$550 \leqslant R_{\mathrm{fw}} \leqslant 600$	≥0.5	≥1.0

(2) 配合比设计应采用工程实际使用的原材料。试配前,应对原材料进行适应性检验。

(3) 配合比设计指标包括湿容重、流动度及抗压强度,并应符合下列规定:

a. 湿容重偏差应符合本规程容重等级的规定。

b. 流动度应为 180 mm ± 20 mm。

c. 试配抗压强度应大于设计抗压强度的 1.05 倍。

(4) 泡沫轻质土的配合比根据设计强度、湿密度、流动性等要求进行选择,依据《现浇泡沫轻质土路基设计施工技术规程》及施工现场所用材料试验的基础上确定施工配合比。施工配合比试验按如下步骤进行:

a. 根据设计要求确定轻质土施工湿密度。

b. 确定水泥浆配合比。

c. 确定泡沫轻质土配合比。

d. 对原材料进行规范规定的试验,在原材料检验合格的基础上进行消泡试验。

(5) 经消泡试验确定的湿密度增加率和标准沉陷距满足设计要求后,取泡沫轻质土拌合物制备配合比强度试件。

(6) 施工配合比强度试验试块采用 10 cm × 10 cm × 10 cm 立方体试块。抗压强度试验方法同普通混凝土强度试验方法,要求压力机采用小量程砂浆压力机进行抗压试验,且强度结果不做尺寸折减。

(7) 施工配合比强度试验以 6 块试块为一组,共做 4 组配合比,分别测定底层往上 0~1 m 泡沫轻质土位置强度等级 1.0 MPa 和 1 m 以上沫

4.2 路基帮宽施工安全技术方案和管理措施研究

轻质土位置强度等级 1.5 MPa 部位 7 天和 28 天龄期强度。当 7 天龄期抗压强度及 28 天龄期抗压强度大于设计强度时，该配合比可作为施工配合比采用。

（8）根据所利用自来水和发泡剂进行的室内试验结果，施工时拟采用如下配合比（表 4-7）。

表 4-7 参考配合比

序号	强度等级 /MPa	设计强度 /MPa	每立方单位用量				湿容重 /(kN/m³)	流动度 /mm
			水泥	水	粉煤灰	矿粉	气泡群/L		
配合比 1	1.0	1.0	138	224	103	103	643	6.0	187
配合比 2	1.0	1.0	331	215			678	5.8	187
配合比 3	1.5	1.5	162	267	121	121	577	7.0	185
配合比 4	1.5	1.5	391	258			616	6.8	185

配合比报告如图 4-8。

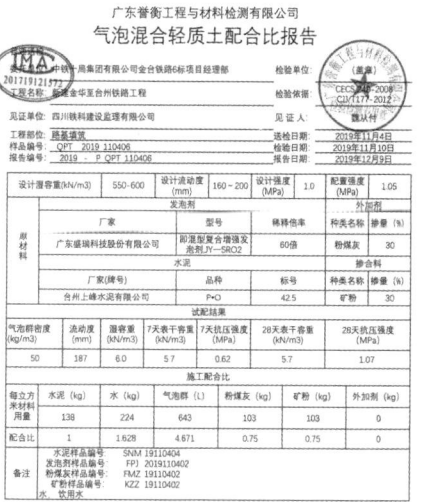

第 4 章　金台铁路临近既有线施工安全控制技术研究

广东誉衡工程与材料检测有限公司
气泡混合轻质土配合比报告

委托单位	中铁十局集团有限公司金台铁路6标项目经理部	检验单位	(盖章)
工程名称	新建金华至台州铁路工程	检验依据	CECS 249-2008 / CJJ/T 177-2012
见证单位	四川铁科建设监理有限公司	见证人	魏从林
工程部位	路基填筑	送检日期	2019年11月8日
样品编号	QPT 2019 110404	检验日期	2019年11月9日
报告编号	2019 - P QPT 110404	报告日期	2019年12月8日

设计湿容重(kN/m3)	550~600	设计流动度(mm)	160~200	设计强度(MPa)	1.0	配置强度(MPa)	1.05

原材料

	发泡剂			外加剂	
厂家	型号	稀释倍率	种类名称	掺量(%)	
广东盛瑞科技股份有限公司	即混型复合增强发泡剂JY-SRO2	60倍	粉煤灰	0	

	水泥			掺合料	
厂家(牌号)	品种	标号	种类名称	掺量(%)	
台州上峰水泥有限公司	P·O	42.5	矿粉	0	

试配结果

气泡群密度(kg/m3)	流动度(mm)	湿容重(kN/m3)	7天表干容重(kN/m3)	7天抗压强度(MPa)	28天表干容重(kN/m3)	28天抗压强度(MPa)
50	187	5.8	5.5	0.68	5.5	1.07

施工配合比

	水泥(kg)	水(kg)	气泡群(L)	粉煤灰(kg)	矿粉(kg)	外加剂(kg)
每立方米材料用量	331	215	678	0	0	0
配合比	1	0.65	2.049	0	0	0

备注：水泥样品编号：SNM 19110404　发泡剂样品编号：FPJ 2019110402　粉煤灰样品编号：FMZ 19110402　矿粉样品编号：KZZ 19110402　水：饮用水

工程代码：AB008
地址：广州市番禺区石基镇小龙村东岗街39号　邮编511450　电话(020)84789848　第1页 共1页

广东誉衡工程与材料检测有限公司
气泡混合轻质土配合比报告

委托单位	中铁十局集团有限公司金台铁路6标项目经理部	检验单位	(盖章)
工程名称	新建金华至台州铁路工程	检验依据	CECS 249-2008 / CJJ/T 177-2012
见证单位	四川铁科建设监理有限公司	见证人	魏从林
工程部位	路基填筑	送检日期	2019年11月8日
样品编号	QPT 2019 110403	检验日期	2019年11月9日
报告编号	2019 - P QPT 110403	报告日期	2019年12月8日

设计湿容重(kN/m3)	650~700	设计流动度(mm)	160~200	设计强度(MPa)	1.5	配置强度(MPa)	1.58

原材料

	发泡剂			外加剂	
厂家	型号	稀释倍率	种类名称	掺量(%)	
广东盛瑞科技股份有限公司	即混型复合增强发泡剂JY-SRO2	60倍	粉煤灰	0	

	水泥			掺合料	
厂家(牌号)	品种	标号	种类名称	掺量(%)	
台州上峰水泥有限公司	P·O	42.5	矿粉	0	

试配结果

气泡群密度(kg/m3)	流动度(mm)	湿容重(kN/m3)	7天表干容重(kN/m3)	7天抗压强度(MPa)	28天表干容重(kN/m3)	28天抗压强度(MPa)
50	185	6.8	6.4	0.93	6.3	1.63

施工配合比

	水泥(kg)	水(kg)	气泡群(L)	粉煤灰(kg)	矿粉(kg)	外加剂(kg)
每立方米材料用量	391	258	616	0	0	0
配合比	1	0.66	1.575	0	0	0

备注：水泥样品编号：SNM 19110404　发泡剂样品编号：FPJ 2019110402　粉煤灰样品编号：FMZ 19110402　矿粉样品编号：KZZ 19110402　水：饮用水

工程代码：AB008

4.2 路基帮宽施工安全技术方案和管理措施研究

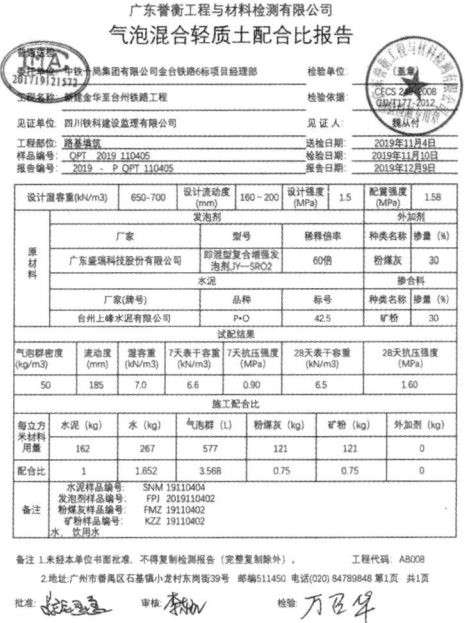

图 4-8 配合比报告

（9）通过 4 种配合比在现场进行试验段施工，使用含粉煤灰和矿粉配合比 1 和 3 时，泡沫轻质土浇筑完成后，出现大面积塌陷和裂缝；因此轻质土距顶部 0~1 m 范围选用配合比 4；轻质土距顶部 1 m 以下范围选用配合比 2。

4.2.4.3 场地平整及排水

正式进场施工前，进行管线调查后，清除施工场地内的障碍物，不能清除的做好保护措施，然后整平、夯实。合理布置施工机械、输送管路和电力线路位置，确保施工场地的"三通一平"，并排除场地内积水。

4.2.4.4 定位放线

根据设计院提供主轴线控制点及具体尺寸，运用导线控制法，进行准确放样，用全站仪、钢尺定出泡沫轻质土施工边线，测量人员填写放样记录，经复核无误后施工。

4.2.4.5 垫层施工

泡沫轻质土施工前在搅拌桩顶部浇筑一层0.1 m厚C20素砼垫层。如图4-9。

图4-9 垫层施工

4.2.4.6 模板安装

轻质土外侧采用竹胶板进行支挡,横向设置2道方木背肋,并采用钢筋桩加方木斜撑进行加固,斜撑间距1 m。模板的拼接缝应严密,不漏浆,施工时应特别注意对模板的支护,以避免轻质土压力及其他外力影响其位置或引起倾倒。如图4-10。

图4-10 模板安装

4.2 路基帮宽施工安全技术方案和管理措施研究

4.2.4.7 泡沫轻质土生产

（1）采用压缩空气与发泡剂溶液混合的方式生成泡沫。

（2）现场建立具有原材料自动化计量功能的水泥浆拌和站，集中拌置。

（3）拌和制作成型过程中，应能调节水泥浆或泡沫流量以及搅拌时间，确保各组分混合均匀，常温下搅拌不少于120 s；水泥浆或泡沫轻质土在出料装置中的停止时间不宜超过2 h。

（4）泡沫轻质土生产工艺流程见图4-11。现场生产见图4-12。

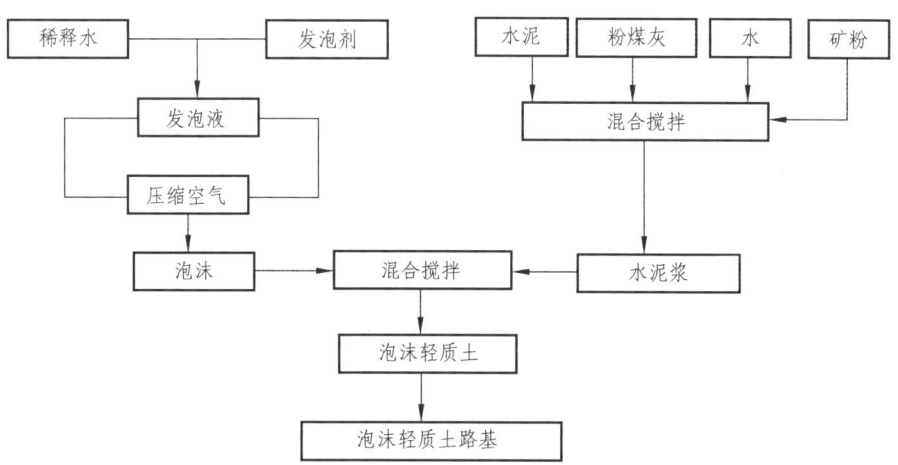

图4-11 泡沫轻质土生产工艺流程图

图4-12 泡沫轻质土现场生产

4.2.4.8 泡沫轻质土浇筑

（1）泡沫轻质土单次浇筑长度控制在10 m，单层浇筑厚度控制在

0.5~1.0 m,本次试验段单层浇筑厚度为 0.8 m,单层浇筑时间在 2~2.5 h,可以保证单层浇注的正常施工时间在水泥浆初凝前完成。

（2）泡沫混凝土浇注施工采用配管泵送方式。浇注时,浇注管出料口应与浇注面保持水平。

（3）沿浇筑区长轴方向自一端向另一端浇筑;如采用一条以上浇筑管浇筑时,则可并排地从一端开始浇注,或采用对角的浇筑方式。

（4）每一浇注层应一次性浇注完毕,上层浇筑层应在相邻的下层浇筑层终凝后才能浇筑。如图 4-13。

图 4-13　泡沫轻质土浇筑

4.2.4.9　变形缝设置

泡沫轻质土的长度超过 10 m 时,每隔 10 m 分节设置一道沉降缝,缝宽 2 cm,缝内填筑聚苯乙烯板,贯穿整个泡沫轻质土路基。

4.2.4.10　铺设铁丝网

（1）泡沫轻质土层与层之间铺设一层 Φ3.2 mm@5 cm 镀锌铁丝网。

（2）金属铺设前,应检查其外观,有明显锈迹的金属网,不能采用。

（3）铺设时,应展开铺平,避免出现卷起现象。

（4）相邻幅的金属网平面位置应重叠搭接,搭接宽度不少于 5 cm。

（5）在变形缝位置,金属网应断开铺设。

如图 4-14。

4.2 路基帮宽施工安全技术方案和管理措施研究

图 4-14　镀锌金属网的铺设

4.2.4.11　铺设 HDPE 防渗土工膜

按照设计要求在泡沫混凝土浇筑时，泡沫轻质土填筑体最顶部铺设 0.2 m 厚中粗沙内加一层 HDPE 防渗土工膜，相邻幅的土工膜，重叠搭接宽度不宜小于 5 cm。

4.2.4.12　养护与维护

泡沫混凝土施工完毕后及时覆盖塑料薄膜或土工布进行洒水养护，养护时间不少于 7 d。养护期内尽量避免人员在其上面行走及禁止堆积物品，以免破坏其中的气泡结构，影响质量。如图 4-15。

图 4-15　泡沫轻质土养护

第4章 金台铁路临近既有线施工安全控制技术研究

4.2.5 总　结

4.2.5.1 主要结论

（1）针对高速铁路路基帮宽工程沉降变形控制难，又要保证既有线正常运营的问题，提出了浇筑泡沫轻质土的解决方案。

（2）使用含矿粉和粉煤灰的配合比生产的泡沫轻质土，浇筑完成后，轻质土出现大面积塌陷和裂缝；使用纯水泥的配合比效果更佳。

（3）泡沫轻质土施工过程中对既有线路基变形的影响较小，满足施工要求。

（4）路基帮宽施工是线路施工中的一项重点内容，而临近营业线路施工，更是对施工安全具有着非常高的要求。从上述工程的质量验收结果来看，该工程路基帮宽施工各工序的技术参数都在允许偏差范围以内，施工质量全部达标，并且整个施工过程未出现人身伤亡事故，说明本章提出的关于路基帮宽施工技术及安全防护技术措施着实有效，并且切实可行。建议将本工程技术措施推广应用到更多同类工程项目中，通过更多的实践检验使之日臻完善。

4.2.5.2 本项目达到的技术水平及市场前景

通过《泡沫轻质土在营业线路基施工中的应用》的研究，安全、优质、高效地完成本项目的施工，将该项目建成样板工程，创造良好的经济效益、社会效益，并达到降低施工成本的目的，可以有效地指导类似结构施工，使施工过程更加安全可靠，具有广阔的应用前景。

4.2.6 施工质量及安全防护效果验收

（1）施工质量验收路基底层填筑压实质量验收结果见表4-8。

4.2 路基帮宽施工安全技术方案和管理措施研究

表 4-8 路基帮宽工程质量验收结果

验收项目	检验数量	检验方法	允许偏差	实测平均值	评定结果
中线至路肩边缘距离	沿线路纵向每 100 m 抽样检验 5 点	尺量	±50 mm	+22 mm	合格
横坡	沿线路纵向每 100 m 抽样检验 2 个断面	坡度尺量	±0.5%	+0.4%	合格
平整度	沿线路纵向每 100 m 抽样检验 10 点	2.5 m 长直尺量	≤15 mm	13 mm	合格
厚度	沿线路纵向每 100 m 抽样检验 3 点	水准仪测量	±30 mm	−27 mm	合格
顶面高程	沿线路纵向每 100 m 抽样检验 3 点	水准仪测量	+0,−20 mm	+0,−13 mm	合格
路基帮宽压实效果	地基系数 K_{30}		≥110	≥110	合格
	动态变形模量 E_{vd}		≥40	≥40	合格
	压实系数 K		≥0.95	≥0.95	合格

（2）安全防护成效安全防护贯穿整个路基帮宽施工过程。

由于本工程安全防护措施规范得当，整个施工中，没有因作业人员下道晚而导致列车制停、误点。施工中，安全防护人员及时发现并制止两处作业人员违章作业情况，未引发安全事故，整个施工作业实现了"零事故"。

4.2.7 小 结

（1）提出了"下排上堵、四周防护"的泡沫轻质土路基整体结构设计方案，分层设计湿密度，给出了冻融和非冻融环境下基床底层上部和下部的湿密度控制指标。

（2）从降低水化热影响考虑，建议单区泡沫轻质土浇筑时间应小于 1 h，相邻泡沫轻质土层浇筑时间间隔应大于 20 h，洒水养护应在泡沫轻质土初凝后开始，养护时间不低于 15 h。

（3）当水泥罐无法设置在浇筑区附近时，可采用水泥浆中转泵送的方式制备泡沫轻质土。当距离超过 2 km 时，建议采用水泥浆运送的方式制备泡沫轻质土。

（4）提出了泡沫轻质土施工前原材料检验指标，施工中计量与检测指标和硬化后的验收指标。

4.3 监测、分析临近既有线路基沉降和位移变化规律研究

系统监测、分析临近既有线路基沉降和位移变化规律：针对铁路隧道下穿高速公路施工导致既有公路路基产生沉降和位移的特征，以及隧道掘进过程导致山体滑坡沉降问题，为实时掌握既有线路基的变形状况及其对客车运营的影响，在施工全过程中采用自动沉降采集技术、分析线路基、山坡沉降和位移变化规律，及时提出预警，确保施工安全。为各相关单位优化施工方案提供参考意见。

4.3.1 隧道施工引发地表沉降影响因素

地层变形主要由地表变形和深层止体变形组成。对于单线隧道而言，影响地表层沉降变形的因素众多，许多学者认为引发地表沉降的因素有以下几点。

1. 降水影响

当隧道所处地层的标高小于地下水位的标高时，应首先降水处理。在地下水位下降时，会使得止层固结压密，导致地层沉降，这种水位变化引发的地层变形对周边建筑物会产生严重影响，需注意防范。

2. 土体参数影响

不同的地层参数对沉降的影响作用不同，一般而言，砂土条件下，注浆更容易渗透，引发地表沉降小于黏土地层。

4.3 监测、分析临近既有线路基沉降和位移变化规律研究

3. 施工方法的影响

目前研究已经明确台阶法引发地表沉降 > CD 法引发地表沉降 > CDR 法引发地表沉降，而同种方法由于开挖的顺序不同，所引发的地表沉降也不一样。

4. 埋深影响

一般认为，随着隧道埋深的增加，隧道开挖引发地表沉降槽越大，地表的沉降值会减小，但实际施工过程中，地表沉降的最大值还与跨度及支护强度相关。

5. 隧道直径影响

由 Attewell 研究可知，隧道直径加大使得开挖的跨度加大，而开挖跨度越大，使得地表沉降值越大。

6. 开挖步长影响

开挖速度越快，每天的进尺越多，开挖步长越大，但是开挖过快，会使对土层的扰动加剧，步长增加，地表沉降值加大。

7. 台阶长度影响

台阶长度越大，上下台阶闭合的时间越长，使得地层发生沉降的累积量增加，地表沉降值加大。

8. 初支辅助措施影响

浅埋暗挖的初支辅助措施众多，主要有管棚、超前锚杆、小导管注浆等。管棚支护可以增加土体的刚度和承载能力，但是管棚的施工会给土体带来扰动，使地表产生部分沉降。小导管注浆可以起到加固围岩减小地表沉降的作用。

9. 支护刚度影响

初支一般由钢筋网喷混凝土、钢格栅、锁脚锚杆组成。初期支护时，喷射混凝土后由于自重的影响会使得钢筋网下垂，而安装钢格栅时很容易造成超挖，并且和围岩贴合不紧密时，喷射混凝土后可能依然有孔隙，

这些都会影响地表沉降，增加地表累计沉降量。

10. 施工管理影响

施工衔接的流畅，施工组织的合理，可以减少隧道开挖暴露的时间，使得地表沉降减小。

4.3.2 地表沉降机理分析

隧道施工所引发的地表沉降从隧道施工的阶段来分，主要由在开挖施工过程中带来的地层沉降和隧道修建好后地层的缓慢沉降两部分组成。在隧道施工过程中，根据地层含水的不同，地层沉降的机理不一样。

1. 不含水地层

隧道开挖引起的地表沉降主要包括开挖面土体向隧道内移动所引起的沉降、支护结构由于喷射混凝土的不密实所引起的地表沉降、衬砌结构受到围岩挤压所产生的沉降以及整个隧道的整体沉降导致的地表沉降。

2. 含水地层

含水地层进行隧道施工，引发地表沉降包括不含水地层所包含的那些沉降外，还存在排水固结沉降。含水地层进行隧道施工时，主颗粒之间的水分排出，进而引起土体内部孔隙水压力变化，地层发生排水固结沉降。当隧道开挖地段水位较高时，通常会采取降水措施。水位下降后，孔隙水压力也下降，在土层总应力基本不变的条件下，有效应力增加。此时水位变化使得土粒之间浮托力和渗透压力变化，导致土层压密。不同的土层压密的过程所需时间不同，一般砂层的压密是瞬时发生的，而黏性土压密时间较长。此外，土体颗粒也会随着地下水的流失而流失，对地表带来沉降影响。

3. 次固结沉降

隧道土体受到开挖扰动后，土体还会发生持续很长时间的缓慢变形，在土体蠕变过程中产生，这种沉降被称为次固结沉降。在隧道施工不同

4.3 监测、分析临近既有线路基沉降和位移变化规律研究

阶段，对地层沉降起主要作用的变形因素不一样。以下根据施工的不同阶段来阐述这些变形是如何形成的。

第1阶段，隧道开挖先进行土体开挖，然后施作柔性支护。土体开挖后，土体产生应力释放，此时支护的强度还未达到要求，在隧道支撑力较小的情况下，隧道周围的土体会向隧道内部移动，从而带来地层沉降；在支护时，如果喷射的混凝土不密实，土体向隧道内移动时会将这些空隙充满，形成地表沉降。

第2阶段，在初支强度达到要求后到二次衬砌达到要求前，此时初支强度不高，在周围土压力及水压力的作用下，初期支护会发生竖向和水平方向变形。竖向引发沉降，在水平方向由于支护向外挤推，会产生部分土体向上隆起。此阶段主要是衬砌变形和隧道整体变形引发的地表沉降。

第3阶段，初期支护稳定后到二次衬砌达到强度后的漫长时间内，此时土体基本稳定，此阶段主要发生次固结沉降引发的地表沉降。

在本工程案例中，因为隧道开挖土体范围不含水，且不考虑二次衬砌结束后的缓慢次固结沉降，所以研究的沉降主要针对不含水地层的沉降。

4.3.3 隧道开挖下穿既有线风险监控体系

金台铁路下穿既有线工程属于专项风险工程，工程风险包含三部分：其一为地表铁路运营风险，由于隧道开挖引发隧道上方铁路路基沉降，使得轨道产生不平顺，造成机车脱轨、倾覆等可能的事故；其二为隧道自身施工垮塌风险，由于隧道开挖过程中围岩应力释放，支护不及时或强度不够，易造成掌子面失稳，导致隧道垮塌；其三为隧道下穿铁路风险范围内地表构筑物风险，隧道开挖引发地表沉降，使得地表构筑物发生沉降，形成安全风险。

为防范风险，应做好风险控制，而风险控制必须坚持"安全第一、保护环境、预防为主"的原则，采取经济、可行、主动的处置措施来减少或降低风险。所以，应根据工程风险建立规范科学的风险监控指标、

预警及监测方案,对危险源及时监控,依据控制标准,一旦超出控制标准,立即响应预警,及时采取应对措施。

4.3.3.1 风险监控指标

风险监控指标的确立应具备两点:一是满足城市轨道交通监测规范要求;二是对隧道开挖引发的风险全部进行监测控制。石家庄地铁一号线下穿既有铁路的风险主要为三个方面,对其建立了科学合理的风险监控指标,具体如下。

1. 地表铁路运营风险监控指标

轨道不平顺主要导致:线路轨道的轨距发生变化;线路左右两股钢轨顶面的高差发生变化,即轨道的水平发生变化;轨道沿线路方向的竖向平顺性发生变化,即轨道的前后高低发生变化。

因此,对于轨道不平顺影响运营铁路的风险控制,可以依据铁路线路静态几何尺寸偏差指标来作为监测指标,即监测轨距、水平作为监测指标。针对地表路基的变形风险控制,直接布设路基沉降监测点,作为地表路基变形的监测指标。

2. 隧道自身坍塌风险监控指标

针对隧道自身坍塌的风险控制,可以通过监测隧道内部拱顶的沉降、边墙收敛,来作为隧道自身坍塌风险的监测指标。

3. 地表构筑物风险监控指标

针对隧道开挖近距离侧穿高架桥桩的风险控制,可以监测高架桥的差异沉降,将高架桥的沉降作为监测指标。针对隧道开挖临近石太引上下行铁路桥、西环下行铁路桥的风险控制,可以监测铁路桥上的沉降作为监测指标。

4.3.3.2 预估风险的安全控制措施

根据工程地质勘察资料,结合现场实际情况,经过风险的辨识,进行分析研究,对预估风险采取相应的安全控制措施。

4.3 监测、分析临近既有线路基沉降和位移变化规律研究

1. 地表铁路运营预估风险安全控制措施

为防止隧道坍塌,以及隧道开挖带来变形过大,引发既有线上运营铁路安全隐患,预先对运营中的铁路做好风险控制措施,具体如下。

(1) 对驶入隧道开挖影响范围内列车限速 45 km/h。

(2) 及时进行轨道调整:调整轨道人员 24 小时执勤,一旦轨道静态尺寸超过标准值,立即进行轨道调整。

2. 隧道内部风险控制措施

(1) 超前支护:隧道拱部范围内采用 ϕ108 mm 管棚和小导管注浆对路基进行联合超前加固,使隧道开挖支护在管棚保护作用下作业,控制拱顶下沉量与不均匀沉降,确保既有线安全。

(2) 隧道初次支护:为减小对土体的扰动,隧道采用人工掘进,使用小型工程车运土,隧道拱墙部位,采用超前小导管注浆加固地层,每步开挖用锁脚锚杆固定钢架,临时仰拱及时封闭成环,及时进行背后回填注浆,控制开挖过程中沉降。

(3) 隧道开挖:隧道采用台阶法施工,分上下两个台阶开挖,每循环进尺 0.5 m,开挖过程中严禁超挖。每条隧道分上、下两个台阶进行隧道初期支护,上台阶开挖需留置核心土,核心土面积不小于开挖断面的 50%,同时核心土需进行人工放坡,其坡度不得小于 1∶0.7。上下台阶错开 15~25 m,下穿铁路段左右线初支同时组织施工,右线较左线隧道间距控制 30~35 m。

(4) 隧道二次衬砌:初支完成后,待收敛稳定后施工二衬。左右线二衬同时进行施工,二衬施工时采取分段拆除临时仰拱、分段衬砌二衬的措施。二次衬砌混凝土达到设计要求后,及时回填注浆,保证隧道二衬与初期支护密切贴实。

(5) 加强隧道洞内监控量测,及时反馈。

(6) 对工程施工中风险较大的掌子面部位进行远程视频监控,一旦发生掌子面失稳,立马采取红色响应措施。

总之,施工中严格遵守"管超前、严注浆、短开挖、强支护、早封闭、勤量测"十八字方针。

4.4 金台铁路线路钢桁梁顶推施工安全技术研究

金台铁路线路钢桁梁顶推施工安全技术研究：结合风险管理理论，分析利用临时支墩、滑移系统、顶推系统成功跨越的施工方法，识别出金台铁路钢桁梁施工中原位拼装、设置槽型梁等过程的风险源，进而提出能有效地缩短工期，又不影响既有设施运营，还能够有效地确保工程质量的施工风险控制措施，为类似工程提供借鉴。

成功跨越台金高速公路的这座钢桁梁由中铁二十四局集团有限公司承建。支座中心线长度为 88 m，宽度 13 m，梁高 12.3 m，施工总重量达到 1 500 t，是金台铁路全线跨度最大、吨位最大的钢桁梁。如图 4-16。

钢桁梁跨越的台金高速公路是横贯浙江中东部、沟通台州沿海城市与浙江腹地的高速干线公路，交通十分繁忙，为了最大限度减少对高速公路的影响，中铁二十四局认真组织现场勘察，优化顶推施工工艺，在不设置中央隔离带临时支墩、顶推期间不封道的困难条件下鏖战三昼夜，顺利完成顶推施工，实现了铁路施工与公路交通互不影响的预期目标。

图 4-16 钢桁梁现场施工图

4.4.1 钢桁梁施工工艺

4.4.1.1 施工工艺流程

钢桁梁顶推施工需要在铁路天窗时间点内完成顶推施工，顶推施工

4.4 金台铁路线路钢桁梁顶推施工安全技术研究

前先进行临时支墩及拼装平台的搭设,施工工艺流程如下:施工准备→线间施工便道→基础施工→搭支架、铺垫梁,测支架标高→拼装主桁下弦、桥面板单元→吊装斜杆→安装上弦→安装桥门架、横联及上平纵联→调整线形→钢桁梁涂装→顶推→落梁(检查各部件连接)→拆除支架等→完成。如图4-17。

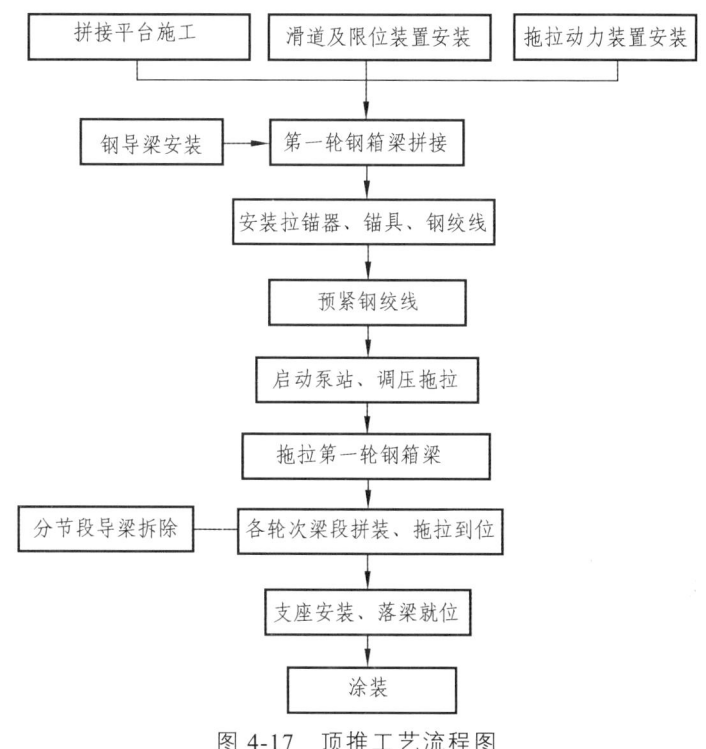

图 4-17 顶推工艺流程图

4.4.1.2 施工准备

钢桁梁存放、预拼场场地设置在 73#墩右侧的空场地,场地布置为 30 m×50 m。预拼场地经过压路机碾压平整后,上面铺设 50 cm 的碎石垫层并碾压密实,本处场地交通便利,两侧设置排水沟连接到既有河道中。杆件存放场地和预拼场均设置临时方木支垫及混凝土固定台座,基础支点牢固,防止不均匀下沉导致杆件扭曲和失稳。

4.4.1.3 支架搭设

临时支架按照施工方案中的要求在钢桁梁存放场地完成钢管立柱、顶端横梁和中间支承横梁的焊接制造,焊接完成后以单元件型式运至扩大基础边上。利用 1 台 25 t 汽车吊进行钢管支架安装。安装时用吊线坨测量,以保证钢管柱垂直于水平面。在每个钢管柱的顶上都有 3 个垂直于线路方向的 I45a 工字钢拼焊在一起作为桩顶横向分配梁,在分配梁上面有 6 个 I45a 工字钢,上下各 3 根拼焊在一起沿线路方向作为纵向滑道梁。整个支架系统搭设完成后经验算符合设计要求,此处不再叙述。

严格按照施工方案中的设计进行临时支架及墩顶布置,在上面均设置水平、中线观测点,随时观测搭设过程中地基沉降和钢管柱位移情况,以便及时调整。临时支墩的标高按照设计标高调整并考虑钢结构弹性压缩和非弹性压缩的预留量。

墩顶钢垫块、千斤顶、分配梁、H 型钢等接触面凡无和其他部位无螺栓连接的,必须在下面设置石棉板或三合板之类的防滑材料。

4.4.1.4 钢桁梁杆件吊装和拼装

临时支墩在拼梁顺序上应从下到上进行拼装,主桁和杆件之间要尽快形成闭合的稳定结构体系,拼装程序是:桥面(下弦杆→横梁→纵梁)→腹杆(斜杆、竖杆)→上弦(上弦杆→桥门、横联→上平纵联)。用一台 50 t 汽车吊在钢梁拼装场进行杆件吊装作业,吊装过程中汽车吊线路平行。钢桁梁杆件采用吊车吊到临时墩上的拼装平台上,先用钢垫板当作支座。钢垫板、千斤顶的安放位置应保证钢桁梁的受力对称且均匀。钢梁吊装就位后,用千斤顶及时进行找正对位。按照拼装流程,当拼装第二节段梁后,及时对钢桁梁杆件进行测量对正、连接拼接板,并及时进行锁定就位。拼装完成后如图 4-18 所示。

4.4 金台铁路线路钢桁梁顶推施工安全技术研究

图 4-18 钢桁梁拼装完成后图

4.4.1.5 钢桁梁整体顶推

钢桁梁按照设计方案拼装完成后，进行顶推施工。

（1）由 2 台 30 t 穿心千斤顶顶推精轧螺纹钢的方式使钢桁梁向前移动，精轧螺纹钢连接到拉锚器上，锚点栓接到钢桁梁尾部横梁上。2 台 30 t 穿心千斤顶安装在临时支墩 I 上滑道梁的反力座上，作用于反力座，实现顶推过程。工作流程：① 穿心千斤顶与拉锚器之间通过精轧螺纹钢连接；② 穿心千斤顶工作，拉拽精轧螺纹钢，通过拉锚器带动钢梁整体向前移动；③ 穿心千斤顶循环工作，将钢梁拉拽至设计位置后停止。

（2）顶推力的确定。钢梁自重 G_1=380 t，滑座与滑道摩擦系数 μ=0.1（滑道面涂润滑油），设置 2 套顶推装置，则顶推装置需要的顶推力为：

$$F = \mu G / 2 = 380 \times 0.1 / 2 = 19 \text{ t} \tag{4-2}$$

式中：G 为钢梁的自重。考虑到摩擦力的不均匀因素，选用 2 台 30 t 穿心千斤顶，安全系数 1.5。

（3）滑道的设置。滑道的布置采用下滑道连续、下弦节点处上滑块间断设置的方法。拼装支架上连续设置。根据钢桁架结构受力特点，上滑块设置于主桁下弦杆节点下方。上滑块根据预拱度要求，通过调节上滑块高度，达到设置要求，上滑块底面处于同一标高上（上滑块和下滑道呈水平状）。如图 4-19 所示。

第4章　金台铁路临近既有线施工安全控制技术研究

（4）横向限位及制动。在顶推滑道外侧安装限位装置，目的是限制钢梁的横向位移，以防止在顶推施工时出现过大的偏斜。横向限位装置设在墩顶支架的两侧，在钢梁前端通过墩顶支架时对钢梁整体纠偏，再安装限位装置。限位装置安装时与钢梁底板边缘保留 50 mm 间隙。利用横向限位装置，使钢桁梁按照设计线路进行滑移，如图 4-20 所示。由于钢桁梁处于水平滑道上，顶推过程缓慢，钢梁高空顶推施工过程中的制动措施采用钢丝绳反拉后锚点实现受力均匀制动，钢丝绳另一端通过滑轮与滑道形成反拉制动体系。

图 4-19　钢桁梁滑道、滑块图

图 4-20　限位装置

4.4 金台铁路线路钢桁梁顶推施工安全技术研究

(5)起落梁及纵横向纠偏。落梁前的纠偏:钢梁顶推就位后,测量钢梁全桥轴线偏差,再通过各墩墩顶横向纠偏装置对钢桁梁进行调整。落梁工作:① 临时墩起顶,支撑临时墩与钢梁地面抄垫密实;② 拆除墩顶支架,起顶临时墩收顶,钢梁支撑在支撑临时墩上;③ 起顶临时墩高度降低 20 mm,起顶,降低支撑临时墩高度 20 mm;④ 重复落梁操作,直至落梁 80 mm 为止,转换至另一个桥墩落梁;⑤ 所有桥墩都落梁 80 mm 后,再重复又一轮次 80 mm 的落梁,直到钢梁降落至设计为止(支顶反力与设计一致,钢梁支座垫板底面距支座顶面高度为 20~50 mm)。

(6)支座安装。首先,对支座进行灌浆固定;其次,待沙浆强度满足设计要求后,起顶拆除支撑临时墩;最后,收顶,将钢梁落放在永久支座上,拆除起顶临时墩及横向纠偏装置。

(7)高强螺栓施拧。高强度螺栓连接副的拧紧采用扭矩法拧紧,拧紧分初拧、复拧和终拧三步进行。初拧和复拧扭矩值为终拧扭矩值的50%。在复拧、终拧高强度螺栓时分别用白、红色油漆在螺母与垫圈同一部位进行标记,以防漏拧。

(8)支架拆除。在钢桁梁顶推到位后进行临时支架拆除。支架拆除要本着先搭后拆,后搭先拆的原则。拆除要严格按照专项方案进行,用导链葫芦作为拆除时的保险装置,杆件拆除时不得碰撞上部的钢梁主体结构。拆除步骤:取掉滑块→滑道梁拆除→拆除连接系→钢立柱上部结构切割拆除钢管→凿除砼→拆除钢立柱下部结构→恢复地貌。

4.4.2 钢桁梁顶推施工过程中的安全控制

钢桁梁顶推施工重点工序为临时墩搭设、钢桁梁杆件拼装、钢梁架设,现简述其施工过程中的安全控制措施。

1. 临时墩搭设的安全措施

在焊接临时墩连接件时,搭设人员配备防坠安全带并确保正确使用;使用起重设备吊运时,由专人指挥;在起吊中设置晃绳,确保平稳起吊;临时墩连接件的焊接遵循由下自上的原则,下部加固完毕后再逐步往上安装;搭设中,临时支撑立柱上焊接了临时踏步确保人员安全攀爬;

技术人员和测量员监控整个过程,以确保杆的角度和位置满足设计要求。

2. 钢桁梁组装的安全措施

钢桁梁在起吊拼装过程中严格按照下弦杆→腹杆→上弦杆→腹杆→桥面板→横联→上平联的顺序拼装,在重要部位安装应力及应变监控系统,实施拼装全过程的监控,防止拼装过程出现应力或变形过大引起结构的不安全。

3. 钢梁架设的安全措施

夜间工作时配备充足的照明。吊装钢梁杆件前,确认起吊杆件的重量和重心位置,并牢固捆绑,吊具的夹角不超过 60°。在吊具和提升杆的杆之间的角接触处使用橡胶垫。提升杆时安排固定的人员指挥吊装,提前检查周围区域,确保没有障碍物。所有相关人员密切配合,指挥得当。对拆装脚手架、紧固螺栓等工作,避免交叉作业。

4.4.3 小　结

本工程通过搭设膺架拼装平台,然后再用顶推法施工,加快了钢桁梁的施工进度,极大地减少了对营业线的影响,消除了许多不安全的因素,一次性顶推降低了施工风险。本钢桁梁工程施工难度大,施工中技术要求较高,从临时支墩搭设和拼装开始对钢桁梁拼装精度进行控制,在顶推施工中又通过多种方法对钢桁梁进行限位及纠偏,确保了钢桁梁架设的成功,为企业创造了良好的经济效益。

第5章
金台铁路深厚滨海软土沉降控制技术研究

第5章 金台铁路深厚滨海软土沉降控制技术研究

5.1 金台铁路头门港深厚松软土土工试验研究

通过分析金台铁路头门港深厚松软土的土体工程地质特征，利用软土土工试验获得土体的土力学参数，为软土地区路基沉降仿真分析提供可靠依据。

5.1.1 工程概况

金台铁路沿线谷地相软土零星分布在沿线低丘陵区封闭、半封闭的丘间谷地、河流阶地及水塘中，属冲洪积成因，分布的宽度范围在数十米至数百米不等。软土层厚度、埋深变化不大，厚1~4 m。其岩性以淤泥质粉质黏土为主，一般为灰色、褐灰色，流塑—软塑状，承载力较低，压缩性高，工程性质较差。深厚层海积、冲海积相软土分布在台州冲海积平原区，岩性以淤泥、淤泥质黏性土为主，深灰色，流塑—软塑，软土具有含水率大、孔隙比大、压缩性高、强度低、灵敏度高、触变性、流变性的特点。软土分布见表5-1。

头门港支线、正线DK126+600至终点段，软土大面积分布，根据地质、经济、环境、施工场地限制等，为确保路基稳定并有效控制工后沉降，并类比甬台温铁路工程措施，可采用换填、碎石桩、粉喷桩、CFG桩、预应力混凝土管桩、塑料排水板等措施或地方成熟的处理方法综合处理；桥涵等建筑物基础则建议选用桩基础。对于某些埋深和厚度较大、处理困难，经路基检算后仍难以控制工后沉降的地段，则需考虑以桥通过。

台州南货车联络线临近既有甬台温铁路，为确保既有路基稳定并有效控制工后沉降，设计时应加强临时防护措施。注意软土区加固时对既有线影响，采取降水压、隔震等措施，铁路施工和运营过程中，对线路所经地面沉降路段，并应进行沉降和变形监测。

5.1 金台铁路头门港深厚松软土土工试验研究

表 5-1 软土分布段落表

序号	起讫里程	特殊岩土名称	厚度/m
1	DK126+611.35 ~ DK128+893.55	淤泥	1.3 ~ 12.0
2	DK128+931.00 ~ DK130+945.00	淤泥	7.3 ~ 13.2
3	DK132+296.30 ~ DK134+819.00	淤泥	1.4 ~ 14.9
4	DK138+431.00 ~ DK138+735.70	淤泥质粉质黏土	1.8 ~ 5.5
5	DK140+040.00 ~ DK140+532.00	淤泥	3.6 ~ 30.5
6	DK141+243.05 ~ DK142+700.00	淤泥	4.0 ~ 12.0
7	DK141+243.05 ~ DK142+700.00	淤泥质粉质黏土	2.9 ~ 27.9
8	DK142+768.00 ~ DK142+854.15	淤泥	1.0 ~ 12.6
9	DK142+968.50 ~ DK143+066.00	淤泥	2.7 ~ 7.2
10	DK143+677.20 ~ DK145+459.58	淤泥	1.0 ~ 23.8
11	TDK001+828.40 ~ TDK003+530.5	淤泥	0.5 ~ 40.2
12	TDK4+212 ~ TDK5+808	淤泥质粉质黏土	0 ~ 34.4
13	TDK5+869 ~ TDK7+143	淤泥质粉质黏土	0 ~ 44.1
14	TDK7+518 ~ TDK7+620	淤泥质粉质黏土	0 ~ 9.0
15	TDK7+720 ~ TDK8+207	淤泥质粉质黏土	0 ~ 8.7
16	TDK14+890 ~ TDK16+901	淤泥质粉质黏土	0 ~ 23.6
17	TDK039+180 ~ TDK044+925	淤泥质粉质黏土	7.4 ~ 42.2
18	TDK034+350 ~ TDK035+820	淤泥质粉质黏土	5 ~ 22.4
19	TDK028+660 ~ TDK028+756	淤泥质粉质黏土	7.1 ~ 10.2
20	TDK022+375 ~ TDK024+102	淤泥质粉质黏土	2.7 ~ 25.1
21	TDK020+455 ~ TDK022+155	淤泥质粉质黏土	2.7 ~ 8.6
22	DK148+890 ~ DK149+150	淤泥	4 ~ 7.8
23	DK149+268 ~ DK150+376	淤泥	10.4 ~ 15.3

续表

序号	起讫里程	特殊岩土名称	厚度/m
24	DK149+565 ~ DK150+376	淤泥质粉质黏土	3 ~ 17.5
25	LDK0+000 ~ LDK1+200	淤泥	13.6 ~ 15.9
26	LDK0+000 ~ LDK1+200	淤泥质粉质黏土	19.1 ~ 24
27	LDK1+200 ~ LDK3+660	淤泥	28.5 ~ 48.3
28	LDK8+900 ~ LDK9+355	淤泥	7.1 ~ 10.6
29	LDK9+190 ~ LDK9+750	淤泥质粉质黏土	2.4 ~ 16
30	LDK9+287 ~ LDK10+286	淤泥	3.5 ~ 30.2
31	LDK10+637 ~ LDK11+940	淤泥质粉质黏土	1 ~ 8.8
32	LDK12+100 ~ LDK12+705	淤泥	0.6 ~ 17.5
33	LDK12+740 ~ LDK15+936.6	淤泥	2 ~ 19.4
34	LDK12+030 ~ LDK13+887	淤泥质粉质黏土	2.8 ~ 14.1
35	LDK14+400 ~ LDK15+936.6	淤泥	1.5 ~ 4.6
36	LDK14+400 ~ LDK15+936.6	淤泥质粉质黏土	6.6 ~ 15.35

5.1.2 试样制备与试验方案

土样的基本性质及试样制备根据现场勘查资料分析，本次试验场地地层土质主要为淤泥质黏土，土体含水率较高，含盐较多，有机物含量比较丰富，土中有沉积的贝壳碎片，土质不均匀，土体呈灰黑色，土体外部发生部分氧化呈黄色，整体处于软塑 - 流塑状态。在现场转孔取样封装在钢管内运回，使用推土器取土，在保证不破坏土体原有结构和性质和尽可能减少扰动的前提下，使用削土刀将土体削制成标准三轴试样，高度约为 80 mm，底面直径约为 39 mm。因为需要对灵敏度进行对比分析，所以还要将原状土样破坏后重塑，重塑时将充分破坏后的原状样放入保湿缸中以保证土样含水率不变，之后称取与原状样相同质量的土样，放入标准三轴试样模具之中，保证重塑后的试样尺寸与原状试样基本相同。

5.1.3 试验方案

为了研究软黏土的灵敏度和结构性，对土样进行了无侧限抗压试验，试验过程依据土工试验规程（SL237—1999），使用手摇式应变控制无侧限压缩仪，分别对5组试样进行试验，每组试样包含一个原状试样和一个重塑试样，原状试样与重塑试样具有相同的含水率和干密度，控制每分钟轴向应变为2%，即约每7.5 s匀速转动一圈手轮，每转动一圈记录一次测力计读数，在读数出现峰值后继续转动12圈后停止记录，峰值时的轴向应力即为无侧限抗压强度；若无峰值出现，在轴向应变达到20%时停止试验，将轴向应变为15%时对应的轴向应力作为无侧限抗压强度。

在试验中，为了使重塑试样与原状样具有更高的一致性，使用本组破坏后的原状试样进行重塑，并马上进行重塑试样的压缩试验，以避免重塑试样在经过一段时间的放置之后，出现的强度恢复现象对试验结果的影响。

5.1.4 试验结果与分析

5.1.4.1 试样的基本性质

试验用到的土样均是现场钻孔取土后运回实验室的土样，在实验室对运回的土样进行了基本的物性试验，测定了土样的基本性质。本次试验选取了其中五个钻孔的原状土进行试验，每个钻孔对应一个取土位置，设置一组试验，五组试样的基本性质测定如表5-2所示，可以看到五组试样都具有较高的含水率和液性指数，土体基本处于软塑状态。结合颗粒分析试验和界限含水率试验的结果，认为该区域土体主要为粉质黏土。试样土工试验分析成果见表5-2。

表 5-2 试样土工试验分析成果

试样编号	含水率 w/%	密度 ρ /(g/cm³)	比重 G_s	液限/%	塑限/%	液性指数
1	30.06	1.95	2.62	30.9	18.6	0.93
2	30.69	1.87	2.6	31.2	17.2	0.96
3	33.35	1.91	2.61	32.4	16.8	1.06
4	32.61	1.92	2.65	31.2	13.9	1.08
5	34.65	1.84	2.62	31.1	18.7	1.29

5.1.4.2 无侧限抗压试验

将无侧限抗压强度试验的原始数据进行换算处理之后,把每一组原状试样与重塑试样的应变 ε-应力 σ 关系曲线呈现在同一张图上,如图 5-1~图 5-5 所示。压缩试验过程中,当压缩曲线出现峰值时,试样往往能看到明显的破坏面,而重塑的试样往往呈现出鼓形破坏,看不到明显的破坏面。

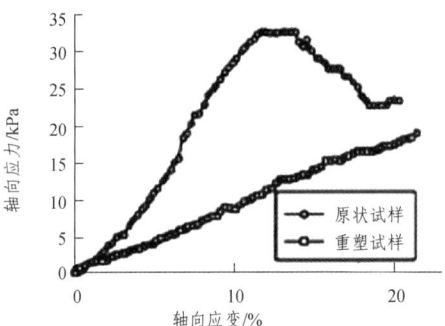

图 5-1 试样 1 轴向应变-应力变化曲线

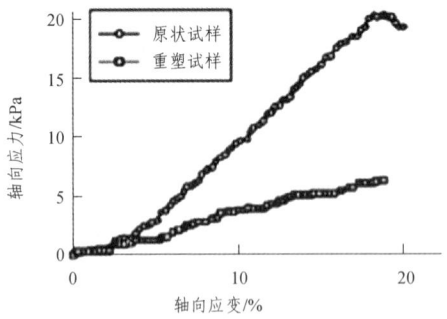

图 5-2 试样 2 轴向应变-应力变化曲线

5.1 金台铁路头门港深厚松软土土工试验研究

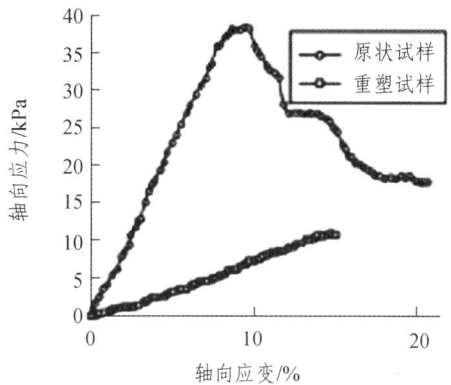

图 5-3 试样 3 轴向应变-应力变化曲线

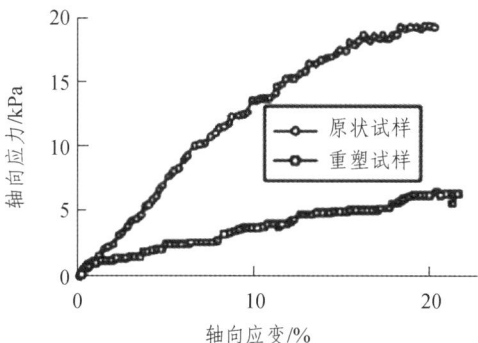

图 5-4 试样 4 轴向应变-应力变化曲线

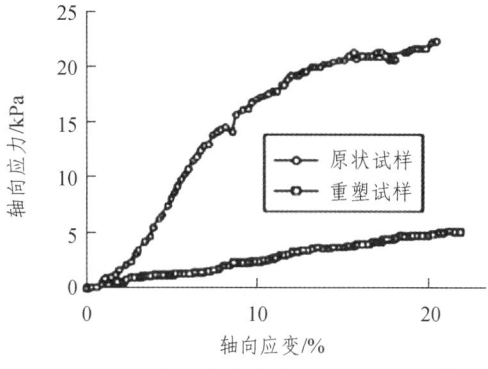

图 5-5 试样 5 轴向应变-应力变化曲线

5.1.5 试验结果分析

分析试验结果，可以看到，原状试样的应变曲线主要经历两个阶段：第一个阶段为无侧限压缩的初始阶段，曲线平缓，这一阶段的变形主要为弹性变形，土体结构性保持相对完整，土体的结构强度发挥作用；第二阶段为结构破坏阶段，土体在经历一定程度的变形之后，出现明显的应变软化现象，如图 5-1、图 5-2、图 5-3 中的应变曲线所示在经历峰值之后出现陡降，即在应力并没有增加的情况下，变形急剧发展，土体结构性被严重破坏，此时土体的变形除了颗粒之间的滑移变形，还产生了由于结构崩塌引起的变形。事实上，重塑试样的变形同样存在类似的两个阶段，从图上可以看出，相比于应变的初始阶段，曲线的斜率在不断减小，呈现出一定程度的应变软化现象，不过由于重塑试样已经失去了原状试样的结构性，所以曲线并未因结构塌落而出现陡降。

原状试样在经过破坏重塑之后，尽管含水率以及干密度并未产生变化，但对比原状试样的强度与重塑试样的强度，可以看到，重塑后试样的强度显著降低。根据库仑抗剪强度定律，黏性土的强度主要是由土的黏聚力和内摩擦角决定，其中内摩擦角和土颗粒的粗糙度以及剪切过程中颗粒的滑动程度有关，黏聚力则主要取决于黏粒含量、矿物成分、含水量、土的结构等因素。试样土体含水率较高，呈现出高压缩性、高孔隙率的特点，这就导致土颗粒的比表面积比较大，土体中存在大量的结合水，相邻土粒间的结合水因受到土颗粒引力的吸附，在土颗粒间形成了一定程度的联结强度。土样经过重塑之后，原有的结构性完全丧失，此时土颗粒的内部咬合和联结变得疏松，土颗粒间通过结合水而产生的粒间引力尚未完全形成，土体内自由水大量存在，导致黏聚力降低；另一方面，水分在土粒表面不断聚集而产生润滑效应，减小了土颗粒间的摩擦力和咬合力，使得土体强度降低。

研究发现，相比于原状试样，重塑之后试样的无侧限抗压强度显著降低，也就是土体呈现出较高的灵敏度。其实质是原状土体具有较强的结构性，一经破坏不易恢复，表现为土体受到扰动后强度降低比较明显。

5.1 金台铁路头门港深厚松软土土工试验研究

5.1.6 软土结构性的影响因素

软土的结构性是影响地基强度和最终沉降量的一个重要因素，事实上，天然沉积的软土普遍具有结构性，这种普遍存在的结构性与软土的矿物成分和微细结构状态等密不可分。对于正常固结饱和黏土来说，利用初始孔隙比和塑性指数这两个基本物性参数，可以分别反映土体的矿物含量和所处状态。它们对于软土结构性的影响还需要根据试验结果进行分析和总结。软土基本性质见表5-3。

表 5-3 软土基本性质

试样编号	塑性指数 I_p	初始孔隙比 e_0	灵敏度 S_t
1	12.3	0.75	2.35
2	14.0	0.82	3.17
3	15.6	0.82	3.56
4	17.3	0.83	3.84
5	12.4	0.92	5.57

5.1.6.1 初始孔隙比对软土结构性的影响

高孔隙比是天然沉积软黏土的特性之一，在软土体达到结构屈服应力之前，高孔隙比组构还能够保持相对完整的状态，当土体结构强度丧失时，土体的高孔隙比组构发生破坏，经过重塑之后，孔隙分布将发生显著的变化。有研究表明，初始孔隙比较高的黏土体往往具有更强的结构性。

在土体的原始结构中，孔隙在土体中均匀分布，形成较完整的高孔隙比组构，滨海相软黏土长期处在水流密集的近海地区，含水率较高，土体孔隙中赋存大量的水分，在长期的沉积过程中，土颗粒与孔隙中的水充分接触，吸附大量的结合水，形成了一定程度的联结强度。这种原始结构在经过破坏重塑之后，一方面，孔隙在土体中比较集中分布，容易形成较大的孔隙，在土体中更容易赋存大量的自由水，在受到外力作用时，这种孔隙形成的结构更容易被压缩和破坏；另一方面，土体原有的联结强度被破坏，经过重塑之后，短时间内新的联结强度还未形成，所以强度较原状土体显著降低。因此，初始孔隙比较高的试样表现出更高的灵敏度，具有更强的结构性，如图 5-6 所示。软黏土的灵敏度与初始孔隙比呈现出线性相关性，在对两者关系进行线性拟合分析，可以得到以下线性拟合公式：

$$S_t = 19.278 e_0 - 12.265 \tag{5-1}$$

$$R^2 = 0.968\ 1 \tag{5-2}$$

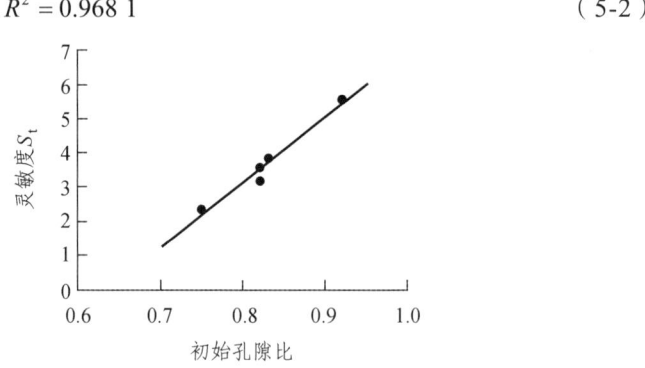

图 5-6　初始孔隙比-灵敏度关系图

5.1.6.2　塑性指数对软土结构性的影响

可塑性是黏性土的重要特征，研究中一般用塑性指数 I_p 来衡量可塑性的大小。

$$I_p = \omega_L + \omega_P \tag{5-3}$$

塑性指数 I_p 的大小主要受到土的颗粒组成、矿物成分、土中结合水的含量以及土中水的离子成分和浓度等因素的影响。一般认为，当水中的高价阳离子浓度降低时，土粒会吸着更多结合水，塑性指数 I_p 值也会随之变大，土体表现出更强的塑性。

在试验中，测定的每组试样的塑性指数并不相同，在对试验结果分析时发现，试样的灵敏度与塑性指数呈现出一定程度的相关性，总体上塑性指数比较大的试样经过试验得到的灵敏度较高，如图 5-7 所示，当土样塑性指数较大时，土体内存在的结合水含量可能较高，由土颗粒与孔隙内的结合水形成的联结强度以及土颗粒间原有的排列方式容易受到外力扰动和破坏，通常表现出更强的灵敏度。在整理试验结果时，发现 5 组试样中，有 4 组试样的塑性指数与灵敏度的拟合关系较好，试样

5 的试验数据则与之前的结论不符,不难看出,1~4 号试样的孔隙比较为接近,而试样 5 的孔隙比较大,因此推测认为由于孔隙比的变化影响,导致试样 5 的灵敏度远高于其他试样。在考虑塑性指数与灵敏度的影响关系时,尽可能剔除了其他因素的影响,得到两者关系的线性拟合公式:

$$S_\mathrm{t} = 0.2935 I_\mathrm{p} - 1.1133 \qquad (5\text{-}4)$$

$$R^2 = 0.9381 \qquad (5\text{-}5)$$

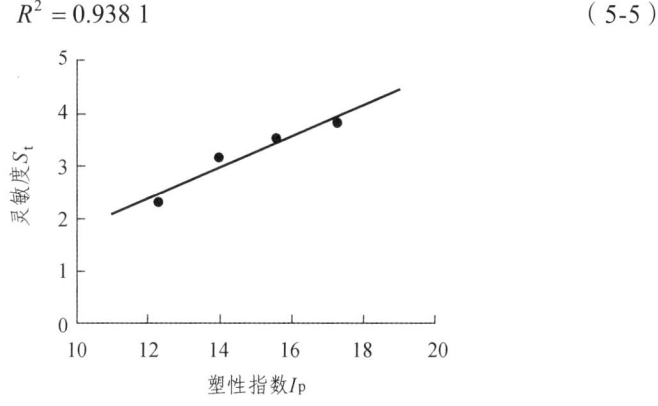

图 5-7 塑性指数-灵敏度关系图

试验过程中发现,软黏土在遭到外力作用时,自身强度较低,变形明显,并且短时间内强度丧失幅度较大,但在外力撤去之后,经过一段时间的恢复土体会逐渐形成新的结构,强度会部分恢复,形成新的抗剪强度,这种性质称之为触变性,在地基处理和工程施工时可以研究和利用。

5.1.7 小 结

总体来看,土体主要为滨海相软土,具有高含水率、高孔隙比、高液性指数,可塑性强,承载力较低等特点。根据已有的研究资料和所采用的研究方法,主要得出以下结论:

(1)原状试样的无侧限抗压强度曲线呈现出平缓和突变两个阶段,土体结构破坏明显,对比重塑试样的强度曲线,强度变化显著,试样灵敏度值大致处于 3~6,该地区软土属于中—高灵敏度土体,具有很强的结构性。

（2）软土的结构性会受到初始孔隙比和塑性指数的影响，较高初始孔隙比和较高塑性指数的土体具有较高的灵敏度和更强的结构性，两者与灵敏度都具有很好的线性拟合关系。

（3）该软黏土的触变性突出，在地基处理中具有很强的利用价值，可以进行更加深入的探讨和研究。

（4）头门港支线、正线 DK126+600～终点段，软土大面积分布，根据地质、经济、环境、施工场地限制等，为确保路基稳定并有效控制工后沉降，并类比甬台温铁路工程措施，可采用换填、碎石桩、粉喷桩、CFG 桩、预应力混凝土管桩、塑料排水板等措施或地方成熟的处理方法综合处理；桥涵等建筑物基础则建议选用桩基础。对于某些埋深和厚度较大、处理困难，经路基检算后仍难以控制工后沉降的地段，则需考虑以桥通过。

台州南货车联络线临近既有甬台温铁路，为确保既有路基稳定并有效控制工后沉降，设计时应加强临时防护措施。注意软土区加固时对既有线影响，采取降水压、隔震等措施，铁路施工和运营过程中，对线路所经地面沉降路段，并应进行沉降和变形监测。

5.2 地基沉降机理研究

系统地研究地基沉降机理，修建试验段，针对金台铁路试验段复杂的地基条件，提出不同的软土路基处理方式，满足路基工后沉降变形控制标准要求。

5.2.1 软土地基沉降的机理

软土在受到外力的影响时，发生沉降现象一般包括三个过程（可见图 5-8）。第一个过程是软土在瞬间负重时形成的瞬间沉降值。瞬间沉降值因为软土还没有出现体积上的改变，因此产生是很快的。

5.2 地基沉降机理研究

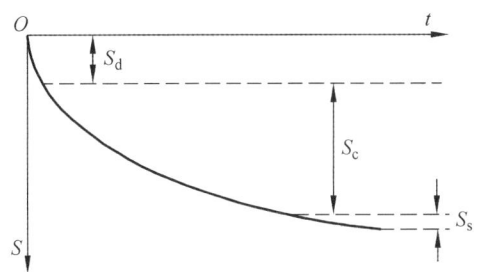

图 5-8 地基沉降的三个阶段

这属于一个理想的定义，虽然沉降非即可出现，不过一般可以忽视水从软土中流出来，它的体积是恒定的，不过负重导致软土形成了剪切力变化。之后在受力的影响下孔隙中的水分能够流出来，软土间的颗粒越来越近，有效应力变大，这样土就会出现体积减小 S_c。由于地基系数出现沉降问题，水流速也会因为软土的孔隙水压力、透水性与负重等影响导致改变，这类的变形属于固结变形，相对的是主固结沉降的情况，属于软土压缩过程中的一个环节，即第二个过程。如果软土的负重力均由软土颗粒来支撑的话，一般会由孔隙水压力的分散导致水流速减少，最后孔隙水压力为零时形成固结的有效应力形态。软土的排水固结实现之后，还会受到软土变形的影响出现变化，通常是因为软土颗粒蠕变引起的，即次固结或蠕变性沉降。

在对软土的压缩研究时发现，当孔隙水压力消失之后，压缩现象还会继续下去。其中图 5-9 是常规的压缩曲线，纵坐标是压缩仪器上测量出来的数值 d，也就是软土的压缩大小，横坐标是时间，选取它的对数坐标。根据曲线来看，点 A 这个位置说明孔隙水压力检测不到，也就是孔隙水压力为零，这个时候有效应力 p' 和所承受的负重大小一样。当 $t \geqslant t_A$ 时，p' 固结不变，压缩现象消失。不过 A 点之后压缩情况还会延续一段时间。也就是在软土的排水固结实现之后，孔隙水压力消失，不过软土还会出现沉降现象，软土依旧会出现变形，通常来看是因为软土颗粒蠕变造成的次固结沉降现象。在这个过程当中，其实也存在很弱小的超孔隙水压力，不过因为这个次固结沉降现象比较弱小，水流速也很小，那么超孔隙水压力是检测不到的。因此，次固结沉降的位移大小和孔隙中水溢出的速度及软土的厚度没有直接的联系。蠕变的沉降比较明显，通常是由于微小的有机物质即主固结导致的现象。

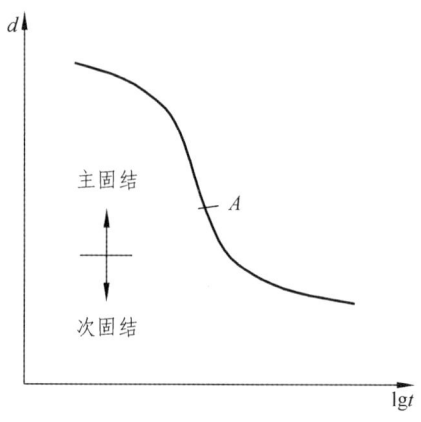

图 5-9　压缩曲线

软土最终沉降位移是软土地基在受到负重时，软土表面发生位移，一直到稳定时出现的位移大小，它属于构建稳定性研究的基本数据。我国的软土面积很大，分布很广，随着社会经济的发展，在软土上建设铁路的现象越来越多。一般山岭地区铁路的建设造价很大，技术成分很高，所以对地基变形和稳定性的要求是非常苛刻的；不过软土的强度差，渗透性弱，压缩现象明显，灵敏度大，变形位移多，这给公路建设带来了很大的麻烦。所以，软土地基沉降计算是一个非常重要的问题。

一般常见的计算软土沉降位移的方法包括分层计算法、理论公式计算法、数据研究法、经验公式法等。像分层计算法是比较方便的，不过精确率不是很高；Terzaghi 理论公式计算方法尽管理论比较贴切实际，不过应用范围窄，涉及的参数比较凌乱，因此应用不多；对于数据研究法来说，它的理论研究是非常仔细的，不过模量指数的测试影响很大，也是影响精确率的主要因素，而且在计算过程中需要掌握较高的技术，对工作人员要求比较苛刻，运用起来有很大的困难；经验公式计算法一般是利用地方经验来进行计算的，它的实用性不是很好，还需要进一步改善。所以，利用神经计算机方法对软土地基沉降位移进行估算是比较合理的。神经计算机方法针对非线性情况，是有一定的优势。可以利用完善的非线性映射作用，结合具体资料对非线性软土结构做模型设计。通常研究思路是这样的，需要利用神经计算机法构建一个沉降影响要素和沉降位移间的非线性曲线,然后把待测位置的具体影响沉降指数输入到计算机中,就可以计算出具体的沉降位移。

引起地面沉降的因素包括地质环境因素和人类工程活动因素两大类。地面沉降可以由单一因素引发,但许多情况下是几种因素综合作用的结果。在诸因素中,人类工程活动因素常起着重要作用。除新构造活动等地质营力造成的地面沉降外,引起地面出现不均匀沉降的主要内因是软土层分布及其物理力学性质的差异,附加应力的分布、地基处理不当、地下水位的变动等因素是引起地面出现不均匀沉降的外在诱因。软土地基不均匀沉降导致建筑物上部结构开裂、倾斜、倒塌以及道路路面的扭曲变形,不仅带来巨大的经济损失,甚至危害到人民的生命安全。

5.2.2 软土路基变形的影响因素

5.2.2.1 地基土性质对沉降影响分析

为了研究地基土性质对路基沉降的影响,针对该高速铁路各种性质地基建立的有限元路基模型,并模拟实际工程中不同路堤高度,不同路基填料的条件。分别计算在路堤填料相同、路堤高度相同的情况下,不同地基土性质的条件下路基的顶面最大沉降量,得到不同高度路基的竖向位移云图,并得出路基沉降的计算结果。当地基为亚黏土、亚砂土时,路基高度宜控制在 20 m 以下,对于承载能力较高的地基土层,路基填筑高度可适当增加。

5.2.2.2 路堤高度对沉降影响分析

路堤填筑高度决定了路堤对地基施加的附加应力的大小,路堤高度越大,地基承受的应力越大,地基沉降量随之也就越大。同时,随着路堤填筑高度的增加,路堤自身压缩层的厚度增大,造成路堤的自身沉降量就越大。因此,路堤填筑高度是影响路基沉降的主要原因之一。为了研究路堤填筑高度对路基沉降的影响,根据某段铁路软土路基的实际工程情况,对于不同地基、不同路堤填料,选择具有代表性的路基高度建立有限元模型。根据不同高度路堤沉降变化曲线可以得出:① 随着路堤填筑高度的增加，路基最终沉降量增大，且沉降增长速率也在逐渐增大。② 对于亚黏土、亚砂土、卵石土等承载力较低的地基，当路堤高度大于 12 m 时，沉降量对于高度变化比较敏感。

5.2.2.3　路堤填料对沉降影响分析

路堤填料与路堤高度都是决定地基附加应力大小的主要因素。填料的容重决定地基所承受的荷载大小，填料容重越大，地基所受附加应力越大，沉降变形量也越大。填料变形模量的大小决定路堤自身沉降量的大小，变形模量越大，路堤自身压缩沉降就越小。为了研究路堤的填筑高度对路基沉降的影响，根据某段软土路基的实际工程情况，对于不同地基、不同路堤填料，选择具有代表性的路基高度建立有限元模型，采用有限元软件分析不同路堤高度下沉降量的变化规律，路堤填料容重对路基最终沉降量的影响作用最大，低路堤对于地基产生的附加应力较小，沉降量也相对较小。

5.2.2.4　施工时间对沉降影响分析

高速铁路施工过程中由于受到工期限制，路基工程施工结束后即开始路面施工，使得路基发生固结沉降的时间相对较短。因此，当路面施工结束后路基可能会发生不同程度的工后沉降，工后沉降量的大小直接影响路面结构的使用性能，过大的工后沉降可能会导致路面结构的早期破坏，影响道路的使用性能和耐久性。路基工后沉降影响因素较多，其中施工时间的长短是影响路基工后沉降量的主要因素之一，通过对比不同施工时间路基沉降量的大小，分析不同处理方法对软土路基施工沉降的影响及对比可以得出：① 对于相同高度的路基，施工时间长短对于总沉降量影响较小。② 路基施工在保证工期要求的前提下应尽量延长路基填筑时间，减小路基填筑速率，使路基在自重作用下有足够的时间发生固结沉降或压缩变形，以减小工后沉降量。③ 选择合适的路面铺筑时间对于减小因路基工后沉降引起的工程增加费用具有重要作用。④ 待路基稳定后再铺设路面结构层，可以有效降低路基工后沉降对路面结构产生的早期破坏作用。

5.2.3 地基处理方法

沿线低山丘陵洼地有零星软弱土地层分布,应根据软土、松软土的性质、厚度、成因类型以及路基高度等因素进行稳定性检算、工后沉降计算及地基承载力验算分析,综合确定加固处理措施。一般处理措施如下:

(1)对浅层软土,软土地基深度小于 3 m 时,一般采用碾压片石置换、挖除换填水稳性好的 A、B 组填料处理,并采用重型机械振动冲击碾压密实。

(2)对于车站货场、段、所及大面积场坪,一般优先采用排水固结法堆载预压处理。当稳定和工后沉降仍难以满足要求时,则应采用长板加短桩(即塑料排水板结合搅拌桩、旋喷桩)等综合加固处理措施。

(3)对处理深度介于 3~12.0 m 的软土地基,一般采用深层搅拌桩复合地基加固处理,当地基夹有硬层等搅拌桩难以施工时,采用旋喷桩复合地基加固处理。

(4)对处理深度大于 12.0~15.0 m 的软土路基,采用旋喷桩加固处理。

(5)当处理深度大于 15 m 的深厚软土地基,原则上设桥通过。当采用路基通过时,一般采用管桩或钻孔灌注桩加固。

5.2.3.1 塑料排水板处理地段路基

塑料排水板按等边三角形布置,顶部插入砂垫层 0.3 m,使其与砂垫层沟通,保证排水通畅。基底铺设 0.6 m 厚的中粗砂垫层,中粗砂含泥量不大于 5%,砂垫层中间铺设 1~2 层土工格栅,土工格栅为高密度(HDPE)聚乙烯单向土工格栅,其设计抗拉强度不小于 80 kN/m。延伸率不大于 10%,两端回折不少于 2 m。

(1)施工准备:

① 在施工前的技术准备中,按地基设计要求与地形地质条件,确定排水孔的平面布置及施插排水板的顺序。

② 施工场地与道路要符合施插排水板的要求,诸如施工人员与机具的进出,临时设施(包括水电、通信等)的安排等。

③ 按施工组织设计确定的场地排水孔位置放线后,用竹签为标志定插孔位。

④ 具备吹填土的作业条件。

（2）操作工艺：

① 插板时，插板机就位后通过振动锤驱动套管对准插孔位下沉，排水板从套管内穿过与端头的锚靴相连，套管顶住锚靴将排水板插到设计入土深度，拔起套管后，锚靴连同排水板一起留在土中，然后剪断连续的排水板，即完成一个排水孔插板操作。插板机就可移位到下一个排水孔继续施打。

② 在剪断排水板时，要留有露出原地面 15~30 cm 的"板头"；其后在"板头"旁边挖起砂土 20 cm 深成碗状的凹位，再将露出的板头切去，填平，插板施工即告完成。

（3）塑料排水板材质的要求：

塑料排水板是工厂的定型产品，做选择时检验其产品的性能与效应的合项指标如下。

① 抗拉强度的选择不得小于 1 kN（实际使用的 SPB-1 塑料排水板抗拉指数：芯板 1.7 N/mm^2；滤膜 0.44 N/mm^2）。

② 延伸率 2%~10%。

③ 抗撕裂度应超过 300 N（实际 SPB-1 的滤膜撕裂度为 1 340 N）。

④ 透水性 ≥ 10^{-3} mL/s。

⑤ 滤膜渗透系数不小于 4.2×10^{-4} cm/s（此外还要考虑排水板的抗变形性、保土性和长期排水效果）。

（4）排水孔的施打要求：

① 施打过程保持排水孔的垂直度，其垂直偏差按进入深度控制 ≤1.5~2 cm/m（1.5%~2%）。

② 排水孔的平面位置应按设计要求的间距施打，一般位置偏差不超过 5 cm。

（5）排水板的施插要求：

① 保持排水板入土的连续性，发现断裂即重新施插。

② 连接排水板的上下搭接长度不小于 10 cm，并应连接牢固。

③ 施插排水板到达设计入土深度后方能拔管。

④ 完成排水板的施插并切断后，露出地面的"板头"长度不能小于 15 cm。

5.2.3.2 真空预压法地基处理

真空预压加固区边缘应超出路基坡脚或基础外缘不小于3 m。真空预压加固范围较大时应划分抽真空单元,各单元区面积控制在15 000~20 000 m²,各单元间采用隔断措施。

施工技术要求:

(1)真空预压施工流程主要包括:清理场地、铺设砂垫层、打设塑料排水板、密封沟开挖或打隔离桩、排水管安装、密封膜铺设、真空泵安装、埋设监测设备和钻孔取样、抽真空等工序。

(2)膜下真空度观测表埋设于具代表性的两滤管之间,按800~1 000 m² 布置一点,真空细管的采气端插入硬质空囊中固定,另一端从密封膜中引出和真空表连接。

(3)密封系统采用二布二膜,上、下层为无纺土工布,两布之间设两层密封膜。密封膜使用密封性好、抗老化能力强、韧性好、抗穿刺能力强的不透气材料,密封膜热合连接时宜采用双热合缝的平搭接,搭接宽度应不小于15 mm。土工膜材料参数如下:

抗拉强度(N/5 cm)≥250　　圆球顶破(N)≥280

梯形撕裂(N)≥40　　渗透系数(cm/s)≤10^{-10}

(4)安装真空泵,真空泵进水口和出膜口保持同一平面。抽气设备采用射流真空泵,按1 000~1 500 m² 面积配备一台真空泵考虑。

(5)正式抽真空前进行试抽,以检验密封沟和密封膜的密封性能。

5.2.3.3 高压旋喷桩地基加固处理

高压旋喷桩适用于加固深度20 m 以内的软土、松软土地基。旋喷桩按等边三角形或正方形布置。采用双管法高压喷射成桩,桩径0.5 m。桩长原则上必须穿透软土进入硬底(P_s > 1.2 MPa 或 σ_0 > 0.15 MPa 的一般土层)的第四系地层不小于1 m,嵌入全风化岩层不小于0.5 m。水泥采用P·O42.5及以上普通硅酸盐水泥,水泥浆水灰比为1:0.5~1:1。施工顺序宜从中间向外围进行,或由一边推向另一边的方式施工。成桩后,人工挖除桩顶端施工质量较差的桩段,然后在桩顶铺0.6 m 厚碎石垫层夹1~2层土工格栅加固,土工格栅为高密度(HDPE)聚乙烯单向土工格栅，其设计抗拉强度不小于 120 kN/m。延伸率不大于 10%，两端回折不少于 2 m。

1）施工准备

对段内地表水、地下水及施工用水水质进行取样检验。

室内配比试验：采集工点土样，进行室内配比试验，测定各水泥土试块不同龄期、不同水泥掺入量、不同外加剂的抗压强度，寻求满足设计要求的最佳水灰比、水泥掺入量。

成桩工艺试验：利用室内水泥土配比试验结果进行现场成桩试验（试桩 20 根），经业主及监理单位认可，选择合适的位置，进行试桩，以期确定以下技术参数：

① 实际地质情况；② 喷嘴型号及规格；③ 进尺及提升速度；④ 注浆压力；⑤ 注浆流量；⑥ 水灰比值及水泥掺入量；⑦ 成桩直径；⑧ 成桩强度。

2）测量放样

依据设计提供主轴线控制点及具体尺寸，运用导线控制法，使用全站仪和钢尺进行主轴线的放样，其精度要求：距离中误差 ± 5 mm，角度中误差 ± 10S；参照场地情况，将主轴线控制点引至不受破坏的位置，且加以保护。

在复验合格的轴线基础上，进行桩位点的测定，其精度要求为 ± 30 mm。

3）旋　喷

高压旋喷注浆，均是自下而上，连续进行，若施工中出现了停机故障，待修好后，需向下搭接不小于 500 mm 的长度，以保证固结体的整体性。

4）复　喷

在不改变旋喷技术参数的条件下，对同一土层作重复注浆（喷到顶再下钻重喷该部位），能增加土体破坏有效长度，从而加大固结体的直径或长度并提高固结体强度，复喷时全部喷浆，复喷的次数愈多固结体直径加长的效果愈好。

具体施工工艺如图 5-10。

5.2 地基沉降机理研究

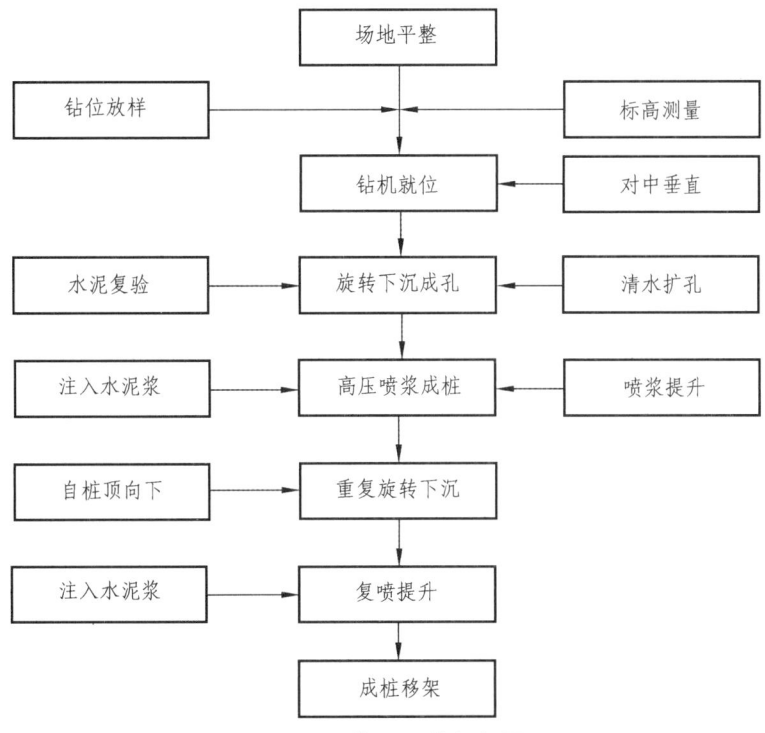

图 5-10 施工工艺框架图

5）水泥用量的控制

在喷浆提升过程中，控制水泥用量是关键。水泥的用量与喷浆压力、喷嘴直径、提升速度及水灰比等有直接关系，具体控制方法如下所述。

（1）若水泥量剩余措施如下：

① 适当增加喷浆压力；② 加大喷嘴直径；③ 减慢提升速度。

（2）若水泥量不够措施如下：

① 保证桩径的情况下适当减少压力；② 喷嘴直径适当减少；③ 保证桩体强度的情况下适当加快提升速度；④ 加大水灰比值。

针对本工程具体情况，每根桩分次进行搅拌，施工用水精确量取，确保定量的水和水泥比例进行拌制水泥浆，通过调整以上参数可保证水泥量满足设计要求；针对水泥浆下沉现象（水泥浆液密度较大），采取自桩顶向下 3.0 m 进行复喷，可保证桩体上部水泥土强度。

6）冒浆处理

在旋喷过程中，往往有一定数量的土颗粒，随着一部分浆液沿着注浆管管壁冒出地面，通过对冒浆的观察，可以及时了解土层状况，判断旋喷的大致效果和断定参数合理性等，根据经验，冒浆（内有土粒、水及浆液）量小于注浆量20%为正常现象，超过20%或完全不冒浆时，应查明原因及时采取相应措施。

（1）流量不变而压力突然下降时，应检查部位的泄漏情况，必要时拔出注浆管，检查其封密性能。

（2）出现不冒浆或断续冒浆时，或系土质松软则视为正常现象，可适当进行复喷；如系附近有空洞、暗道，则应不提升注浆管，继续注浆直至冒浆为止，或拔出注浆管待浆液凝固后，重新注浆直至冒浆为止，必要时采用速凝浆液，便于浆液在注浆管附近凝固。

（3）减少冒浆的措施。

冒浆量过大的主要原因，一般是有效喷射范围与注浆不相适应，注浆量大大超过旋喷固结所需的浆量所致；

① 提高旋喷压力（喷浆量不变）。

② 适当缩小喷嘴直径（旋喷压力不变）。

③ 加快提升和旋转速度。

对于冒出地面的浆液，可经过选择和调整浓度后进行前一根桩返浆回灌，以防止空穴现象。

7）固结体控形

固结体的形状，可以通过调节旋喷压力和注浆量，改变喷嘴移动方向和提升速度，予以控制。由于本工程设计固结体的形状为圆柱形，在施工中采用边提升边旋转注浆，考虑到深层部位的成形，在底部喷射时，加大喷射压力，做重复旋喷或降低喷嘴的旋转提升速度，而且针对不同土层（硬土）可适当加大压力和降低喷嘴的旋转提升速度，使固结体达到匀称，保证桩径差别不大。

5.2.3.4　双向水泥搅拌桩地基加固处理

软土、松软土地层一般采用粉体搅拌法（干法）；含水量不高的砂土及全风化岩层一般采用浆体搅拌法（湿法）。当地层的有机质含量较高时，应适当提高置换率、增加水泥掺入量。双向水泥搅拌桩按等边三角形或正方形布置。其桩长原则上必须穿透软土进入硬底（$P_s > 1.2$ MPa 或 $\sigma_0 > 0.15$ MPa 的土层或砂层）不小于 0.5 m。水泥采用 P·O42.5 及以上普通硅酸盐水泥，水泥掺入量不小于被加固湿土重量的 15%～20%，采用湿法水泥浆水灰比为 0.45～0.55。施工顺序宜从中间向外围进行，或由一边推向另一边的方式施工。成桩检测合格后在桩顶铺 0.6 m 厚碎石垫层夹 1～2 层土工格栅加固，土工格栅为高密度（HDPE）聚乙烯单向土工格栅，其设计抗拉强度不小于 120 kN/m。延伸率不大于 10%，两端回折不少于 2 m。双向水泥搅拌桩路基工地尽量安排提前施工，在填筑至路基基床表层顶面时进行路面沉降变形观测，时间不少于 6 个月，铺轨前应进行沉降评估，确定路基沉降稳定后方可进行铺轨作业。

1）施工准备

（1）场地施工前应挖除地表植物根系并将场地整平。

（2）场地内地表水、地下水及施工用水水质进行取样复测。不得使用有侵蚀性水作为施工用水。

（3）施工前应根据相关专业设计文件对路基范围内的管线进行调查核实和迁改。

（4）施工场地应具备"三通一平"条件。

2）施工工艺

双向水泥土搅拌桩采用"四搅一喷"的施工工艺，工艺流程：桩机就位→喷浆钻进→搅拌提升→成桩完毕→试验检测。详见图 5-11 所示。

（1）桩机定位：放线、定位，安装打桩机，移至指定桩位并对中。

（2）搅拌下沉：启动搅拌机，使搅拌机沿导向架向下切土，同时开启灰浆泵向土体喷水泥浆，两组叶片同时正、反向旋转切割、搅拌土体，直至设计深度，在桩底持续喷浆搅拌不少于 15 s。

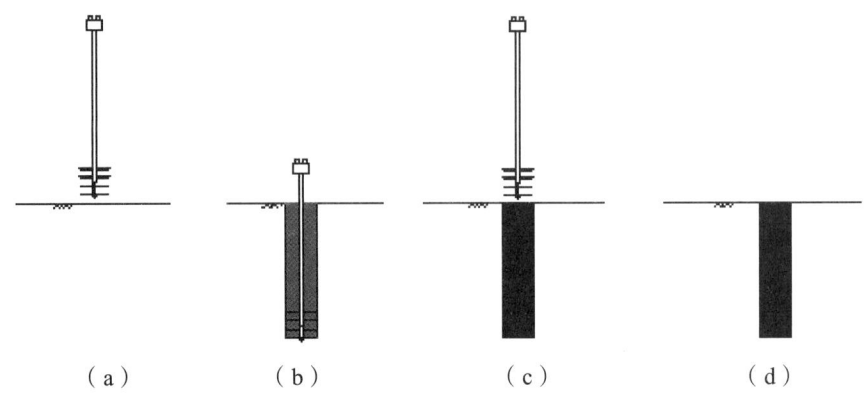

(a)　　　　　(b)　　　　　(c)　　　　　(d)

图 5-11　双向水泥土搅拌桩施工工艺流程图

（3）提升搅拌：关闭灰浆泵，提升搅拌机，两组叶片同时正反向旋转搅拌水泥土，直至地表或桩顶以上 50 cm。

（4）机具移位：上一根桩施工完毕，清除叶片及钻杆上泥浆，钻机移位，进行下一根桩施工。

（5）常见问题处理。

双向水泥搅拌桩施工过程中常见问题及处理方法见表 5-4。

表 5-4　双向水泥搅拌桩施工过程中常见问题及处理方法

常见问题	发生原因	处理方法
下沉困难、电流值高、电机跳闸	电压偏低	调高电压
	土质硬、阻力大	适量冲水或稀释浆液
	遇大块石等障碍物	挖除障碍物
下沉困难、电流正常	土质黏性大、箱体自重小	增加自重或提高转速
钻至设计深度而浆桶内有剩余或不够	输送管内有水泥块或输浆管堵塞	管道用水冲洗
	灰浆泵输出量偏小或偏大	调整灰浆泵输出量
	投料量不准确	重新计数投料量
土体钻头同步旋转	灰比浓度大	重新设定水灰比
	搅拌叶片角度设置不适当	调整钻头上叶片角度
事故桩	机械故障及电路故障	3 h 内钻杆提高 0.5 m、3 h 以上重新打桩
提升困难	机架倾斜较大	调整机架的垂直度

5.2.3.5 预应力管桩加固地基处理

预应力管桩 PC 型，混凝土强度等级 C60，桩径规格为 40、50 cm，对应的壁厚为 75、100 mm，对应的型号为 PC-AB（500）-100；预应力高强度混凝土管桩 PHC 型，混凝土强度等级 C80，桩径规格为 50 cm，对应的壁厚为 125 mm，对应的型号为 PHC-AB（500）-125。每根桩顶设一边长 1.4~1.6 m，厚 0.35 m 的正方形桩帽，桩帽采用 C30 钢筋混凝土现浇。桩顶设厚 0.6 m 碎石垫层，内夹铺一层土工格室，土工格室高度不小于 10 cm，格室片的极限抗拉强度不小于 120 kN/m，对应延伸率不大于 10%，焊接处节点的抗拉强度不小于 80 kN/m，节点剥离强度不小于 40 kN/m，节点剪切强度不小于 80 kN/m。预应力管桩施工一般采用震动锤击式沉桩，标准锤质量 7.3 t；当距离建筑物较近时，也可采用静压法施工，但施工桩长应符合设计要求。临近营业线施工时施工机械采取牢固可靠的揽风绳防护，避免机械倾倒侵限，影响既有线行车安全。

（1）钢筋（预应力）砼管桩工艺流程图如图 5-12 所示。

（2）施工准备：

场地清理平整：为满足打桩机及管桩运输车辆的通行，场内道路采用毛石铺筑并压实，打桩范围采用石砂路基料填筑，现场设置排水沟。

（3）测放桩位：

按照桩位布置图测量定位，设置的标高控制点和轴线控制网。将桩的准确位置测设到地面，每一个桩位打一个小木桩，并用白灰在小木桩附近地面上画上一个圆心与小木桩重合、直径与管桩相等的圆圈，以便插桩对中，保持桩位正确。

（4）桩机就位：

每台打桩机配路基箱若干块，打桩机（静压机）作业时就位于路基箱上。

（5）沉桩：

打桩时，为了减少桩锤对桩的瞬时冲击应力，使桩顶受力均匀在桩帽与桩头之间加 2~3 层纸垫保护桩头，并及时更换损坏的纸垫。

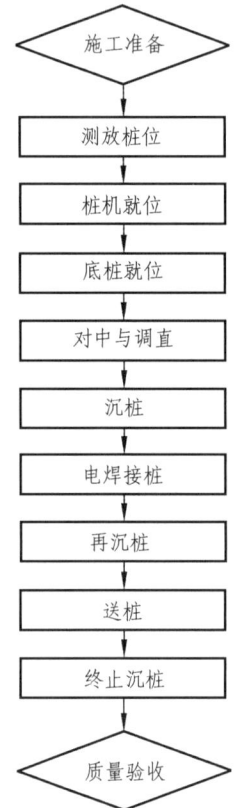

图 5-12　钢筋（预应力）砼管桩工艺流程图

开始打桩时，应起锤轻压并轻击数锤，观察桩身、桩锤在同一线上，且与桩架平行，方可转入正常打桩。在桩入土过程中，用两台经纬仪成 90°夹角对桩身垂直度进行观测，桩打入时桩的垂直度偏差不得超过 0.5%。

用静压法施工时，要认真记录桩入土深度和压力表读数关系，以判断桩的质量及承载力。

（6）电焊接桩：

PHC 管桩接头是整个桩身的重要组成部分，其焊接工艺应通过试验确定，其焊缝级别由设计确定。

接桩时，应确保上、下节桩接口的间隙和对接符合规范要求，同时保证两节桩处于同一中心线。端板焊接处用钢丝刷清理污垢、油脂及泥土等杂物。

焊接时先用电焊在坡口圆周上均匀对称点焊4~6点，待上下节桩固定后，再正式由两名焊工在桩两侧对称、分层、均匀、连续地施焊，一般焊接层数不少于2层，焊缝应饱满连续，待焊缝自然冷却后，始可继续沉桩。若采用二氧化碳气体保护焊必须采取有效的防雨挡风措施。

（7）送桩：

若桩顶标高较低，用专用送桩器送桩，其长度应超过要求送桩的深度，送桩器内须加纸垫，严禁送桩器与桩头直接接触。

（8）主要质量控制点：

桩位检测：对桩位坚持插桩前复测、打桩过程中监测和打桩后实测的原则，保证沉桩桩位准确。

垂直度控制：桩的垂直度用成90°夹角的两台经纬仪监测。先校正桩架垂直，然后校正桩垂直并保持桩与桩架相平行。

施工过程中测量记录包括：桩对位偏差，桩垂直偏差，桩入土每米锤击数、总锤击数，桩最后三振贯入度，桩顶偏差（送桩前），桩顶标高及与设计值的差值。

5.2.3.6 管桩+筏板加固地基处理

管桩施工方法同上（第5条）。筏板结构主要用于表层软弱地基，筏板厚0.5 m，采用C35钢筋混凝土。筏板上部基床底层填高不得小于1.5 m。沿线路纵向每块筏板间留2 cm的伸缩缝，填塞泡沫板，伸缩缝位置必须位于两排桩的正中间。筏板以外管桩采用边长1.4~1.6 m，厚0.35 m的正方形C30钢筋混凝土桩帽。

5.2.3.7 桩板结构地基处理

DK150+085.68~DK150+272.72、DK150+399.97~DK150+880.62段靠近既有线侧采用钻孔灌注桩+托梁+承载板结构处理，钻孔灌注桩采用

C45钢筋混凝土，桩径1.25 m，横向间距6.0 m，纵向桩间距5 m，局部为3.2 m，桩长42~51 m；桩顶上为C45钢筋混凝土托梁，托梁高0.8 m，宽1.6 m，间距5.0 m；托梁上为C45钢筋混凝土承载板结构，一般纵向长15 m（个别为6.4 m），承载板横向宽10.8 m，厚度0.8 m，托梁底部及承载板底部设置0.1 m厚C20素混凝土垫层。

DK150+272.73~DK150+363.38、DK150+372.88~DK150+399.97段行包地道及其出入口段与既有线路基坡脚间采用钻孔桩+承载板结构处理，钻孔灌注桩采用C45钢筋混凝土，桩径1.0 m，桩长46 m，DK150+272.73~DK150+363.38段纵向间距为5.0 m，DK150+372.88~DK150+399.97段纵向间距为4.4 m；桩顶为C45钢筋混凝土承载板结构，DK150+272.73~DK150+363.38段承载板纵向长10.0 m，DK150+372.88~DK150+399.97段承载板纵向长8.8 m，承载板横向宽4.0 m，厚度0.8 m，承载板底部设置0.1 m厚C20素混凝土垫层。

5.2.3.8 泡沫轻质土

合同段台州南站LDK15+157.07~LDK16+407.07范围路基帮宽采用高压旋喷桩+泡沫轻质土加固。

（1）泡沫轻质土性能指标见表5-5。

表5-5 泡沫轻质土性能指标

高轻质土顶部距离 /m	施工湿密度 R_{fw} /（kg/m³）	7 d抗压强度/MPa	28 d抗压强度/MPa
0~1.0	650≤R_{fw}≤700	≥0.8	≥1.5
>1.0	550≤R_{fw}≤600	≥0.5	≥1.0

桥路过渡段及涵路过渡段地段泡沫轻质土性能指标全部采用施工湿密度为650≤R_{fw}≤700 kg/m³，7 d抗压强度为0.8 MPa，28 d抗压强度为1.5 MPa，一般地段泡沫轻质土采用上表性能指标。

（2）轻质土填筑体不应直接暴露在外，轻质土浇筑前，根据工点工程地质条件及边界条件，先进行浇筑区、浇筑层划分：① 单个浇筑区顶面面积最大不超过 400 m²；② 单个浇筑区顶面面积最大长度为 10～20 m；③ 泡沫轻质土纵向每 10 m 设置一道沉降缝，缝宽 2 cm，缝内填筑聚苯乙烯板；④ 单层浇筑的厚度控制在 0.3～1.0 m；⑤ 每一浇筑区该层应一次浇筑完毕。

（3）施工前采用工程实际使用的原材料进行发泡剂性能试验及轻质土配合比的计算、试配和调整，保证新拌轻质土的性能满足设计和施工要求。

（4）既有线地段，轻质土换填必须采取分节跳槽开挖的方式施工。

（5）轻质土使用的气泡群采用发泡设备预先制取，浇筑时应采用分层分块方式进行，单层浇筑厚度一般为 0.5～1.0 m，上层浇筑层应在相邻的下层浇筑层终凝后方能浇筑。浇筑过程中应避开高温时段，如遇雨天，要对未硬化的填筑体表层进行覆盖。浇筑完成后的保湿养生时间不少于 7 d，并在达到设计抗压强度后再在填筑体顶面进行机械作业。

（6）轻质土填筑体固化后的质量检验：常规检验指标为表干容重及抗压强度。每个构造单元应在浇筑点出料口制取试件至少 2 组，每组 3 个，分别做 28 天龄期表干容重及抗压强度检验。

地基处理设计顺序如图 5-13 所示。

地基处理的方法很多，高速铁路软基处理与其他如房建等地基处理相比，有其自身的特点。一般处理路基的地质稳定问题从以下几个方面进行考虑：

（1）改善剪切特性。路基的剪切破坏以及在土压力作用下的稳定性取决于路基土的抗剪强度。因为了防止剪切破坏以及减轻土压力，需要采取一定措施以增加路基土的抗剪度。

（2）改善压缩特性。需采取措施提高地基土的压缩模量，以减少地基土的沉降。

（3）改善透水特性。由于是在地下水的运动中出现的问题，因此，需要采取措施使地基土变成不透水或减轻其水压力。

（4）改善动力特性。地震时饱和松散粉细砂（包括一部分粉土）将会产生液化，因此，需要采取某种措施避免地基土液化，并改善其振动特性以提高地基的抗震性能。

第5章 金台铁路深厚滨海软土沉降控制技术研究

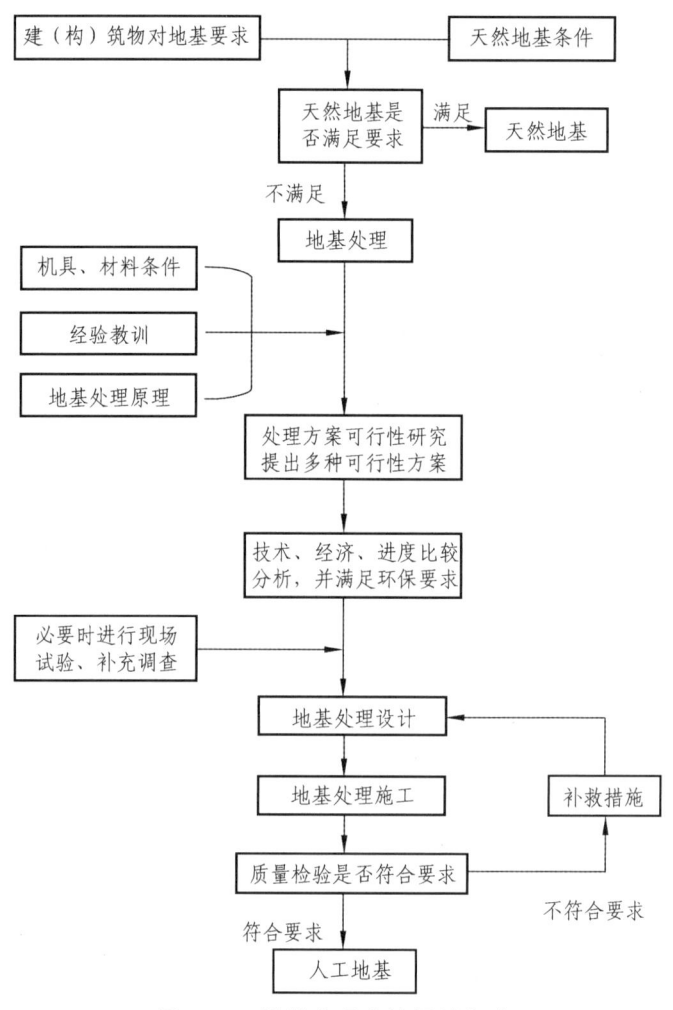

图 5-13 地基处理方法设计顺序

（5）改善特殊土的不良地基的特性。主要是指消除或减少黄土的湿陷性和膨胀土的胀缩性等特殊土的不良地基特性。地基处理的方法可以从不同角度来分类，一般是根据地基处理的原理来进行分类，大致可以分为以下几种方法。

5.2.3.9 排水固结法

排水固结法的原理是软黏土地基在外部荷载作用下，土中孔隙水逐渐排出，孔隙比变小，地基土发生固结变形，同时随着超静水压力逐渐消散，土的有效压力增大，地基土的强度逐渐增高。排水固结法常用于解决软黏土地基的沉降和稳定问题，可使地基的沉降在加载预压期间内基本完成或大部分完成，使建筑物或道路在使用期间不致产生过大的沉降和沉降差，同时可以增加地基土的抗剪强度，从而提高地基的有效承载力和稳定性。

排水固结法是由排水系统和加压系统两个主要部分组成。加压系统，是为地基提供必要的固压力而设置的，它是让地基土层能产生附加压力而发生排水固结的装置。设置排水系统则是为了改善软土地基原有的天然排水系统的边界条件，从而增加孔隙水排出路径，缩短排水距离，从而加速地基土的排水固结进程。如果没有加压系统，排水固结就没有动力，既不能形成超静水压力，即使有良好的排水系统，孔隙水仍然难以排出，也就谈不上土层的固结。反之，若没有排水系统，土层排水途径少，排水距离长，即使有加压系统，孔隙水排出速度仍然慢，预压期间难以完成设计要求的固结沉降量，地基强度也就难以及时提高，进一步的加载也就无法顺利进行。因此，加压和排水系统是相互配合、相互影响的。当软土层较薄，或土的渗透性较好而施工期允许较长时，可仅在地面铺设一定厚度的砂垫层，然后加载，土层中水沿竖向流入砂垫层而排出。当工程遇到透水性很差的深厚软土层时，可在地基中设置砂井等竖向排水体，地面连以排水砂垫层，构成排水系统。

1. 堆载预压法

在建筑场地临时堆填土石等，对地基进行加载预压，使地基沉降能够提前完成，并通过地基土固结提高地基承载力，然后卸去预压荷载建造建筑物，以消除建筑物基础的部分均匀沉降，这种方法就成为堆载预压法。一般情况是预压荷载与建筑物荷载相等，但有时为了减少再次固结产生的障碍，预压荷载也可大于建筑物荷载，一般预压荷载的大小约为建筑物荷载的 1.3 倍，特殊情况则可根据工程具体要求来确定。由于淤泥类软土地基抗剪强度很低，在进行堆载时，必须严格控制加荷速率，由此一般采用分级加荷，待前期荷载作用下，地基土体强度有所增长后，再加下一级荷载，故在求取极限高度的过程中，必须充分考虑地基强度的增长。

2. 真空预压法

真空预压指的是砂井真空预压。即在黏土层上铺设砂垫层，然后用薄膜密封砂垫层，用真空泵对砂垫及砂井进行抽气，使地下水位降低，同时在地下水位作用下加速地基固结。亦即真空预压是在总压力不变的条件下，使孔隙水压力减小、有效应力增加而使土体压缩和强度增长。真空预压法处理软弱地基时，路基填土的水平向位移是向"源"的，路基荷载较小时一般不存在滑塌失稳的危险，按照薄层轮加法填筑，能保证快速、安全、高质量填筑路基，但在一定的阶段路基荷载较大时，仍应加强施工观测。真空预压法处理超软弱地基时，控制最佳卸荷时间表现得非常重要，当地基经预压后稳定性、承载力及预测工后沉降量已满足设计要求，且受力土层的平均固结度达到 90%以上时，方可停止抽真空（即卸载）。

3. 降水预压法

即用水泵抽出地基地下水来降低地下水位，减少孔隙水压力，使有效应力增大，促进地基加固。降水预压法特别适用于饱和粉土及饱和细砂地基。

4. 电渗排水法

即通过电渗作用可逐渐排出土中水。在土中插入金属电极并通以直流电，由于直流电场作用，土中的水从阳极流向阴极，然后将水从阴极排除，而不让水在阳极附近补充，借助电渗作用可逐渐排除土中水。在工程上常利用它降低黏性土中的含水量或降低地下水位来提高地基承载力或边坡的稳定性。

降水预压法和电渗排水法目前应用还比较少。排水固结预压法主要适用于处理淤泥、淤泥质土及其他饱和软土。对于粉土、砂类土，因透水性良好无需用此法处理。对于含水平夹砂层的黏性土层，具有良好的横向排水性能，所以，不用竖向排水体（砂井），也能获得良好的固结效果。对于泥炭土及透水性很小的流塑状饱和超软弱土，在很小的荷载下就产生较大的剪切蠕变或次固结，而砂井排水仅对主固结有效，所以，对这类土采用排水固结预压法的效果较差。Bjerrum 认为：在荷载作用下，地基土层的主固结沉降占总沉降的 60%以上，砂井的排水固结才能获得良好的效果，反之，则效果不良。

5.2.3.10 石灰桩法

指采用机械或人工方法在地基中成孔，然后灌入生石灰或按一定比例加入粉煤灰、炉渣、火山灰等掺和料及少量外加剂的生石灰混合料，并进行振密或夯实而形成的石灰桩桩体，该桩体与经过改良后的桩周土共同承担上部建筑物载荷。属于复合地基中的低黏结强度的柔性桩。

1. 石灰桩的分类

（1）块灰灌入法（石灰桩法）——采用钢套管成孔，在孔内灌入新鲜生石灰块，或在石灰块中掺入适量的水硬性掺和料粉煤灰和火山灰，配合比一般为 8∶2 或 7∶3。在拔管的同时进行振密和挤密。利用生石灰吸取桩周土体中水分进行水化反应，此时生石灰的吸水、膨胀、发热及离子交换作用，使桩四周土体的含水量降低、孔隙减小，土体挤密和桩体硬化。

（2）粉灰搅拌法（石灰柱法）——粉体喷射搅拌法中的一种。原料为石灰粉，通过特制的搅拌机械将石灰粉加固料与原位软土搅拌均匀，促使软土硬结，形成石灰（土）桩。

（3）石灰浆压力喷注法——采用压力将石灰浆喷于地基土的孔隙内或者预先钻好的孔内，使石灰浆在地基中扩散和硬结。

2. 加固机理

置换作用：由于石灰桩桩体具有桩间土更大的强度（抗压强度一般 0.5~1MPa），通过这种置换作用，形成复合地基，从而达到提高地基承载力和减小沉降的目的。吸水、升温使桩间土强度提高：软黏土的含水量一般为 40%~80%，1 kg 生石灰的消化反应要吸收 0.8~0.9 kg 的水，同时在理论上将放出 1 172 kJ 的热量。我国加掺和料的石灰桩，桩内温度最高到 200~400 ℃。桩间土的温度升高滞后于桩体，在正常情况下，桩间土的温度最高可达 40~50 ℃，其土体产生一定的气化脱水。吸水和升温脱水，从而使土体含水量下降，土体产生固结，孔隙减小，土体颗粒靠拢挤密，加固区的地下水位也有一定的下降。桩间土的抗剪强度得到提高。

胶凝、离子交换和钙化作用使桩周土强度提高：石灰桩与桩间土之间能够产生离子交换。生石灰吸水生成的 $Ca(OH)_2$ 一部分与土中二氧化硅和氧化铝发生反应，生成水化硅酸钙、水化铝酸钙等。水化物对土体颗粒起胶结作用，使土聚集体积增大，并趋于紧密。加固土体黏粒含量减少，说明颗粒胶结根本上变了土的结构，石灰桩体与四周土体接触处形成硬壳体，提高了土的强度。且随着龄期增加，强度也会逐渐提高。

挤密作用：

（1）成桩挤密作用——石灰桩施工时是由振动钢管下沉成孔，使桩间土产生挤压和排土作用，其挤密效果与土质、上覆压力及地下水状况等有密切关联。一般地基土的渗透性愈大，打桩挤密效果越好；挤密效果地下水位以上比以下的要好。

（2）膨胀挤密作用——石灰桩在成孔后贯入生石灰便吸水膨胀，使桩间土收到强大的挤压力，这对地下水位以下软黏土的挤密起主导作用。测试结果表明：根据生石灰质量高低，在自然状态下熟化后其体积可增加 1.5~3.5 倍，即体膨胀系数为 1.5~3.5。

3. 石灰桩成孔方法

包括人工挖孔成桩、冲击法成桩、螺旋钻进法成桩、沉管法成桩、爆扩法成桩五种施工工艺。

（1）缩径或坍孔：石灰桩应打一孔填一孔，若土质较差，夯填速度较慢，宜采用间隔打法，以免因振动、挤压，造成相邻桩孔出现颈缩或坍孔。控制拔管速度，一般为 0.8~1.0 m/min。

（2）生石灰失效影响挤密：石灰桩不宜雨期施工。现场存料不得超过 2 d，应随运随施工。桩位按梅花形布置。出现软心应重复灌注石灰或加打砂桩。供应新鲜石灰，不得受潮，保证投料量 150~160 kg/m。适当控制加荷时间，应使石灰桩达到 1 个月左右的硬化期。

（3）漏钻、漏填灰、漏夯、欠夯、桩体松：施工中应加强质量监控，每次填灰厚度、落锤高度、锤击数要符合规定，以防止出现漏钻、漏填灰、漏夯、欠夯、桩体松等质量事故。

5.2.3.11　水泥土搅拌桩法

水泥土搅拌桩是一种用于加固饱和黏土地基的常用软基处理技术，它是将水泥作为固化剂，与软土在地基深处强制搅拌，由固化剂和软土产生一系列物理化学反应，使软土硬结成一定强度的水泥加固体，从而能够提高地基土承载力和增大变形模量。

湿法——湿法常称为浆喷搅拌法，将一定配比的水泥浆注入土中搅拌成桩，国内于 1977 年由冶金部建筑研究总院和交通部水运规划设计院研制，1978 年生产出第一台深层搅拌机，并于 1980 年在上海宝山钢铁总厂软基加固中获得成功。该工艺利用水泥浆做固化剂，通过特制的深层搅拌机谢，在加固深度内就地将软土和水泥浆充分拌和，使软土硬结成具有整体性、水稳定性和足够强度的水泥土的一种地基处理方法。

干法——干法常称为粉体喷射搅拌法，于 1974 年日本研制出另一类分体搅拌桩，即 DJM 法（Dry Jet Mixing 工法），自 1983 年铁四院应用该技术首先成功地用于铁路涵洞软土地基加固以来，经过多年的试验、研究和工程实践，国内粉体喷搅法已在港口、石油化工、市政和工业与民用建筑工程中得到大量应用，并取得了良好的技术经济效果。该工艺利用压缩空气通过固化材料供给机的特殊装置，携带着粉体固化材料，经过高压软管和搅拌轴输送到搅拌叶片的喷嘴喷出，借助搅拌叶片旋转，在叶片的背面产生空隙，安装在叶片背面的喷嘴将压缩空气连同粉体固化材料一起喷出，喷出的混合气体在空隙中压力急剧降低，促使固化材料就地粘附在旋转产生空隙的土中，旋转到半周，另一搅拌叶片把土与粉体固化材料搅拌混合在一起。与此同时，这只叶片背后的喷嘴将混合气体喷出，这样周而复始地搅拌、喷射、提升，与固化材料分离后的空气传递到搅拌轴的周围，上升到地面释放。

第5章　金台铁路深厚滨海软土沉降控制技术研究

由于使用的固化剂为干燥雾状粉体，不再向地基土中注入附加水分，它能充分吸收软土中的水，对含水量高的软土加固效果尤为显著，较其他加固方法输入的固化剂要少得多，不会出现地表隆起现象。同时，水泥粉等粉体加固料是通过专用设备，用压缩空气将粉体喷入地基土中，再通过机械的强制性搅拌将其与软土充分混合，使软土硬结，形成具有整体性较强、水稳性较好、有一定强度的桩体，起到加固地基的作用。这种地基处理方法在施工过程中无振动、无污染，对周围环境无不良影响，近二十年来，在国内外得到了广泛的应用。

干法和湿法相比较，具有如下特点：

使用的干燥状态的固化材料可以吸收软土地基中的水分，对加固含水量高的软土、极软土以及泥炭化土地基效果更为显著。

固化材料全面地被喷射到靠搅拌叶片旋转过程中产生的空隙中，同时又靠土的水分把它粘附到孔隙内部，随着搅拌叶片的搅拌，固化剂均匀地分布在土中，不会产生不均匀散乱现象，有利于提高地基土的加固强度。

与浆喷深层搅拌或高压旋喷相比，输入地基土中的固化材料要少得多，无浆液排出，地面无隆起现象。同时固化材料是干燥状态的 0.5 mm 以下的粉状体，如水泥、生石灰、消石灰等，材料来源广泛，并可使用两种以上的混合材料。因此，对地基土加固适应性强，不同的土质要求都可以找出与之相适应的固化材料，其适应的工程对象较广。

固化材料从施工现场的供给机的贮仓一直到喷入地基土中，成为连贯的密闭系统，中途不会发生粉尘外溢、污染环境的现象。

湿法水泥配比较直观，材料的量化较容易，有利于质量控制。适用范围：水泥土搅拌桩适用于处理正常固结的淤泥与淤泥质土、粉土、饱和黄土、素填土、黏性土以及无流动地下水的饱和松散砂土等地基。当地基土的天然含水量小于 30%（黄土含水量小于 25%）、大于 70% 或地下水的 pH 值小于 4 时不宜采用干法。冬季施工时，应注意负温对处理效果的影响。

5.2 地基沉降机理研究

5.2.3.12 低强度混凝土桩复合地基法

低强度混凝土常用水泥、石子及其他掺合料（如砂、粉煤灰、石灰等）制成，强度一般处在 5～15 MPa 范围。低强度混凝土桩介于碎石桩和钢筋混凝土桩之间。与碎石桩相比，低强度混凝土桩桩身具有一定的刚度，不属于散体材料桩。其桩体承载力取决于桩侧摩擦力和桩端端承力之和或桩体材料强度。当桩间土不能提供较大侧限力时，低强度混凝土桩复合地基承载力高于碎石桩复合地基。与钢筋混凝土桩相比，桩体强度和刚度比一般混凝土桩小得多。这样有利于充分发挥桩体材料的潜力，降低地基处理费用。低强度混凝土桩常采用地方材料，因地制宜配制低强度混凝土。因此，低强度混凝土桩复合地基法具有良好的发展前景。

CFG 桩加固软弱地基主要有两种作用：桩体作用和挤密作用。

1. 桩体的排水作用

CFG 桩在处理饱和粉土和砂土地基的施工中，由于沉桩过程中的沉降和拔管的振动作用（螺旋转成孔振动作用小些），会使土体内产生较大的超静孔隙水压力。刚刚施工完的 CFG 桩将是一个良好的排水通道，特别是在较好透水层上面还有透水性差的土层覆盖时，这种排水作用更加明显，孔隙水沿着刚完工的桩体向上排出，直至 CFG 桩体结硬为止。这种排水过程可延续几个小时。这样的排水现象不会影响桩体的强度，反而对减小因孔压消散太慢引起地面隆起和增加桩间土的密实度大为有利。

2. 震动挤密作用

CFG 桩施工利用震动沉管法施工，由于其震动作用，将会对桩间土产生扰动和挤密，特别是对高灵敏度土体，会使其结构强度丧失，强度降低。成桩结束后，随着恢复期的增长，结构强度逐渐恢复，新的结构强度的形成，桩间土的承载力有所提高。

5.2.3.13 高压喷射注浆法

高压喷射注浆法于 20 世纪 60 年代后期创始于日本，利用钻机把带有喷嘴的注浆管钻进至土层的预定位置后，用高压设备使浆液或水以 20 MPa 左右的高压流从喷嘴中喷射而出，冲击破坏土体，同时钻杆以一定速度渐渐向上提升，将浆液与土粒强制搅拌混合，浆液凝固后，在土中形成一个固结体。固结体的形状和喷射流移动方向有关。一般分为旋转喷射（旋喷）、定向喷射（定喷）和摆动喷射（摆喷）三种型式。

主要适用于处理淤泥、淤泥质土、黏性土、粉土、黄土、砂土、人工填土和碎石土等地基。当土中含有较多的大粒径块石，坚硬黏性土、大量植物根茎或有过多的有机质时，应根据现场试验结果确定其适用程度。对于地下水流速度过大，浆液无法在注浆管周围凝固的情况，对无填充物的岩溶地段，永冻土以及对水泥有严重腐蚀的地基，均不宜采用高压喷射注浆法。

旋喷法施工时，喷嘴一面喷射一面旋转并提升，固结体呈圆柱状。主要用于加固地基，提高地基土的抗剪强度，改善土的变形性质；也可组成闭合的帷幕，用于截阻地下水流和治理流砂。旋喷法施工后，在地基中形成的圆柱体称为旋喷柱。

定喷法施工时喷嘴一面喷射一面提升，喷射的方向固定不变，固结体形如板状或壁状。

摆喷法施工时喷嘴一面喷射一面提升，喷射的方向呈较小角度来回摇动，固结体形如较厚的墙板状，定喷及摆喷两种方法通常用于基坑防渗、改善地基土的水流性质和稳定边坡等工程。

水泥与土拌和后，首先产生铝酸三钙水化物和氢氧化钙，它们可溶于水，但溶解度不高，很快就达到饱和，这种化学反应连续不断地进行，就析出一种胶质物体。这种胶质物体有一部分混在水中悬浮，后来就包围在水泥微粒的表面，形成一层胶凝薄膜。所产生的硅酸二钙水化物几乎不溶于水，只能以无定形体的胶质包围在水泥微粒的表层，另一部分渗入水中。由水泥各种成分所生成的胶凝膜，逐渐发展起来成为胶凝体，此时表现为水泥的初凝状态，开始有胶黏的性质。伺候，水泥各成分在不缺水、不干涸的情况下，继续不断的按上述水化程序发展、增强和扩大，从而产生以下现象：

5.2 地基沉降机理研究

胶凝体增大并吸收水分，使凝固加速、结合更密。

由于微晶（结晶核）的产生进而生出结晶体，结晶体与胶凝体相互包围渗透并达到一种稳定状态，这就是硬化的开始

水化作用继续深入到水泥微粒内部，使未水化部分再参加以上的化学反应，直到完全没有水分以及胶质凝固和结晶充盈为止。但无论水化时间持续多久，很难将水泥微粒内核全部水化完，所以水化过程是一个长时间的不完全的过程。 高压水喷射流性质：高压水喷射流是通过高压发生设备，使它获得巨大能量后，从一定形状的喷嘴，用一种特定的流体运动方式，以很高的速度连续喷射出来的能量高度集中的一股液流。

高压喷射注浆所用的喷射流有四种：

① 单喷射流为单一的高压水泥浆喷射流；② 二重管喷射流为高压浆液喷射流与其外部环绕的压缩空气喷射流，组成为复合式高压喷射流；③ 三重管喷射流由高压水喷射流与其外部环绕的压缩空气喷射流组成，亦为复合式高压喷射流；④ 多重管喷射流为高压水喷射流。尽管每一种喷射流破坏土体的效果不同，但其构造可划分为单液高压喷射流和水（浆）、气同轴喷射流两种类型。

5.2.4 小　结

结合金台铁路研究区域内的软土路基，来讨论其处理方法的优劣性。若采用排水固结法，采用这种方法加固，时间较长，因而单独采用此法者不多。若采用高压喷射注浆法，在喷射注浆的过程中，土体结构会被喷出的高压水泥浆液破坏，而水泥浆与土体的拌合液又无法立刻产生足够的强度来承担上部结构的荷载，所以在时效上，破坏土体结构与增加土体强度之间有时间差。

碎石桩的承载力和沉降量在很大程度上取决于周围软土对碎石桩的约束作用，如果周围的土过于软弱，其对碎石桩的约束作用就差。当土层软弱时，桩在荷载作用下桩顶处 2～3 倍桩径的深度范围内会发生径向

变形。如果地基土强度过低，一般认为不排水抗剪强度 C_u<20 kPa 时就不能提供足够的碎石桩工作需要的径向约束力，而达不到加固地基的目的。另外，相较于低强度混凝土桩来说，水泥土搅拌桩法的经济成本低、无污染、无振动、无噪声、效果好，设备简单而且工期短。所以结合本工程的实际情况，经综合考虑，研究采用水泥土搅拌桩来进行软土路基的处理。

门港支线、正线 DK126+600～终点段，软土大面积分布，根据地质、经济、环境、施工场地限制等，为确保路基稳定并有效控制工后沉降，并类比甬台温铁路工程措施，可采用换填、碎石桩、粉喷桩、CFG 桩、预应力混凝土管桩、塑料排水板等措施或地方成熟的处理方法综合处理；桥涵等建筑物基础则建议选用桩基础。对于某些埋深和厚度较大、处理困难，经路基检算后仍难以控制工后沉降的地段，则需考虑以桥通过。

5.3 不同处理方式对不同深度软土路基的工后沉降控制适宜性研究

通过对比金台铁路路基工程中的短搅拌桩、双向搅拌桩、旋喷桩、预应力管桩、垫层及土工格栅、袋装砂井排水固结联合真空预压、换填现浇泡沫轻质土、碎石注浆桩等措施处理效果，研究不同处理方式对不同深度软土路基的工后沉降控制的适宜性。

软土作为一种特殊土体，其自身具有独特物理及工程特性。相对于其他的天然地基，软弱土层不能直接施工，必须通过有效的技术来改善软弱土层承载能力和其他性能，降低其在荷载的作用下引起的不均匀沉降。一般来说，路基的沉降会直接导致路基出现裂缝及失稳现象，因此，在地基进行改善过程中，必须采用最有效、最合理的软土处理技术，这关系到实际工程的加固效果、施工工期以及施工成本。目前，国内外软土地基改良技术较多，其适用条件也不尽相同，但最终目的都是提高土体的工程特性，使土体承载力、变形、结构稳定性等满足规范标准。以下将具体介绍实际工程常见的地基处理方法。

5.3 不同处理方式对不同深度软土路基的工后沉降控制适宜性研究

5.3.1 选择软土地基处理方法时应考虑的因素

5.3.1.1 地基状况

（1）对于可能会发生液化的砂性土，一般采用强夯法进行地基加固。对于黏性土基本所有处理方法都可以应用，但必须选用对土体扰动较小的处理方法，因为土体受到扰动后其强度减小。

（2）根据不同的处理深度以及地基的自身特点选择地基处理方法。

5.3.1.2 铁路等级

（1）铁路等级要求。随着铁路等级的提高，对铁路要求越严格，地基平整度要求越高，需要采取有效措施满足要求。

（2）铁路的外观尺寸。路堤宽度以及高度的设计标准直接影响对路基处理方法的选择。例如，换填法处理路基时，道路路宽且设计高度较低的路堤较容易产生局部破坏，对于路面窄高度低的路堤，宜采用换填法。

（3）道路所在路段位置。对于一般路段，发生不均匀沉降较小但能满足道路正常使用，但与构造物相连的路段，其沉降要求较高，处理不当，会出现桥头跳车等危险状况。

5.3.1.3 施工条件

根据施工现场的施工环境以及大自然气候的特性，选择适当的处理方法。施工环境主要有工期、材料、机械的作业条件等。

5.3.1.4 周围环境

（1）对施工现场周围环境的影响。机械设备在施工期间所产生的噪音对周围居民的影响、施工期间的扬尘对周围环境的影响和机械车辆的振动对周围地基的影响。

（2）对周围构筑物的影响。路堤周围有重要构筑物时，采取优先措施对可能受影响的构造物加以保护。

（3）综上所述，在进行软土地基处理方法的选择时，应遵循"工艺简单、成本低廉、进度较快、加固效果较为理想"的原则。需要多角度考虑处理方法,主要针对土层、有效处理深度、施工工期、施工成本、道路等级要求。并且应该结合实际工程的施工现场、施工环境、施工机械设备等多方面的要求,选出最优的软土地基处理方案。

5.3.2 复杂地质及环境条件下深基坑支护设计方案的比选

5.3.2.1 工程简介

新建金华至台州铁路为浙江省自建第一条电气化铁路,全线共新建 7 座客运站房,我单位承建台州站(金台场)、头门新区站、磐安南站三个车站。站房总建筑面积 31 526 m^2,站台总建筑面积 21 383 m^2。其中拟建的台州站与头门新区站都位于软土地基,不良地质土主要为海积淤泥、淤泥质粉质黏土,具有压缩性高、灵敏度高、承载力低等特征。如表 5-6。

表 5-6 建筑概况一览表

车站名称		建筑面积	建筑高度	层数或站台数	层高
台州站	站房	22 574.08 m^2	27.635 m	地下 1 层,地上 2 层	地下室 9.3 m,一层 6.67 m,二层 9 m
	雨棚	12 583 m^2	6.1 m	第四、五站台	—
磐安南站	站房	2 997.15 m^2	14.6 m	地上 2 层	首层层高 5.7 m,二层层高 4.2 m
	雨棚	4 400 m^2	6.1 m	基本站台	—
头门新区站	站房	5 975.73 m^2	27.635 m	2 层,局部 1 层	首层层高 6 m,二层层高 4.8 m
	雨棚	4 400 m^2	6.1 m	基本站台	—

场地特征:拟建台州站站房场地低洼,施工作业面狭小,交叉作业繁多,道路及排水条件较差。除东侧紧邻的基本农田较低外,其余三侧均比场坪高,高差约为 3 m,其中西侧为金台线路基,南北两侧为 S2 市域铁路路基。站台区域场坪为已填筑完成的路基,其软基处理的方式分别为灌注桩和管桩。整个场地地层主要由淤泥、淤泥质粉质黏土、圆砾

5.3 不同处理方式对不同深度软土路基的工后沉降控制适宜性研究

土和凝灰岩组成，持力层为凝灰岩。地下水主要为第四系孔隙潜水，埋深 0.8～1.5 m，主要靠大气补给及地下径流补给。图 5-14 为台州站场貌照片。

拟建头门新区站站房场坪为填海区，施工条件良好，地层主要由淤泥质粉质黏土和粉质黏土组成，工程性质一般，持力层为粉质粘土层。场坪深度 5 m 范围内为回填土，内含石渣，最大粒径约为 1.5 m。地下水主要为第四系孔隙潜水，地下水埋深 0.3～1.9 m，主要靠大气补给及地下径流补给。

图 5-14 台州站场貌照片

根据地勘报告，地质分布从上至下为：

1. 台州站

⑥$_{12}$ 黏土：黄褐色，软塑、局部硬塑，土质较均匀，0.80～3.80 m，层底埋深 0.20～4.00 m，层厚 0.20～4.00 m。局部场地分布。

⑦$_{41}$ 淤泥：灰褐色，流塑、局部软塑，土质较均匀，部分钻孔未揭穿，顶板高程为 -3.80～9.60 m。全场分布。

⑦$_{62}$ 淤泥质粉质黏土：灰褐色，软塑、局部可塑，土质较均匀，部分钻孔未揭穿，顶板高程为 -18.10～-13.10 m。全场分布。

⑧$_{23}$ 粉质黏土：黄褐色，硬塑、局部软塑，土质较均匀，部分钻孔未揭穿，顶板高程为 -6.00～31.50 m。部分场地分布。

⑧$_{122}$ 细圆砾土：杂色，中密、局部密实，饱和，砾石成分主要为凝灰岩，呈圆棱状，顶板高程为 -6.50～17.00 m，层底埋深 5.00～15.00 m，

层厚 2.00~4.20 m。分布于山脚冲沟。

⑩$_{51}$凝灰岩：灰黄色，全风化，原岩结构已基本破坏，残余结构尚可辨认，岩芯风化呈土状。

⑩$_{52}$凝灰岩：青灰色，强风化，凝灰质结构，块状构造，节理裂隙发育，岩体破碎，多呈碎块状，块径 4~8 cm，岩质较硬。

2. 头门新区站

①$_0$回填土：灰色，流塑，饱和，成分以淤泥、淤泥质黏性土为主，分布于场地地表。

⑦$_{61}$淤泥质粉质黏土：灰褐色，流塑，局部为淤泥，顶板高程为 -19.90~1.95 m，层底埋深 12.30~32.50 m，层厚 9.90~19.40 m。全场分布。

⑦$_{62}$淤泥质粉质黏土：灰褐色，软塑，局部流塑，夹薄层粉砂、粉土、粉质黏土，局部呈千层饼状，顶板高程为 -21.50~-11.11 m，层底埋深 27.30~35.60 m，层厚 5.60~13.70 m。全场分布。

⑦$_{22}$粉质黏土：灰褐色，软塑，夹多层粉土、粉砂，呈千层饼状，顶板高程为 -30.50~-9.65 m，层底埋深 23.60~44.60 m，层厚 3.90~18.40 m。全场分布。

③$_{231}$粉质黏土：青灰色，黄褐色，硬塑，局部软塑，颗粒成分以黏粉粒为主，土质不均匀，夹多层粉砂、粉土，局部呈千层饼状。顶板高程为 -42.00~-20.99 m，层底埋深未揭穿。

5.3.2.2 深基坑支护设计概况

台州站站房基坑南北长 194 m，东西宽 73 m，开挖前场坪标高为 5.73 m，基底标高为 0.58 m，西侧为已填筑完成的金台路基标高为 7.53 m，故基坑开挖的深度在西侧方向最深为 6.95 m，其余三侧为 5.15 m。结合现场实际情况，站房深基坑施工共分为 2 个区，第一区为 F~H 轴，采用拉森钢板桩加钢支撑施工方案，钢板桩为小锁口，宽 400 mm，质量 76.1 kg/m。型钢围檩为 H400×400×13×21 型钢双拼，钢角撑为 H400×400×13×21 型钢，钢对撑为 D609×141 钢管。第二区为 F~A 轴，二级

5.3 不同处理方式对不同深度软土路基的工后沉降控制适宜性研究

开挖放坡加钢板桩挡墙支护，放坡系数分别为 1∶1.2 与 1∶1.5，每放坡开挖一层（每层开挖的垂直深度不大于 2 m），喷射 80 mm 厚 C20 素砼一层。基坑支护设计方案平面布置图如图 5-15 所示。

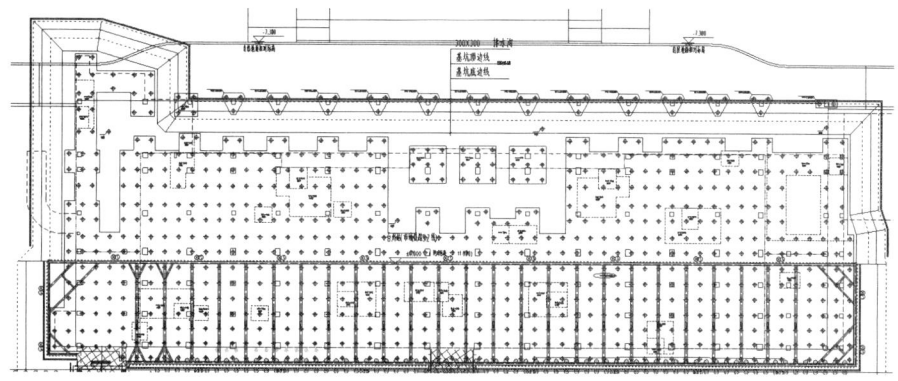

图 5-15 基坑支护设计方案平面布置图

5.3.2.3 技术难点的解决

1. 施工工艺

（1）钢板桩工艺流程如图 5-16 所示。

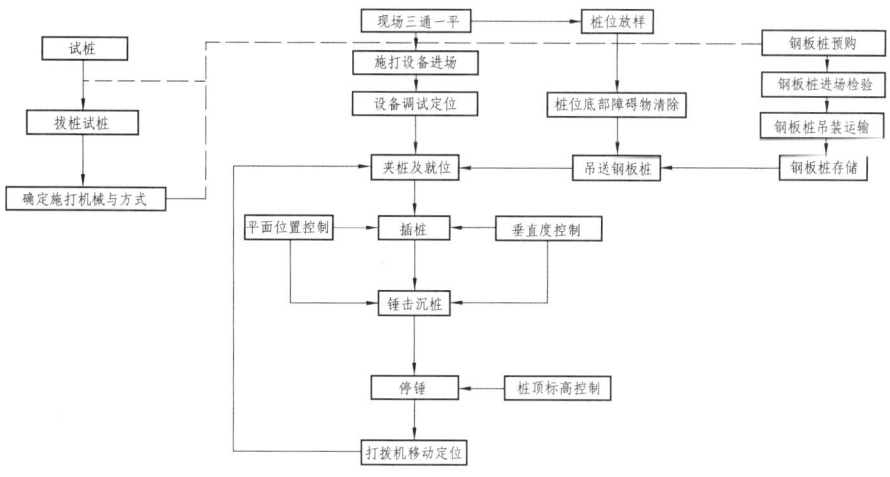

图 5-16 钢板桩工艺流程

（2）钢支撑工艺流程如图 5-17 所示。

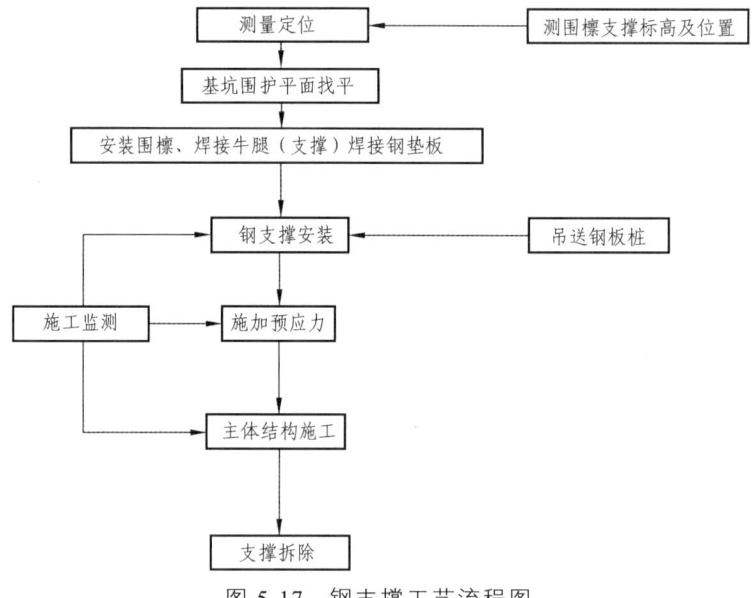

图 5-17 钢支撑工艺流程图

2．施工技术难点

（1）钢板桩施工过程存在技术难点：

钢板桩沉桩过程中带桩下沉。

钢板桩沉桩时如何保证钢板桩垂直度。

钢板桩沉桩过程中受阻力问题。

钢板桩转角处理。

（2）钢支撑施工过程中存在技术难点：

长跨度钢支撑架设。

特殊地质条件下钢围墙的焊接。

3．基坑支护方案的确定

（1）拉森钢板桩加钢支撑施工方案。

站房深基坑一共分为 2 个区域，其中 F~H 轴为基坑一区，因 H 轴靠近为已填筑完成的金台线线路路基无法进行放坡开挖，故采用钢板桩加

5.3 不同处理方式对不同深度软土路基的工后沉降控制适宜性研究

内支撑的基坑支护体系。因本工程工期严重紧张,采用钢板桩加内支撑支护体系很大程度上为主体工程施工争取到宝贵的时间,从经济环保的角度来看相对于围护桩支撑体系可以很大程度降低成本。综合以上因素基坑一区采用钢板桩加钢支撑施工方案。

(2)二级开挖放坡加钢板桩挡墙支护。

站房深基坑 F～A 轴,根据现场实际调研场地具备二级开挖放坡加钢板桩挡墙支护,故采用二级开挖放坡加钢板桩挡墙支护,放坡系数分别为 1∶1.2 与 1∶1.5,每放坡开挖一层(每层开挖的垂直深度不大于 2 m),喷射 80 mm 厚 C20 素砼一层。

5.3.2.4 钢板桩施工准备

1. 试 桩

钢板桩沉桩施工前先试桩,试桩位置选择在离施工现场不远处与施工现场地质条件相似位置或在钢板桩施工位置选取具有代表性区域,试桩数量不小于 10 根。试桩的各项试验数据经分析后确定现场施工所采用的钢板桩类型及施打机械型号。

2. 钢板桩的检验

对钢板桩,一般有材质检验和外观检验,以便对不合要求的钢板桩进行矫正,以减少打桩过程中的困难。

(1)外观检验:包括表面缺陷、长度、宽度、厚度、高度、端部矩形比、平直度和锁口形状等项内容。检查中要注意:① 对打入钢板桩有影响的焊接件应予以割除;② 割孔、断面缺损的应予以补强;③ 若钢板桩有严重锈蚀,应测量其实际断面厚度。原则上要对全部钢板桩进行外观检查。

(2)材质检验:对钢板桩母材的化学成分及机械性能进行全面试验。包括钢材的化学成分分析,构件的拉伸、弯曲试验,锁口强度试验和延伸率试验等项内容。每一种规格的钢板桩至少进行一个拉伸、弯曲试验。每 20～50 t 重的钢板桩应进行两个试件试验。

3. 钢板桩吊运

装卸钢板桩宜采用两点吊。吊运时，每次起吊的钢板桩根数不宜过多，并应注意保护锁口免受损伤。吊运方式有成捆起吊和单根起吊。成捆起吊通常采用钢索捆扎，而单根吊运常用专用的吊具。

4. 钢板桩堆放

钢板桩堆放的地点，要选择在不会因压重而发生较大沉陷变形的平坦而坚固的场地上，并便于运往打桩施工现场。堆放时应注意：

（1）堆放的顺序、位置、方向和平面布置等应考虑到以后的施工方便。

（2）钢板桩要按型号、规格、长度分别堆放，并在堆放处设置标牌说明。

（3）钢板桩应分层堆放，每层堆放数量一般不超过 5 根，各层间要垫枕木，垫木间距一般为 3~4 m，且上、下层垫木应在同一垂直线上，堆放的总高度不宜超过 2 m。

5. 机械设备配置

打钢板桩时选用较轻型桩架，一般锤重宜大于桩重、锤击能要适当。本项目拉森钢板桩采用专业 50 t 履带式高频钢板桩打桩机（图 5-18）。

图 5-18 专业 50 t 履带式高频钢板桩打桩机

6. 导架的安装

在钢板桩施工中，为保证沉桩轴线位置的正确和桩的竖直，控制桩

5.3 不同处理方式对不同深度软土路基的工后沉降控制适宜性研究

的打入精度,防止板桩的屈曲变形和提高桩的贯入能力,一般都需要设置一定刚度的、坚固的导架,亦称"施工围檩"。

导架采用单层双面形式,通常由导梁和围檩桩等组成,围檩桩的间距一般为 2.5~3.5 m,双面围檩之间的间距不宜过大,一般略比板桩墙厚度大 8~15 mm。导架的安装,一般是先打定位桩或做临时施工平台。导架采用在工厂或现场分段制作,在平台上组装,固定在定位桩上。当未设定位桩时,直接放置在施工平台上,待插打入少量钢板桩后,逐渐将导框固定到钢板桩上。

安装导架时应注意以下几点:

(1)采用经纬仪和水平仪控制和调整导梁的位置。

(2)导梁的高度要适宜,要有利于控制钢板桩的施工高度和提高施工工效。

(3)导梁不能随着钢板桩的打设而产生下沉和变形。

(4)导梁的位置应尽量垂直,并不能与钢板桩碰撞。

5.3.2.5 钢板桩施打

拉森钢板桩施工质量直接关系到施工止水、挡土和基坑安全,是本工程施工最关键的工序之一。

1. 钢板桩施打方法的区分及各法优缺点的比较

(1)根据钢板桩打入方法不同可采用"单独打入法"和"屏风打入法"施工。两种方法的优缺点及适用条件见表 5-7。

表 5-7 单独打入法和屏风打入法优缺点比较

施工方法	优点	缺点	适用条件
单独打入法	打入方法简便迅速,不需辅助支架	易使钢板桩向一侧倾斜,误差积累后不易纠正	板桩墙要求不高,板桩长度较小的情况
屏风打入法	可减少倾斜误差积累,阻止大的倾斜,易于实现封闭合拢,保证施工质量	插桩的自立高度较大,必须注意插桩稳定和施工安全,施工速度较慢	除个别情况外均适用

（2）根据钢板桩之间的锁扣方式，还可采取大锁扣扣打施工法及小锁扣扣打施工法施工，如图 5-19 所示。两种方法的优缺点及适用条件见表 5-8。

（a）大锁扣扣打施工法　　　　（b）小锁扣扣打施工法

图 5-19　钢板桩之间的锁扣方式示意图

表 5-8　大锁扣和小锁扣扣打施工法优缺点比较

施工方法	优点	缺点	适用条件
大锁扣扣打施工法	打入方法简便迅速	钢板桩有一定倾斜度不止水，整体性较差，板桩用量较大	仅适用于强度较高、透水性差，对围护系统要求精度低的工程
小锁扣扣打施工法	能保证施工质量，且止水效果、支护效果均较好，板桩用量较少	打法较复杂	适用范围广，大都采用此种方法

2. 钢板桩施打方式方法的确定

1）试桩施工过程及出现的问题

试桩位置选择在基坑西北角，由西北角开始进行，试桩共安排了 11 根钢板桩作为试桩；首先由测量队准确放出基坑在西北角的施打位置，根据基坑尺寸及现场情况制作导架，采用 50 t 履带式高频钢板桩打桩机按小锁扣扣打施工法和单独打入法沉桩。在试桩施打过程中 1、4、6 号桩在施打过程中的前 6 m 左右下沉速度较快，待下沉 6 m 左右后下沉速度逐渐缓慢，钢板桩下沉的前 6 m 平均下沉速度为 5~15 s/m，待下沉 6 m 左右后下沉速度仅为 180~360 s/m，6 号桩甚至在沉桩 10 m 后不再下沉，且有出现倾斜现象，需不时调整振动锤方向来调整斜率，但最后还是只能重新拔起进行二次施打。由于 1 号桩施打过程中仅考虑到钢板桩的垂直度而忽略了其与基坑坐标控制线的顺直度，施工中虽按照质量控制标准控制但由于 1 号桩是定位桩，对质量要求需更严格，但在施工中并没

5.3 不同处理方式对不同深度软土路基的工后沉降控制适宜性研究

有提高对定位桩的质量控制,同时导架在试桩时也过于薄弱(简单地在施工现场放置 2 根焊接到一起并平联起来的 12 m $300 \times 300 \times 21$ 的 H 型钢,而且也未对导架进行必要的固定),从而使得 7、8、9、10、11 号桩施打中位置渐渐偏离基坑坐标线,且 7、9、11 号桩在施打过程中引起周边相临桩溜桩情况出现,使得 7、9、11 号桩不能施工至所需的标高高度。试桩进行了整整 3 个工作日,整个过程中效率低下且施工质量不容乐观,在 11 根试桩中仅 2、3、5 号桩施工正常,其他桩都不同程度的出现溜桩或周边板桩溜桩以及因斜率控制不好形成相临桩相互挤压不能下沉,导架也在试桩过程中散架 2 次,不能够起到应有的导向作用。最后只能对 6、7、11 号桩采用大锁扣施打,3、4、5 号桩采用小锁扣扣打法。

2)试桩问题的解决及正确钢板桩施打方式方法的确定

经过前期施工试桩阶段出现的问题进行分析后认为:① 导架刚度及整体性较差且自身稳定性不足;② 振动锤振动力不足,在受到一定阻力后不能下沉板桩,近而只是在一个范围土层产生振动,导致附近土体液化使得临近钢板桩溜桩。③ 对定位桩质量要求不严,重视不够。④ 钢板桩施打法需多样化,不能只拘于一种,需集所有施工方法方式的优势。所以在钢板桩的施工进入正轨后项目部在施工时首先加强了导架强度的自身稳定性;定位桩施工(基本上都为承台转角处的钢板桩)时加强对其斜率、顺直度等控制;通过对两种钢板桩施打方法及两种锁扣扣打施工方法的摸索与比较,从项目实际情况出发为保证钢板桩打设精度总体采用了屏风式打入法,少数量特殊情况采用单独打入法,锁扣采用大锁扣扣打施工法和小锁扣扣打施工法相结合,即承台转角和沉桩施工中跟桩严重需重新施打导向桩时采用大锁扣扣打法,其他情况全部采用小锁扣扣打法。如图 5-20 ~ 5-22。

图 5-20 沉桩施工中跟桩严重需重新施打导向桩时采用大锁扣扣打法

第5章 金台铁路深厚滨海软土沉降控制技术研究

图 5-21 钢板桩转角采用大锁扣扣打法

图 5-22 小锁扣扣打施工法

3. 钢板桩施工过程

在试桩后确定了钢板桩施打方式方法并对一些设备等进行调整后进入正式施工,施工时首先用吊车(专业沉桩设备)将钢板桩吊至插桩点处进行插桩,插桩时每个锁口都对准,每插入一块相扣 1~2m 时立即先开启振动锤轻轻锤击。在打桩过程中,为保证垂直度,用两台经纬仪在两个方向加以控制。为防止锁扣中心平面位移,在打桩进行方向的钢板桩锁口处设卡板,阻止板桩位移。同时在围檩上预先算出每块板块的位置,以便随时检查校正。将 10~20 根钢板桩成排插入导架内,使它呈屏风状,然后再施打。通常将屏风墙两端的一组钢板桩打至设计标高或一定深度,并严格控制垂直度,用电焊固定在围檩上,然后在中间按顺序分 1/3 或 1/2 板桩高度打入。施工顺序有正向顺序、逆向顺序、往复顺序、中分顺序、中和顺序和复合顺序。施打顺序对板桩垂直度、位移、轴线方向的伸缩、板桩墙的凹凸及打桩效率有直接影响。因此,施打顺序是

5.3 不同处理方式对不同深度软土路基的工后沉降控制适宜性研究

板桩施工工艺的关键之一。我部在施工中选择原则是：当屏风墙两端已打设的板桩呈逆向倾斜时，应采用正向顺序施打；反之，用逆向顺序施打；当屏风墙两端板桩保持垂直状况时，可采用往复顺序施打；当板桩墙长度很长时，可用复合顺序施打。施工中应根据具体情况变化施打顺序，采用一种或多种施打顺序，逐步将板桩打至设计标高，一次打入的深度一般为 0.5~3.0 m。

在施工过程中要求注意以下几点要求：

（1）钢板桩放线施工，桩头就位必须正确、垂直、沉桩过程中，随时检测，发现问题，及时处理。沉桩容许偏差：平面位置纵向 100 mm，横向为 -50 mm~0 mm；垂直度为 ≤5‰。

（2）沉桩施前必须平整清除地下、地面及高空障碍物，需保留的地下管线应挖露出来，加以保护。

（3）基坑开挖后钢板桩垂直平顺，无严重扭曲、倾斜和劈裂现象，锁口连接严密。

（4）打桩前，在钢板桩的锁口内涂油脂，以方便打入拔出。组桩及单桩的锁口内，涂以黄油混合物油膏（重量配合比为：黄油：沥青：干锯末：干黏土=2:2:2:1），以减少插打时的摩阻力，并加强防渗性能。

（5）在插打过程中随时测量监控每块桩的斜度，当偏斜过大不能用拉齐方法调正时，拔起重打。

（6）振桩前，振动锤的桩夹应夹紧钢桩上端，并使振动锤与钢板桩重心在同一直线上。

（7）振动锤夹紧钢桩吊起，使钢板桩垂直就位或钢板桩锁口插入相邻桩锁口内，待桩稳定、位置正确并垂直后，再振动下沉。钢板桩每下沉 1~2 mm，停振检测桩的垂直度，发现偏差，及时纠正。

（8）沉桩中钢桩下沉速度突然减小，应停止沉桩，并钢桩向上拔起 0.6~1.0 m，然后重新快速下沉，如仍不能下沉，采取其他措施。

板桩轴线偏差 ±10 cm；

桩顶标高 ±10 cm（一般也可视现场具体情况）；

板桩垂直度 ±5‰。

（9）锁扣需密扣且保证开挖后入土不小于 2 m，保证钢板桩顺利合龙；特别是工作面的四个角要使用转角钢板桩，若没有此类钢板桩，则用旧轮胎或烂布塞缝或采用反扣补桩、大锁扣扣打等辅助措施密封。

（10）钢板桩插打完，即可开挖。设计有支撑的围堰，先支撑再开挖，并检查各节点是否顶紧，板桩与支撑是否焊接牢靠，防止因开挖而出现事故。开挖速度不能过快，且要随时观察围堰的变化情况。当锁口不紧密有漏水时，用棉絮等在内侧嵌塞，同时在漏缝处撒大量木屑或谷糠，使其由水夹带至漏水处自行堵塞，在桩脚漏水处，可采用砼封底等措施。打入桩后，在开挖过程中全程进行桩体的闭水性检查，对漏水处进行焊接修补，每天派专人进行检查桩体。

5.3.2.6 钢支撑施工准备

1. 施工工艺

1）技术准备

（1）项目部应在项目工程师的带领组织下，组织有关技术人员及各班组的班组长，对照设计图纸会审纪要、施工技术规范和工程质量验收规范，将钢支撑换撑施工图进一步深化了解，充分领会设计意图，并按本公司管理标准要求，编制钢支撑换撑分项工程的作业计划和技术、质量、安全书面交底，明确施工过程中的技术、质量、安全的主控点及实施对策。

（2）对施工现场全面深入的了解，进入钢支撑换撑工程施工前的技术准备，尤其是主控轴线、水准标高、支撑的位置及倾斜度等，尤其是支撑的位置及斜度在安装前必须用线放出，以保证其正确性。

（3）根据总进度计划编制钢支撑换撑施工阶段的工作流程和作业计划，并对施工班组进行全面的安排和交底。

2）现场布置和调整

（1）针对现场的实际情况，规划并设置各种物资堆放场地和加工配制区域，调整现场的施工便道、主次入口，明确划分施工区域和生活区

5.3 不同处理方式对不同深度软土路基的工后沉降控制适宜性研究

域。以科学、优化的现场布局为工程施工、文明现场管理创造合理的工作环境。

(2)提前引进各类生产物资,力争在施工前完成各类材料的取样、复试,确保投入工程实体的物资符合规范规定。

3)劳动力的组织和配备

(1)按总进度计划和当月的作业计划,提前配备各工种的劳力,并做到搭配合理,劳力充足;本分项工程施工期间劳动力的总量安排将在20人左右,前期东侧施工安排10人左右。

(2)对两类人员(管理人员、特种工操作人员)按本公司对资源管理的企业标准严格执行。

4)质量控制标准

设计文件、现行的规范、规定、质量验收标准、本企业标准。

5)水准测量定位放线

根据相关文件数据绘制网格控制图,在整个施工场地内建立统一的控制网,设置固定的控制点,定期或不定期地进行校正。按建设单位提供的测量依据和设计高程,在现场设置两个以上的测量点,便于各分项工程进行高程控制。

2. 支撑安装

安装钢支撑前,应根据钢支撑布置图,在换撑墙板表面的预埋铁清理干净,烧制钢管托架。并及时通知设计单位来现场给予指导。

1)钢支撑的施工工艺流程

机械设备进场→确定钢支撑的预埋铁位置(支撑安装位置)→钢支撑场外拼装→支撑托架焊接→钢支撑安装→施加预应力→检查栓紧螺帽施加第二次预应力达到设计值→钢支撑安装质量验收→完成。

2)钢支撑安装

(1)当基坑满足换撑要求时,将每根支撑的 2 个预埋铁标高确定,在预埋铁上烧焊三角托架,并测定出该道支撑两端的接触点,以保证支撑与墙面垂直，位置适当，量出两个相应接触点间的支撑长度来校核地面上已拼装好的支撑，长度适当之后即可安装，支撑由50吨履带吊分段起吊安装；采用二点吊。

（2）钢支撑吊装到位，不要松开吊钩，将一端活络头子拉出顶住底板支座的预埋铁件（端头设置一块三角铁板稳定），再将2台100 t液压千斤顶放入活络头子顶压位置，为方便施工并保证千斤顶顶伸力一致，千斤顶采用专用托架固定成一整体，将期骑放在活络头子上，接通油管后即可开泵施加预应力，预应力施工加到位后，在锲紧垫块，并烧焊牢固，然后回油松开千斤顶，解开起吊钢丝绳，完成该根支撑的安装。

（3）钢支撑的拼接：按设计长度并根据钢管支撑的结构件模数进行，为：活络头＋若干中间管＋固定端拼接而成，由于该区域支撑的施工场地与周边情况，支撑的组装一般采用2.3 m活络头加2 m或者3 m的短接中间管。

3）钢支撑施工要求

地下底板主体结构达到设计强度后，在拆除第一、二道支撑及栈桥前，必须保证钢支撑施工完成，以保证基坑整体稳定的支撑系统。

钢支撑与拉森钢板桩的连接点应牢固、可靠。

钢支撑使用过程中应进行支撑轴力监测，必要时复加轴力。

Φ609钢支撑不允许出现挠度和轴线偏移，在全站仪监测下架设。

各构件焊缝要饱满、连续，焊缝高8 mm。

钢支撑定位准确，钢支撑位置施工误差小于10 mm。

严格控制预顶力值，以达最佳支护效果。

4）支撑拆除

支撑的拆除在基坑工程整个施工过程中也是十分重要的工序。必须严格按照设计院要求的程序进行拆除，遵循"先换撑、后拆除"的原则，支撑拆除后地连墙一般处于悬臂状态，位移较大，应注意防止对周围环境带来不利影响。

在支撑拆除过程中一般应遵循以下原则：

5.3 不同处理方式对不同深度软土路基的工后沉降控制适宜性研究

(1)分区分段设置的支撑,也宜分区分段拆除。

(2)整体支撑宜从两边向中央分段逐步拆除,对减小悬臂段位移较为有利。

(3)先拆区域应保证对称进行。

支撑拆除时,在地下底板主体结构达到设计强度后及挡土墙已经形成并达到设计强度,方可进行支撑拆除工作。故采用人工加机械的拆除方法进行拆除作业。

5)施工质量保证措施

(1)工程开工前由施工组织设计人员对施工班长进行技术交底,明确每道工序质量要求、符合质量标准,以及可能发生的质量事故预防措施,然后由现场施工员及班长向全体施工人员进行第二次交底。

(2)钢支撑安装按设计图纸及交底要求进行,现场丈量复核实际长度尺寸,并按钢支撑的编号图吊装登记。钢支撑吊装到位后,进行水平度的调整,检查各连接焊接点和螺栓是否紧固可靠,并由监理人员监督进行轴力监测。

(3)钢支撑安装必须直顺无弯曲,接头必须紧密牢固,钢斜撑除有足够的强度与钢度外,还需与支撑端头密贴。

(4)电焊质量的检查,注明焊缝厚度的严格按设计要求执行,未注明焊缝厚度的按规范施工作业。焊缝必须满焊,焊缝表面要求焊波均匀,不准有气孔、夹渣、裂缝、肉瘤等现象。严格执行焊接质量记录验收制度,每道工序完成后,必须清渣自查,并做好施工记录,经过巡检后,由施工负责人通知项目部人员进行检查验收。

(5)钢支撑安装必须确保支撑端头与钢板桩围檩条均匀接触,安装支撑的径向轴线偏心度必须控制在设计要求的范围内,钢支撑安装允许偏差应符合规定。

(6)第一、二道支撑梁拆除过程中,派专职技术人员驻工地夜间值班监护。如围护结构变形或连接点出现裂缝,必须立即加固补焊,同时会同总包方及监理共同商量采取相应措施,确保基坑的安全。本工程实行公司两级质量管理体系,随时检查监督工程质量并解决施工中碰到的问题。

（7）对已撑好的钢支撑进行严格的保护，不准在钢支撑上面堆物，不得受到任何压力。如挖机须通过，应先在洞口上铺设路基箱。严禁各种机械在支撑上行走或停留操作，在拆除支撑过程中不得碰撞钢支撑。

5.3.2.7 基坑监测

1. 监测目的

保证在施工时基坑能处于安全状态，从而确保施工人员、机械的安全。

根据《建筑基坑支护技术规程》（DB11/489—2007）基坑监测项目表见表5-9。

表5-9 基坑监测项目表

基坑侧壁安全等级监测项目	一级	二级	三级
支护结构水平位移	应测	应测	应测
周边环境变形	应测	应测	宜测
深层土体位移	应测	应测	宜测
支护结构沿深度方向水平位移观测	宜测	可测	可测
支护结构界面上侧向压力	可测	可测	可测

结合基坑等级二级，得知应测项目为支护结构水平位移，宜测项目为周边环境变形。

2. 监测方法

现场监测采用仪器监测与巡视检查相结合的方法。

（1）仪器监测采用：DS3水准仪、全站仪（徕卡TC702）。

（2）巡视检查：

① 在整个施工期内，每天均应有专人进行巡视检查。

② 巡视检查的内容：支护结构成型质量、围檩有无裂缝出项、侧壁有无渗漏、基准点、测点完好状况、有无影响观测工作的障碍物等。

③ 检查方法：以目测为主，采用钢尺、卷尺、放大镜等工具辅助。

5.3 不同处理方式对不同深度软土路基的工后沉降控制适宜性研究

④ 检查要有详细记录,如发现异常,应及时处理。

⑤ 巡视检查记录应及时整理,并与仪器数据综合分析。

(3) 每天巡查完成后填写详细的巡查记录。

3. 监测点布置

(1) 监测点选定要求:

① 监测点布置应最大程度反映监测对象的实际状态及其变化趋势,并能满足监控要求。

② 监测点布置不妨碍监测对象的正常工作,并尽量减少对施工作业的不利影响。

③ 监测标志应稳固、明显、结构合理,监测点的位置应避开障碍物,便于观测。

④ 加强对监测点的保护,必要时应设置监测点的保护装置或保护设施。

(2) 监测基准点、监测点的布设:

根据《建筑基坑监测技术规范》GB50497—2009 6.2.2 监测基准点应埋设在基坑开挖范围 3 倍范围以外不受施工影响的稳定区域,根据规范要求选定钢板桩支护每边的中点、角点为监测点。

4. 监测要求

(1) 加强对监测仪器设备的维护保养。

(2) 监测项目初始值最少应连续观测 3 次的稳定值的平均值。

5. 监测频率

根据《建筑基坑监测技术规范》GB50497—2009 表选定基坑支护监测频率为 1 次/1 天。

6. 水平位移监测要求

根据《建筑基坑支护技术规程》DB11/489—2007 3.1.5 当无明确要求时,最大水平变形限值:一级基坑为 0.002 h,二级基坑为 0.004 h,三级

第5章　金台铁路深厚滨海软土沉降控制技术研究

基坑为 0.006 h。由此选定控制值为 36 mm。

同时根据《建筑基坑监测技术规范》GB50497—2009 表 5-7 基坑围护墙顶水平位移监测精度要求（见表 5-10）。

表 5-10　基坑围护墙顶水平位移监测精度要求表　单位：mm

设计控制值	≤30	30～60	>60
监测点坐标中误差	≤1.5	≤3.0	≤6.0

注：监测点坐标中误差，系指监测点的坐标中误差，为点位中误差的。

确定监测点精度要求≤3.0 mm。

7. 监测报警

基坑监测报警值以监测项目的累计变化量和变化速率值控制。

从《建筑基坑监测技术规范》GB50497—2009 表 8.0.4 选择相应的累计绝对值变化范围为 60～70 mm，变化速率值为 5～7 mm/d 将每天的监测值记录水平位移日报表中。

8. 建立三级预警制度

当水平位移值超过预警值及累计绝对值>70 mm 变化速率值>7 mm/d 时，现场施工班组长第一时间将工人撤离危险区域同时将情况汇报给现场技术人员，然后现场技术人员将情况汇报给工区主任，工区主任掌握实际情况后汇报给项目总工，最后让项目总工牵头项目部所有相关人员参与制定切实可行的处理措施。

5.3.3　管桩处理软基区域内施工灌注桩方案的比

5.3.3.1　桩基情况分析

总计合计 1 018 根桩。其中：站房区域桩径为 800 mm，有 856 根，站台风雨棚桩径为 600 mm，有 162 根。

5.3.3.2　技术攻关难点的确定

本工程位于软基区域，环境复杂主要表现在以下两个方面：

5.3 不同处理方式对不同深度软土路基的工后沉降控制适宜性研究

淤泥质土层在浇筑混凝土过程，孔壁无法承受砼侧压力，存在严重的混凝土超灌现象。且在拔长护筒时，已浇筑完成的砼面下沉，存在断桩的可能性极大。

5.3.3.3 技术难点的解决

1. 施工工艺

1）工艺流程

桩位放样→护筒埋设→钻机就位→正循环钻机成孔→验孔→钢筋笼的制作与吊放→安装导管→二清→灌注混凝土→拔出导管→拔除护筒。

2）桩位放样

在场地三通一平的基础上，依据建筑物测量控制网资料和基桩平面布置图，测定桩位轴线方格控制网和高程基准点。施工现场采用全站仪进行桩位放样工作，桩位置确定后，用两根互相垂直的直线相交于桩点，并定出十字控制点，做好标识并妥加保护。桩位定好之后，经技术人员核查无误后报现场监理工程师进行复查，办好预检手续后开挖。

3）护筒埋设

定出十字控制桩后，可采用钻机进行开孔钻进取土，钻至设计深度，进行护筒埋设，护筒宜采用 5 mm 以上厚钢板制作，护筒直径应大于孔径 200 mm 左右，护筒的长度应视地层情况合理选择。护筒顶部应高出地面 300 mm 左右，周围用黏土填埋并夯实，护筒底应坐落在稳定的土层上，中心偏差不得大于 50 mm。测量孔深的水准点，用水准仪将高程引至护筒顶部，并做好记录。

4）钻机就位

要求地耐力不小于 100 kPa，履盘坐落的位置应平整，坡度不大于 3°，避免因场地不平整，产生功率损失及倾斜位移，重心高还易引发安全事故。

5）正循环钻机成孔

开钻时应慢速钻进，待导向部位或钻头全部进入地层后，方可加速钻进。整个过程采用减压钻进，是孔底承受的钻压不超过钻具重力之和的80%，每钻进3~5 m，检查一次泥浆性能指标和成孔质量，保证成孔质量满足钻机成孔质量标准，钻进过程中，填写好施工记录，注意地层变化，并在变化处取样，以调整泥浆指标。因故障停机时，应保证孔内具有规定的水位和所需的泥浆比重和黏度，且将钻头提出孔外，以防塌孔或掉钻头。

6) 验　孔

钻孔到达设计深度后，采用测绳+铅锤（或200长左右20 mm、25 mm的钢筋）测量孔深，用卷尺测量孔径，并记录数据，报监理工程师验收。

（1）桩径允许偏差≤50 mm。

（2）垂直度允许偏差1%。

（3）单桩条形桩基沿垂直轴线方向和群桩中的边桩允许偏差为：（$d\leqslant$ 1 000 mm）$d/6$且不大于100 mm。群桩中的中间桩允许偏差为：（$d\leqslant$ 1 000 mm）$d/4$且不大于150 mm。H为施工现场地面标高与设计标高的距离，d为设计桩径。

（4）孔底沉渣厚度≤50 mm。

7) 钢筋笼制作与吊放

纵向钢筋的接头应采用焊接，接头位置必须按规范要求错开，焊接采用搭接单面焊，焊接长度不小于$10d$。位于同一连接区段内的焊接接头不得超过主筋总数的50%，接头的连接区段长度为$35d$，且不小于500 mm。

采用不做任何处理的钢筋笼，正常浇筑混凝土过程中，由于地层中存在流塑状淤泥，孔壁无法承受砼侧向压力，造成混凝土往淤泥层流失，超方严重，在拔出护筒时，已浇筑完成的砼面下沉。

钢筋笼吊放：钢筋笼场内移运采用随车吊起吊，但不可使钢筋笼产生永久性变形；钢筋笼起吊要采用双点起吊，对正孔位，徐徐下入，不准强行压钢筋笼外侧需设混凝土垫块或采用其他有效措施，以确保钢筋保护层厚度，钢筋保护层厚度50 mm。

5.3 不同处理方式对不同深度软土路基的工后沉降控制适宜性研究

8)安装导管

钢筋笼吊入固定后,应逐步按下导管,导管的壁厚不宜小于 3 mm,直径 300 mm。导管直径的制作偏差不应超过 2 mm,底管长度不宜小于 4 m。导管使用前进行拼装打压,以检查导管是否有砂眼,法兰盘是否有变形、密封不严,试水压力为 0.6~1.0 MPa,导管安放触孔底后,上提 300~500 mm。

9)二次清孔

当导管安装完毕,灌注混凝土前应再次测量沉渣厚度,当沉渣厚度超标时,应进行二次清孔。清孔后沉渣厚度不得大于 50 mm,并应立即浇灌混凝土。并做好验收记录。

10)灌注混凝土

(1)混凝土应具有良好的和易性,坍落度宜为 180~220 mm。

(2)初灌量应保证导管下端埋入混凝土面下不少于 0.8 m。

(3)隔水塞应具有良好的隔水性能,并能顺利排出。

(4)导管埋深保证 2~6 m,随着混凝土面上升,随时提升导管。

(5)混凝土灌至钢筋笼下端时,为防止钢筋笼上浮,应采取如下措施,在孔口固定钢筋笼上端;稍微放慢灌注速度,待笼底全部插入混凝土后,恢复正常灌注速度,防止混凝土灌注时下行速度过快,产生上冲力,造成钢筋笼上浮;当孔内混凝土面进入钢筋笼 1~2 m 时,应适当提升导管,减小导管埋深,增大钢筋笼在下层混凝土中的埋置深度。

(6)灌注结束时,控制桩顶标高,混凝土面应超过设计桩顶标高 800 mm,保障桩头质量。

(7)灌注过程中,技术员做好记录。

11)拔出导管

混凝土浇筑完成后应及时拔出导管,灌注导管使用后要及时用水清洗,管壁、法兰盘要经常检查,随时清除砂眼、接口变形等隐患,破损的胶垫和连接螺栓要及时更换。

12）拔出护筒

施工现场制作有制式孔桩防护栏，拔出护筒后应及时做好防护工作，以免发生意外事故。

2. 实验检测

本工程桩基施工完成后应进行桩身完整性低应变法检测。检测数量不应少于总桩数的 20%，且不应少于 10 根。每个承台下抽检的桩数不应少于 1 根且单桩、两桩承台下的桩应全数检测。抗拔桩、倾斜度大于 1% 的桩应全数检测。本工程桩完工后，采用高应变法确定单桩竖向抗压承载力特征值。检测数不应少于同一条件下桩基分项工程总数的 1%，且不应少于 3 根。

对施工完毕的桩如认为实际地质资料与设计资料不符或对某些桩的质量和承载力有疑问时，可由设计单位会同业主、监理公司及质检部门任意指定若干根桩采用钻孔抽总、荷载试验或其他有效方法进行检测。

3. 施工中的劳动力、安全保证措施

1）安全保证措施

（1）钻进成孔的安全措施：

采用挖机挖护筒的深度不得超过 2 m，挖出的土石堆放在距孔边缘 2 m 以外。

（2）回旋钻成孔应注意下列事项：

① 转盘上不得站人，应设防胶管缠绕和水龙头掉落的装置。

② 升降钻具时应听从指挥，不得用手摸钢丝绳，用转盘卸钻杆，要注意垫叉飞出伤人。

③ 孔口人员应站在钻具起落范围外。

④ 升降钻具时，孔口人员应站在钻具起落范围外。

⑤ 严禁超负荷强力起拔钻具。

2）混凝土浇筑的安全措施

（1）下钢筋笼受阻时，禁止盲目冲墩，禁止施工人员在笼上踩压，以防突然下沉伤人。

5.3 不同处理方式对不同深度软土路基的工后沉降控制适宜性研究

（2）灌浆前孔口周围要铺好安全防护地板，以防人、工具掉入孔内，灌浆时，随机操作人员必须与孔口配合好。

（3）灌浆发生堵管而升降抖动导管时，孔口无关人员应撤至安全地带。

（4）混凝土浇筑完成后，将孔口周围清理干净并平整，采用制式孔桩防护栏进行防护，避免人员掉入孔内。

工程施工中的安全隐患主要来自天气、用电、机械运转成孔及灌浆施工中，只要全体施工人员齐心协力，照章作业，提高警惕，消除隐患，就能保证安全生产，顺利完成施工任务。

4. 施工事故应急预案

1）坍　孔

a. 原因分析：① 护筒埋置过浅，周围封填不密导致漏水。② 操作不当，如提升钻头或放置钢筋笼时碰撞孔壁。③ 泥浆稠度小起不到护壁作用。④ 泥浆水位高度不够，对孔壁压力小。⑤ 向孔内加水时流速过大，直接冲刷孔壁。⑥ 在松软砂层中进尺过快。

b. 预防及处理措施：① 坍孔部位不深时，可改用深埋护筒，将护筒周围填土夯实，重新开钻。② 轻度坍孔，可加大泥浆相对密度和提高水位。③ 严重坍孔，用黏土投入待孔壁稳定后采用低速钻进。④ 提升钻头，下放钢筋笼时保持垂直，尽量不要碰撞孔壁。⑤ 在松软的砂层钻进时，应控制好进尺速度，并用较好泥浆护壁。

2）钻孔偏斜

a. 原因分析：① 桩架不稳、钻杆导架不垂直，钻机磨耗，部件松动。② 土层软硬不匀，致使钻头受力不均。③ 钻孔中遇有较大孤石、探头石。④ 扩孔较大处，钻头摆动偏向一方。⑤ 钻杆弯曲，接头不正。

b. 预防及处理措施：① 检查、纠正桩架，使之垂直安置稳固，并对导架进行水平与垂直校正和对钻孔设备加以检修。② 偏斜过大时，填入土石（砂或砾石）重新钻进，控制钻速。③ 如有探头石，宜用钻机钻透，在逐步进尺钻进。

3）扩孔及缩孔

a. 原因分析：① 扩孔时因孔壁坍塌或钻锥摆动过大所致。② 缩孔原因时钻锥磨损过甚，焊补不及时或因地层中有软塑土，遇水膨胀后使孔径缩小。

b. 预防及处理措施：① 注意采取防止坍孔合防止钻锥摆动过大时的措施。② 注意及时焊补钻锥，并在软塑地层采用失水率小的优质泥浆护壁。③ 已发生缩孔时，宜在该处用钻锥上下反复扫孔以扩大孔径。

4）钢筋笼下完后塌孔

a. 原因分析：泥浆密度太小、黏度太小或下钢筋笼的时间太长。

b. 预防及处理措施：① 尽量缩短下钢筋笼的时间。② 根据下钢筋笼必须花费的时间、施工规范的要求，合理选择泥浆性能指标。③ 用小锤置于钢筋笼内冲击清孔或用空压机清孔法将塌落的余土清除后将钢筋笼整体捞起。④ 若塌落的余土无法清除干净使钢筋笼无法整体捞起时则需选择合适的夹具将钢筋笼主筋逐根拔起，再将螺旋筋、加强筋捞出后重新清孔直到满足设计及施工规范要求。⑤ 若无法将钢筋部分或全部拔出，则需用碎石、片石等材料将钻孔回填后重新成孔。

5）孔壁坍塌

a. 原因分析：① 泥浆指标不符合要求。② 自停止反浆算起的时间太长。

b. 预防及处措施：① 混凝土灌入较少时，可迅速将钢筋笼整体拔起并立即将坍落的岩土合已灌入的混凝土清除干净，重新下钢筋笼，浇灌混凝土。② 混凝土灌入量较多时，因无法将钢筋整体拔起，只能将钢筋笼主筋逐根拔起，随后尽快将坍落的岩土和已灌入的混凝土清除干净，重新下放钢筋笼，浇筑混凝土。③ 若无法将钢筋逐根拔起，则可用碎石、块石等填充料将桩孔填满后重新成孔。

5.3.4 小 结

（1）软土地基是长时间处在水流不通畅、缺少氧气以及有多种有机物质下，且常于泥炭粉土交错沉积形成的，具有高含水量和高孔隙比、透气性差、压缩性高、抗剪强度低、有明显的结构和显著的触变性等特点，且国内的建筑部门及交通部门对软土的判别持有不同的标准。

（2）主要阐述了常见软土地基处理方法的适用条件、加固机制、施工特点。

（3）对常用施工方法在处理深度、施工工期、施工成本、处理后地基承载力及沉降进行对分分析。

（4）选择软土地基处理方法时，要考虑地基状况、道路性质、施工条件、周围环境等多方面因素。

5.4 不同工程阶段路基孔隙水压力变化规律研究

5.4.1 路基沉降变形监测

路基工程施工应按设计要求埋设观测桩并进行沉降及位移观测。设计速度 160 km/h 路段路基工后沉降量：一般地段不应大于 20 cm，路桥过渡段不应大于 10 cm，沉降速率均不应大于 5 cm/a，否则应进行地基加固处理；货场、工区、场坪工后沉降不应大于 30 cm。路堤施工过程中应根据具体情况确定预留沉降量。路堤稳定安全系数不考虑轨道及列车荷载时应不小于 1.20，考虑轨道及列车荷载时应不小于 1.15。

路基作为变形控制十分严格的土工构筑物，必须进行沉降变形动态监测，以指导施工及确定轨道结构施工和铺轨时间。

路基施工过程中，按设计要求埋设各类监测元器件，构筑纵横向立体监测网络，按规定频度和监测标准（水准测量精度要达到二级标准）进行路基填筑施工期、自然沉落、摆放期、铺设轨道后及试运营期的监测。

成立专职沉降观测小组，观测路基沉降和位移变形，整理绘制"填土高—时间—沉降量"关系曲线图，进行"监测—评估—调整"循环，分析土体的发展趋势，判断地基的稳定性，验证、优化路基设计、施工（填筑速率等）方案。同时结合预测总沉降推算工后沉降，确定路基以上结构（道床、铺轨等）的施工时间。

路基施工前,对路基沉降进行推算。在现场路基填筑过程中,由实测沉降数据分析寻求适宜于各段路基的沉降计算方法,并推算施工不同时期的剩余沉降。在预压土方卸载前及轨道工程施工前必须进行剩余沉降及稳定性分析,当其满足设计要求时方可进入下道工序施工。

5.4.2 路堤沉降变形监测

1. 技术要求

(1)正线软土及松软土路堤地段,沿线路纵向每隔20~40 m在坡脚2 m、10 m设水平位移观测桩(边桩),以控制软土、松软土地段的填土速率。

(2)正线软土及松软土地段的填高不大于15 m的高路堤,沿线路纵向每隔100~150 m设一个沉降变形观测断面,每个工点应不少于2个观测断面,过渡段应适当加密,且过渡段至少有一个观测断面。路堤沉降变形观测主要为基底沉降变形观测、路基面沉降观测。

基底沉降监测:路基填筑前,于每个观测断面线路中心的路堤基底地面预埋1个沉降板进行路堤基底沉降观测,每50~100 m设置一个监测断面。桥路过渡段必须设置且应加密,至少距桥台1.0 m处设置一个监测断面。

路基面沉降观测:路堤地段每50~100 m设一个监测断面,共3个监测点。分别于路基中心、两侧路肩各设一个监测桩(包桩),路基成型后设置。路桥过渡段必须设置。

(3)既有线监测:对并行既有线地段相邻既有线路肩和轨顶设观测桩,间距30~50 m。

(4)观测桩采用直径不小于0.1 m,长不小于1.0 m的不易开裂圆木制作,桩顶露出地面0.1 m。埋置方法采用洛阳铲打入设计深度,将边桩放入孔内,周围以C15混凝土现浇固定,确保边桩埋置稳定。

(5)沉降板安装前应先将地面整平(可铺设0.1 m厚中粗砂),注意保持底板的水平及垂直度。沉降板由钢板底座(宽50 cm厚1 cm的正方形钢板)、侧杆($\Phi=30$ mm钢管)及保护套管($\Phi=100$ mm PVC塑料管)组成。随着填土的增高,测杆与套管应相应加高,每节长度不超过100 cm,

5.4 不同工程阶段路基孔隙水压力变化规律研究

接高后的套管口应高出填土面不少于 0.5 m,测杆顶面应略高于套管上口,在填土施工中应相应采取措施保护测沉设施。

2. 观测要求

(1)观测控制标准:变形观测的控制标准为边桩水平位移小于 5 mm/d,竖向位移小于 10 mm/d,路基中心沉降板量小于 10 mm/d。填筑过程中观测沉降量超出以上控制值时,应停止填土施工,待沉降稳定、恢复到限值以内后再继续填土,必要时采取卸载措施。

(2)测量的精度及频度:位移观测采用经纬仪或全站仪测量,精度应达到二级水准测量标准(特别是在路堤基床底层填筑完成后);测量频度:在路堤填筑期间,应每天观测一次;在沉降速率较大或突变的情况下,应每天观测 2~3 次。当两次填筑间隔时间较长时,每 3 天至少观测一次;各种原因暂时停工期间,前 2 天每天观测一次,以后每 3 天测试一次。施工完成后,前 15 天内每 3 天观测一次,第 15~30 天每星期观测一次,第 30~90 天每 15 天观测一次,以后每个月观测一次。

(3)每天的观测数据都要及时整理、分析、汇总,并绘制"填土高-时间-沉降量"关系曲线图,分析土体的侧向位移值及其发展趋势,判断地基的稳定性,并将沉降观测数据及时提供给相关单位作为工后沉降评估的依据。竣工验收时,沉降观测实施和观测资料应同时移交给工程接受单位。

3. 注意事项

(1)观测桩应埋设牢固。
(2)监测设备应满足精度要求,并具有较好的稳定性能。
(3)监测工点、断面位置等详见软土路基变形监测工程布置一览表。
(4)发现变形异常应加密监测。
(5)监测数据应及时整理和分析,以便指导施工。
(6)监测工作应由专业监测单位承担。
(7)高路堤、陡坡路堤,路堤填筑期间应加强工地巡视,如有必要,施工单位可根据需要单独或组合布置监测断面对路堤和地基进行监测,发现有显著位移或异常变形时,应暂停施工,查明原因,采取适当的处理措施。可自行布置监测系统，定期观测路基面和地面沉降量、边桩水平位移量等，以控制填筑速率和推算工后沉降量。

5.4.3 边坡变形与应力监测

根据沿线地质条件及工程实践经验，主要针对以下地质条件、边坡高度进行边坡变形、应力状态的监测：滑坡、堆积体、崩塌、错落等不良地质边坡；一般土质边坡及全风化层路堑边坡高度≥20 m；一般软质岩路堑边坡高度≥25 m；硬质沿路堑边坡高度≥35 m；顺层边坡、受构造影响不利结构面发育的边坡或土石界面倾斜堑内存在滑动可能的边坡高度≥20 m。根据具体工程的实际情况，选择代表性工点分别进行地表位移监测，每工点应有不少于 2 个边坡变形监测断面。

（1）边坡地表位移监测：

① 观测桩：建立射线网法观测网。边坡或滑坡沿线路纵向一般每隔 30 ~ 50 m 设置监测断面，且每个工点不应少于 2 个监测断面。每个监测断面分别于路堑侧沟外平台、桩（墙）顶、边坡平台、堑顶以及堑顶外 5 m、10 m 设置观测桩。各工点分别于边坡边坡可能破坏的范围外 30 m 设照准点和置镜点。采用经纬仪测量，以监测施工中边坡的稳定状态，指导施工。

② 位移计：选择代表性工点，特别是存在安全隐患的高边坡或不良边坡地质进行；沿该边坡纵向每隔 30 ~ 50 m 设置监测断面，分别于路堑边坡的桩（墙）顶平台（第一级边坡平台）、最高级边坡平台设置多点位移计，边坡成型后，钻孔成孔埋置（尽量为水平孔，孔深应至稳定地层一定深度内）。每工点应有不少于 2 个监测断面，每个监测断面 2 个监测点。

（2）深部位移监测：土质、软质岩路堑边坡高度超过 25 m（存在顺层、滑面等不利结构面时为 20 m 以上），进行深部位移变形监测；边坡成型后，在边坡平台钻孔成孔埋置（尽量为竖直孔，孔深应至稳定地层一定深度内），安装采用智能数码多位移计，精确的测量岩土层内部水平位移或变形。每工点应有不少于 2 个监测断面，每个监测断面 1 ~ 2 个监测孔。

5.4 不同工程阶段路基孔隙水压力变化规律研究

（3）预应力锚索（锚固力）监测：当采用预应力锚索加固高边坡时，选择代表性工点进行预应力锚索的锚固力监测，选择各工点代表性位置锚索孔，安装锚索计，约按工点锚索总孔数的5%计，且不少于2孔。

（4）桩（墙）背土应力监测：当土质、软质岩路堑边坡设置桩板墙或高挡墙时，根据现场需要，选择代表性地段于桩（墙）后埋设压力盒，以监测土应力的大小及变化。选用智能弦式数码压力盒。设置间距为15~20 m，断面方向设置于桩（墙）土压力最大作用力点附近。

（5）地下水渗流监测：当边坡地下水发育或存在渗流影响时，选择代表性工点，采用渗压计进行地下水渗流监测，在监测边坡段范围选取1~2处，埋设渗压计进行地下水渗流监测。

第6章

金台铁路梁场信息化管理技术研究

6.1 制梁新的质量保障措施研究

6.1.1 制梁场预制施工的特点

制梁场预制施工符合"创新思维，绿色交通，品质工程"的新理念，对于交通行业实施"科技示范品质工程"建设，助推"绿色公路"发展有积极意义。制梁场预制施工具有以下特点：

（1）快速高效：工厂化生产，现场装配，工期大幅缩短。

（2）安全易控：消除现浇工程支架搭设的潜在安全隐患。

（3）立标提质：生产工序标准化，检验便捷，内外质量得到保证。

（4）节能降耗：集中预制，机械化生产、批量生产，避免材料浪费，降低能耗。

（5）环保健康：工厂化生产，作业环境改善。

（6）经济节约：比传统现浇施工节约15%的工程造价。

6.1.2 制梁场施工阶段质量管理中存在的问题及原因分析

（1）制梁场规划建设不科学。制梁场规划建设阶段，由于台座基础地基承载力不足又未进行有效的处理，张拉后造成台座端部下沉，影响后续预制质量；底模宽度及侧面（与侧模交界处）设计不合理，底模侧面线形不直或者预留拉杆孔间距过大，造成预制梁底板漏浆；制梁区内排水不畅，电线杂乱，造成施工不便和安全风险高。

（2）钢筋加工和安装标准化程度低。钢筋原材、半成品露天存放，造成钢筋锈蚀；采用人工小型钢筋切断机下料，尺寸难以控制精确，随意性大；采用人工操作小型弯曲机具进行加工，造成加工精度不高，标准化不足；在台座上绑扎钢筋过程中采用简易标尺进行控制，造成钢筋安装质量低。这些不精确、不标准、不规范的操作会造成混凝土钢筋间距偏差大及保护层合格率偏低，进而引起后期运营阶段钢筋的锈蚀和梁体开裂等问题，甚至造成混凝土的脱落。

（3）模板设计不科学，加工精度不足。模板设计阶段考虑不周，加工精度不足，施工阶段模板安装控制不严，措施不到位，会带来很多质量问题，主要有：模板错台和拼接处漏浆，顶板环形钢筋与侧模板立柱之间存在冲突，拆模过程中在横隔板处造成混凝土开裂，预制梁长度控制不精确，箱梁内模上浮等。

（4）混凝土配合比不科学，施工控制不严格。混凝土配合比设计不科学，进场原材料质量控制不严，拌和、运输、浇筑等施工工艺控制不严，工人责任心差，养生措施不到位，会造成混凝土强度不稳定、耐久性差、混凝土开裂、外观质量差；如果凿毛处理不到位，则会造成湿接缝连接不良等病害。

（5）张拉设备性能不足，施工过程不规范。计算过程中相关系数未进行现场试验或按规范要求进行合理取值，造成张拉数据计算不准确；预应力筋进场质量把关不严，张拉设备性能不足，技术交底不到位，操作工人操作水平低，责任心差等因素造成张拉控制应力施加不精确，张拉操作不规范或两端张拉时不同步；同一跨（甚至同一桥）预制梁计划安排时间跨度大，而存梁期间又未及时采取预压措施予以控制，造成预制梁起拱不均；锚垫板不合格，锚下钢筋绑扎不规范或混凝土出现病害等，造成锚下混凝土在张拉时产生破坏。

（6）压浆设备性能不足，现场控制不规范。混凝土浇筑过程中，预应力管道内未安装衬管，造成孔道塌陷、堵塞；选用的压浆设备性能不足，造成压浆不密实；选购的灌浆料进场质量把关不严；配制浆液过程中计量不准，搅拌机转速不足，储浆桶无复搅功能；技术交底不到位，现场管控缺失造成灌浆料强度未达到要求就卸掉阀门。这些因素造成压浆质量不合格，最后导致钢绞线锈蚀，甚至使得钢绞线在高应力作用下发生断裂，导致桥梁梁体中预应力损失或失效，梁体产生裂缝，梁体下挠过大。

6.1.3 制梁场预制施工阶段质量管理对策

本章以预应力混凝土简支箱梁预制施工为研究对象，对预制施工阶段质量管理中存在的主要问题提出具体的解决措施。

6.1 制梁新的质量保障措施研究

1. 制梁场规划不科学，台座施工控制不严格

（1）台座地基承载力不足造成台座端部下沉。在预制场规划完成后，检测预制台座下的地基承载力，尤其是梁端部位，确定是否需要采取换填处理、扩大基础或使用桩基础等补强方案，确保台座在使用阶段的强度、刚度、耐久性、变形程度等符合施工要求。在严寒地区，若预制任务要跨越冬季，则在采用换填或扩大基础方案时还应考虑抗冻深度的要求。为避免不均匀沉降带来的质量风险，在台座两端埋设沉降观测点，定期观测台座沉降情况。

（2）台座结构细部设计不合理、施工控制不严格影响预制质量。合理规划台座和两端、龙门吊轨道等设施的位置、间距等，保证其满足制梁的工程条件。同时，可在混凝土台座表面铺设不小于 6 mm 的钢板，并确保钢板表面的预拱度符合设计要求；还应预留拉杆孔洞（间距不大于 100 cm，与侧模立柱不冲突），便于模板的加固。另外，在台座施工时，要进行养生管道的预埋。

（3）预制区内排水不畅和电线杂乱的问题。对供水管道进行预埋，主管道以及主管道与支管道的连接部分在场地硬化前要布置好，支管道在混凝土台座施工过程中进行预埋预留。采用自旋转式喷头结合继时控制系统，实现智能化全覆盖无盲点养生。采用滑线槽代替电缆线。

2. 钢筋加工设备落后及安装标准化不足

（1）钢筋锈蚀的问题。钢筋、钢绞线应贮存在钢筋加工棚内的支承平台上，钢筋加工以及半成品储存应在钢筋加工棚内进行，尽量缩短半成品存放时间。混凝土浇筑完成后，对外露时间较长的预留钢筋的表面需刷涂水泥砂浆防锈。

（2）钢筋下料控制不严的问题。改变采用一根或一束钢筋由人工在小型钢筋切断机下料的传统下料工艺，采用先进的钢筋锯床进行批量下料，或者采用智能化切断机对小直径钢筋下料，解决尺寸难以精确控制、随意性大的难题。

（3）加工精度不足的问题。改变采用人工操作小型弯曲机的传统加工模式，采用数控弯曲中心、数控弯箍机等智能化钢筋加工设备，实现

批量化生产，大大提高加工精度；通过机械化换人和自动化减人。

（4）钢筋绑扎不标准的问题。箱梁底和腹板的钢筋骨架利用定位胎架制作，波纹管也在胎架上定位；多点桁架采用整体吊装入模，这样可以有效降低施工人员的劳动强度，同时提升钢筋的绑扎精度。同时，在胎架端部设置纵向筋定位挡板，确保钢筋安装精准。

（5）钢筋保护层合格率偏低的问题。腹板钢筋骨架内、外侧垫块采用穿心圆饼式垫块，穿在分布筋上按梅花形布置；底板、顶板及翼板处采用梅花形垫块，绑扎在分布钢筋上，间距不得大于 50 cm；绑扎钢筋的丝头不应进入混凝土保护层内。

3. 模板设计不科学，加工精度不足

（1）模板错台和拼接处漏浆的问题。在模板设计定制阶段，在满足强度、刚度和稳定性的前提下，综合考虑模板拼接以及侧模与底模的交接进行专项设计。施工过程中，侧模之间夹海绵条或双面胶带进行止浆，侧模与底模则采用底模侧面槽钢外侧的橡胶板进行止浆，端模与侧模和内模间采用海绵和发泡剂进行止浆。

（2）顶板环形钢筋与侧模板立柱冲突的问题。设计模板支撑结构时，需要将模板的立柱（模板系统的骨架组成部分，用于拉杆的安装和模板拆装的着力构建）外移适当距离，避免立柱影响顶板环形钢筋的安装施工，方便顶板钢筋安装。

（3）腹板与横隔梁相交处混凝土开裂的问题。对横隔梁与主梁交界处的模板进行专项设计，交界处的模板上设计 5 cm × 5 cm 的倒角；同时，在保证横隔梁基本尺寸的前提下，进行"上大下小、内大外小"的设计，可有效避免倒角处混凝土裂缝的发生，也方便了模板的拆除。

（4）预制梁长度控制不精确的问题。在端模板上进行预应力张拉槽设计，端头混凝土与梁体混凝土一起浇筑（一端不封口，用于内模拆除），不仅可增强梁体结构整体性，还能精确控制预制梁的长度，减小后续施工难度，提高劳动效率。

（5）预制梁内模上浮的问题。在混凝土浇筑前，在内模顶面设置型钢压杆控制上浮，压杆与侧模立柱连接牢固，并采用花篮螺丝在压杆与内模顶形成支撑。每 2 m 设置一道压杆，在梁体腹板混凝土浇注完成后即可拆除压杆。

4. 混凝土配合比不科学，施工工艺控制不严格

（1）强度不稳定，耐久性差的问题。混凝土配合比设计时，应根据混凝土结构特点及施工与服役环境，确定混凝土具体控制目标，主要包括：

① 低水泥用量。在满足混凝土工作性、强度和耐久性前提下，尽量减少胶凝材料中的硅酸盐水泥用量。

② 控制最大用水量。使用聚羧酸系高性能减水剂，减少拌和用水量。

③ 水胶比适当。在一定范围内减小水胶比，提高混凝土强度和体积稳定性。

④ 骨料堆积密度最大。优化骨料级配，特别是重视粗骨料的级配以及粗骨料的粒形，获取最大堆积密度和最小空隙率，以尽可能减少 胶凝材料浆 体用量；适当 降低砂率，增加碎石用量，以提高混凝土体积稳定性。

⑤ 在配合比确定的基础上，加强原材料进场质量控制，严格控制拌和、运输、浇筑振捣工艺，解决强度不稳定、耐久性差的问题。

（2）混凝土裂缝的问题。根据裂缝产生的具体原因区别对待，混凝土的主要裂缝类型及其产生原因和解决措施包括：

① 沉降裂缝。混凝土在浇筑结束后，仍存在一个沉降密实的过程，在这期间，塑性混凝土由于受到局部约束而在约束部位产生空隙或裂缝，形成沉降裂缝。对于这种裂缝，可以通过选用小坍落度的混凝土和采用二次振捣工艺，来减少裂缝的发生。

② 塑性收缩和干缩裂缝。这种裂缝发生在混凝土的表面，是由于外界湿度低、温度高、风吹等作用使混凝土表面水分很快损失而出现的。可以通过二次收面、提前覆盖养护解决。

③ 热变形裂缝。可以通过缩小混凝土与外界的温差来解决，例如，选择在气温高的时候拆模，或拆模后及时保温。

（3）外观质量差的问题。严格控制进场地材质量，尤其是中粗砂的质量。混凝土应搅拌均匀，颜色一致，不得有离析和泌水现象，到场后坍落度应满足设计要求。选用水性脱模剂，使用过程中要注意时间的把

握,时间过长易造成失效。采用一次连续浇筑工艺,由梁体一端向另一端从腹板开始斜向分层布料,使用附着式振动器和振捣棒配合进行振捣。

(4)湿接缝连接不良的问题。在混凝土浇筑前,在梳形板的内侧安装免凿毛止浆带,这样拆模后就不需再凿毛。但在梁端、横隔梁端部等部位,待拆模后混凝土强度达到 10 MPa 以上时,立即用风动机凿毛。

5. 张拉设备性能不足,施工过程不规范

(1)张拉数据计算不准确的问题。要求在计算张拉数据前,对不同类型的孔道进行至少一个孔道的摩阻测试,通过测试所确定的数据对张拉控制应力进行修正。

(2)张拉设备性能不足的问题。通过引进预应力智能控制张拉系统来解决,该系统可以精确施加应力,及时校核伸长量,实现多顶同步张拉。其张拉过程由张拉智能程序控制,并且设置有张拉力双重保护功能。此外,该系统还配备了完善的计算机管理软件,精确记录张拉过程信息和数据。

(3)张拉操作不规范、两端不同步的问题。设置专用预应力钢绞线下料场,按下料单下料、编束、编号,防止钢绞线在孔道内交叉扭结。通过采用预应力智能控制张拉系统精确施加应力,规范操作过程,实现同步张拉。

(4)切割后钢绞线外露长度不足的问题。严格落实技术交底,加强现场管控,确保按照要求采用砂轮锯切割。切割后预应力筋的外露长度不小于 3 cm。

(5)张拉后起拱不均的问题。梁体混凝土在满足强度指标、弹性模量指标以及龄期要求的前提下,采用预应力智能控制张拉系统规范操作。同时,为缩小同一跨(甚至同一桥)预制梁起拱不均的问题,在预制阶段合理安排生产计划,做到龄期相近、起拱值相近。存梁期间测量累计上拱值,若超过设计值 10 mm,应采取预压措施予以控制。

(6)锚下混凝土在张拉时遭破坏的问题。锚垫板必须有足够的厚度,锚下螺旋钢筋和加强筋的绑扎质量应满足设计和规范要求;严格控制混凝土施工质量,采用小直径振捣棒振捣密实。

6. 压浆设备性能不足，现场操作不规范

（1）预应力管道堵塞的问题。在预制梁混凝土浇筑前，在预应力管道内穿入相应规格的聚乙烯塑料管进行保护，这样有利于保持波纹管的顺直度，防止波纹管变形、碰瘪、破损；抽芯（指塑料管）时间宜控制在混凝土初凝后、终凝前进行，确保孔道畅通。

（2）压浆设备性能不足的问题。通过引进大循环智能压浆系统来解决，该系统可以全自动操作，高速搅拌粉料和水，并设有低速储料防沉系统。其配备的压浆系统为连续式工作方式，压力波动小，并具备自动保压功能。此外，该系统还配备完善的计算机管理软件，数据记录压浆信息和数据。

（3）灌浆料性能不满足要求的问题。选购知名的灌浆料品牌，同时做好进场质量检测，合格后方可使用。

（4）灌浆料浆液质量低下的问题。采用大循环智能压浆系统，做到各种材料自动提取、自动计量、高速搅拌、充分拌和粉料与水；配备低速搅拌的大容量储料桶，有效防止灰浆的沉淀。

（5）过早卸掉阀门，造成管内压力下降的问题。加强现场管控，确保浆液强度满足要求后再拆除阀门。

6.1.4 小　结

本节从厂区建设标准化、工艺流程标准化、过程控制标准化、工程管理规范化、信息化等方面入手，对影响制梁场预制施工阶段质量管理的相关技术措施和管理措施进行了深入分析研究，并提出了改进措施，希望能够为其他制梁场的技术的管理工作提供参考。

6.2　制梁信息化施工管理技术研究

6.2.1　标准化梁场

绿色施工建设体系以BIM为辅助，"四节一环保"为引导，从优化梁场布局、减少场地占用及硬化；优化给排水系统方案，加大施工用水回收利用；优化施工方案利用绿色能源，避免扬尘污染等线路出发，更大限度地节约资源和减少环境污染，促进铁路桥梁预制绿色施工技术发展。

6.2.1.1 "四节一环保"梁场建设

在梁场建设过程中，必须考虑基础设施满足绿色施工的要求。主要体现在以下方面：

（1）节水与水资源利用：项目部生活区厕所、浴室、洗漱间采用节水器具，方便高效，提高水资源利用率；生活区饮用水采用节水型水处理系统；生产区梁体养护采用智能化喷淋系统，不仅可以全方位养护梁体，还可以根据室外温度调整养护周期和喷淋时长，减少人力，提高质量和效率；办公区、生活区分路供水，施工区用水车供水。

（2）节地与土地资源保护：优化施工总平面图布置，减少土地资源的占用；施工现场搅拌站、仓库、加工房、材料堆场等布置应因地制宜、经济合理；缩短了运输距离；施工现场道路按照永久道路和临时道路相结合的原则布置。施工现场内形成环形通路，减少道路占用土地；移挖作填，挖填平衡，减少取弃土场征用，实现节地；铁路梁场完工后，改建成公路梁场，并且采用双层存梁，节约占地。

（3）节材与材料资源利用：施工优选绿色、环保材料；合理配筋，使钢筋利用最大化；采用盘螺和定尺钢筋，减少对焊和余料浪费；采用成品束钢绞线，没有余料；健全机械保养、限额发（领）料制度，控制总体消耗；加强材料保护，避免损坏；采用拼装式工装，可以重复倒用；混凝土采用粉煤灰、矿粉、减水剂等外加剂等，减少水泥用量，同时降低水化热。

6.2.1.2 拼装式工装在梁场的应用

拼装式构造在现在应用得越来越广泛，梁场由于其特殊性，周转材料一直都是管理难点，为了降低成本，增加倒用次数，原阳梁场大量采用了拼装式工装。拼装式钢台座可以方便梁场的改造，减少混凝土的破除；拼装式预扎架可以实现 32 m 箱梁和 40 m 箱梁的共用；拼装式模型可减少焊接量，方便以后的拆装，避免切割模板。

6.2.2 自动化设备的应用

6.2.2.1 数控钢筋加工设备

数控钢筋加工设备是一种非常智能化的操控系统，优化了施工工艺，提高了机械自动化水平。在加工工艺程序中，对钢筋的工艺制定，如定尺、切断、弯箍精度，也极大提高了制作的精度，解决了人工加工的难题，提高了工作效率，是精准制作的好帮手，缓解了劳动强度。

6.2.2.2 自动张拉设备

自动张拉系统的主要功能包括：

（1）便捷的操作功能。可进行参数预设，一键启动张拉，自动完成整个张拉全过程；自动平衡同步张拉；自动控制持荷时间；力值、位移值显示及存储，自动计算张拉结果并打印完整的张拉记录表。

（2）强大的辅助控制功能。具有断电恢复功能；系统具备自动温控系统，以保证液压系统工作效能；千斤顶回顶保护功能，防止回油压力过高造成爆顶。

（3）全面的安全防护功能。实时监测并及时进行故障诊断；工作异常或张拉数据超差时自动停止张拉并进行报警；实时计算当前钢绞线伸长值，并与当前的理论伸长值进行比对；张拉力复核，防止因传感器异常导致张拉质量事故。

（4）远程数据传输功能：张拉数据无线传输至梁场服务器，可远程传输至铁路工程管理平台，管理部门可查阅张拉结果及张拉过程。

6.2.2.3 自动压浆设备

预应力管道压浆是后张法预应力混凝土桥梁工程预应力施工的主要环节和关键工序，压浆质量直接影响桥梁的承载能力和耐久性。高质量的管道压浆可以提高预应力筋的防腐防锈能力，加强预应力钢筋或钢绞线与混凝土的粘接性，保证预应力度，减少预应力损失。

6.2.3 铁路梁场信息化管理平台开发与应用

金台梁场与铁科院联合开发并试运行铁路梁场综合管理平台 V2.0，

第6章 金台铁路梁场信息化管理技术研究

通过先进的管理理念固化为信息化管理手段，使物资、试验、钢筋加工、混凝土生产、预应力加载、压浆、养护、静载试验、运架流程环环相扣。

6.2.3.1 进度管理信息化

进度管理模块由生产台账、BIM模型、计划管理、制架存关系、施工日志、预制梁检测等组成，可以全面展示梁场箱梁生产状态、生产工序、出库等信息，并可进行预制梁信息追溯、原材料追溯、工序技术档案追溯等。

6.2.3.2 质量管理信息化

质量管理模块包括物资管理、试验管理、拌和站、工序管理、出库管理、自动静载、统计分析、审批管理等，对原材料进场质量管控到预制梁成品的出库进行全过程控制，实现各种检测数据的流通共享，达到全员、全过程质量管理的目的，使预制梁的施工质量得到可靠保证，并且可实现静载数据自动上传和拌和站称量超标报警等。

6.2.3.3 运架作业管理信息化

运架作业管理模块主要由工程管理、设备管理、在线监控、设备维保、人员管理、统计分析等组成，通过对运架大型设备的远程监控，确保在运架梁过程中的设备安全得到保证。

6.2.4 小　　结

金台铁路绿色梁场建设及自动化设备信息化管理配套技术研究保证了金台高铁铁路箱梁首次的工程化应用，标志着我国大跨度铁路箱梁得到了突破和提升；有效促进了梁场建设、设备配置、内业资料管理和现场施工安全质量工作的提升；对铁路梁场的建设有着推广和借鉴的作用。

6.3　基于BIM技术的运输模拟研究

由于预制装配技术是在高速铁路上使用不多，施工单位对预制装配

6.3 基于 BIM 技术的运输模拟研究

梁的生产较为陌生，且高速铁路的节段梁钢筋、预应力波纹管、预埋件关系复杂，以致现场施工困难，另外，由于场地限制，特大桥需要在桥址下方进行预制，然后直接起吊安装，因此对梁片的预制顺序及摆放位置有特殊要求。本节结合金台铁路项目，针对 BIM 技术在高速铁路预制装配连续梁的应用进行研究，解决在设计和施工过程中遇到的问题。

6.3.1 预制装配参数化模型

6.3.1.1 三维参数化技术

高速铁路预制装配梁段比普通桥梁复杂，节段梁内腔结构多变，内部钢筋、预应力波纹管和预埋件纵横交错，普通的建模方法显然难以满足预制装配梁高精度的大体量模型。本节针对如何创建高精度三维参数化 BIM 模型进行了研究，具体步骤如下。

（1）根据桥梁线路设计图纸，提取平纵面曲线，利用 civil 3D 生成桥梁线路的空间中心曲线。

（2）选取桥梁初始节段的截面轮廓，根据不同的里程，利用 Dynamo 可视化编程，沿桥梁线路的空间曲线进行延伸，形成桥梁段模型，再根据节段划分原则划分每一个节段，从而形成节段梁主体模型。

（3）分层处理节段梁钢筋设计图纸，利用 Dynamo 可视化编程，读取设计图纸的钢筋线段，根据钢筋间距进行阵列布置，最后赋予钢筋直径、等级、弯钩形式等数值，形成完整的钢筋实体模型，如图 6-1 所示。

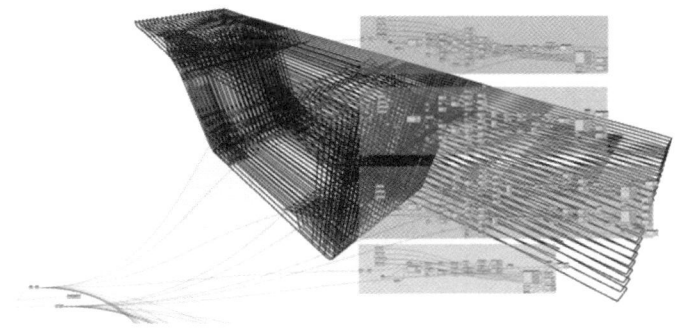

图 6-1 Dynamo 可视化编程实现钢筋智能布置

(4)根据预应力钢束布置设计图纸,提取预应力在梁体结构中平面和纵面曲线,利用 civil 3D 生成预应力的空间曲线,将预应力截面轮廓族沿空间曲线进行延伸,形成整体预应力模型,再根据图纸上预埋件的位置布置各预埋件(图 6-2)。

图 6-2　全桥预制装配模型

(5)通过 Dynamo 编写的可视化程序,可以对桥梁进行快速的节段划分,形成一个统一的、完整一致的、逻辑关联的三维参数化预制装配桥梁模型。通过调整模型的各控制参数,可以快速进行方案设计和优化,解决了高速铁路预制装配连续梁在设计过程中由于其构造复杂、精度要求高而产生的困难和问题。

6.3.1.2　节段梁复杂节点钢筋碰撞分析

高速铁路上采用预制装配设计比普通预制装配桥梁设计复杂且精度要求高,梁结构多变,梁钢筋、预应力波纹管和预埋件密集且互相干扰严重,传统的二维图难以发现碰撞的位置,设计施工过程中可能会出现钢筋排布不合理、根数不足、保护层计算偏差、预应力钢束与构件钢筋交叉现象严重、竖向预应力张拉槽口与顶板钢筋碰撞等问题,而且本项目由于现场施工直接在预制模板上绑扎钢筋、安装波纹管和预埋件,遇到碰撞的位置难以调整,只能在现场切割钢筋,严重影响施工质量,为了避免此类问题,必须针对如何解决各构件的碰撞问题进行研究。

6.3 基于BIM技术的运输模拟研究

首先建立好完整的节段梁 BIM 模型，对各构件进行碰撞分析，通过 BIM 模型的三维可视化，发现节段梁钢筋密集，位于顶板、腹板、底板处的锚具均与钢筋发生碰撞，针对不同的碰撞位置进行分析并生成碰撞报告，对该位置的钢筋设计进行优化，在钢筋加工过程中提前对碰撞位置的钢筋进行处理，最终达到最优的解决方案，避免了施工过程中出现大量的返工，保证了施工质量。

6.3.2 基于BIM技术的预制梁场规划设计

预制梁场的规划布置关系到施工工序流转的效率，布置的合理性也影响到预制梁场能否充分发挥其产能，传统的预制梁场设计只能在二维图纸上进行平面的方案规划设计，且信息量单一。针对这样的问题，本次研究利用 BIM 技术进行预制场的规划设计，从预制场的方案规划阶段开始就利用实景建模技术完整呈现原有地形，实现场地的平整，将台座、钢筋胎架、养护区、加工棚等全部基础设施建立完成，规划场内运输便道，添加门式起重机，运梁车等机械设备及安全设施等完成整个预制梁场的模型。

因 BIM 模型构件化和可视化的特性，可以快速直观地展示多种设计方案，比选出最优的预制场设计方案。最后利用模型的可输出性，自动生成梁场整体平面布置图，单个构件的立面、剖面及三维施工图等，针对复杂部位能以任意视角生成施工图纸，更准确地表达设计意图，指导现场施工。同时由于模型与二维图纸的关联性，对于模型的任何修改，二维图纸的各种信息也将随之改变，有效提高了设计出图的效率。

6.3.3 预制装配生产流水线动态管理及架设方案优化

在本项目特大桥中，由于现场场地的限制，节段梁的预制生产和存放必须在桥址下方进行，梁场内规划有钢筋加工区、制梁区、存梁区等相关功能区域，节段梁预制完成后直接运输到旁边的桥下进行存放，然后按顺序依次吊装，如果梁片的预制顺序和存放位置没有合理地安排妥当，将会对现场的架设施工进度造成严重的影响。针对上述问题，本项目采用了 BIM 技术，建立梁场所在地已有和拟建构筑物、加工厂、管线道路，解决梁场场地与周边环境的互相干扰。将施工现场通过模型完整的呈现，快速、直观地反映场地的规划和各功能分区，根据施工进度计划，提前模拟梁片从预制、养护、存放到架设整个施工工序流程。比选出最优的预制生产流水线和架设方案，同时模拟施工过程可辨别危险源，实现对项目隐患的监控和预测，施工管理人员根据施工模拟的结果对材料进行加工，人员机械配置等做合理的调整和安排，确保了工程质量，达到优化生产的目的。

6.3.4 小 结

本节结合高速铁路预制装配连续梁工程，研究了 BIM 技术在参数化设计，预制场规划，预制场生产流水线优化及桥梁架设施工中的应用，充分利用了 BIM 的可视化、模拟性、优化性与协调性等特点，有效地解决了施工过程中的多项问题，提高了施工的效率和管理水平，同时也让企业在 BIM 技术的支持下逐步转向精细化施工和管理，带动传统的工作流程、思维模式甚至是整个产业链的转变，尽管目前 BIM 技术的全面应用还有一些技术、人员、软件平台和传统工作方式等因素制约，但随着技术的完善和整个行业的不断进步，该技术终将在工程行业广泛应用，这对所有的工程行业从业人员提出了更高的综合能力要求。随着工程产业链合作加强，相关应用经验及技术将得到提升，基于 BIM 技术的高速铁路工程建设全生命周期管理的理论体系必将成为提高高铁建设管理信息化水平的重要研究方向和发展趋势。

6.4 基于 BIM 进度管理控制技术研究

BIM 技术以三维立体模型为基础，将各类工程信息集成于模型中，可实现对工程前期招投标、设计及工程造价、施工阶段的人员、物资调配及工期检查、后期运营阶段的维护与养护等全面统筹分析和管理。BIM 模型中不但具有项目建筑尺寸信息，还集成着包括构件材料信息、材质分层、周边地形情况、施工工艺流程等相关工程信息。制梁场作为生产部门，存在建筑物布设精度要求高、大型机械设备多、人员密集、安全保护设施简陋等特点，对现场管理和施工工艺提出了很高的要求，而 BIM 技术的应用可以有效提高其管理水平和生产效率。与 BIM 技术的应用局限于前期设计、施工阶段的建模与管理不同，本文将 BIM 技术应用贯穿于制梁场的全寿命周期的规划与管理中，对制梁场的规划、建设、生产全程进行系统分析，充分发挥 BIM 技术的应用价值，以降低制梁场生产成本、提高整体的管理水平。

6.4.1 制梁场情况概述

基于制梁场的定位与要求，在工程全过程中使用 BIM 技术以降低工期延误风险，减少成本，提高制梁场的安全系数。具体的 BIM 技术应用方法是根据项目场址规划 CAD 等高线图和平面图，构建制梁场全尺寸 Revit 地形模型，合理规划各区域范围，模拟构建厂房、道路及管线、生产设备等，论证方案的可行性。在设计阶段对管线及房屋结构等各构件进行碰撞检测分析。

在施工过程中将规划阶段优化后的模型应用于施工指导与检测，并使用 BIM 管理平台动态管理施工进度。为保证生产阶段的高效与安全，通过制订生产工艺要求人员工作时间表，利用 BIM 工程管理软件 Navisworks 生成生产时间表、制订机械设备使用时间表、规划机械设备运行轨迹、设置人员危险区与设备横移区，实现对后期运营阶段综合管理水平的全面提升。

本文根据不同工程阶段分为规划、施工、生产运营三个方面进行具体阐述，对如何提高制梁场生产阶段的效率及安全性进行重点分析。

6.4.2 BIM 技术在制梁场规划阶段的模拟分析

根据制梁场现场实际，构建地质地形、道路、厂房、机械设备、电路及供水、蒸养管线等 BIM 模型。

（1）地形模型。引入地形数据，构建 BIM 三维地形模型，为规划场地、验证管线设备布置方案做前期准备。在 CAD 软件中舍弃无关信息，

第6章 金台铁路梁场信息化管理技术研究

去掉标注与数字信息，将修改后的CAD地形图导入Revit软件中，建立Revit地形模型，使用软件中地形整平功能整平地面，最后针对边角细节做进一步的优化。

（2）道路铺设。根据当地情况，在地形模型的基础上构建用于连接制梁区、存梁区、拌合站、制梁区与横移区、拌合站与办公及生活区之间的道路。在这个环节中，对重点位置进行精确定位测量，以实现模型道路坡度与实际一致，保证模型的准确性。

（3）厂房模型。根据制梁场的施工方案，基于BIM地形模型，构建制梁区、存梁区、横移区、办公区、生活区及拌合站内各建筑物模型。对建筑物内管线与结构模型，进行碰撞分析和方案论证，确保后期施工环节的顺利实施与安全高效。

（4）机械设备模型。基于Revit软件强大的族功能构建生产过程中使用的机械设备BIM模型。采用参数化的方法建立模型，赋予对应机械设备工程属性及可变参数的尺寸设置，若后期需重复使用，调整对应参数即可使用，大幅降低了BIM模型的构建成本。

（5）电路及供水、蒸养管线模型。由厂房建设情况及工程实际需求，对制梁场区域内电路、供水、蒸养管线进行模拟铺设和碰撞检测，减少返工发生。同时，还对相关配套设备如锅炉房、电箱等的布设进行模拟。

6.4.3 BIM技术在制梁场建设阶段的指导施工

场内预埋管道、龙门吊走行轨基础及线路布置、制梁台座桩基础、横移小车基础、同主体路基衔接部分的施工布设精度要求较高，是制梁场建设环节中需关注的重点。在制梁场建设阶段中，BIM应用有：

6.4.3.1 基础施工

由于制梁场的生产工艺要求较高，因此对场地设施的施工质量需格外重视。鉴于场区内基础严苛的工作状态，如制梁台座在箱梁浇注到张拉前近似处于均布荷载状态，在张拉过程中及张拉过程后处于简支状态，两端受力；吊装箱梁的过程中，参与吊装的龙门吊基础不仅要承担箱梁重,还包括龙门吊自重与吊装偏心影响,因此对基础的施工要求较高。使用 BIM 模型指导基础施工,不仅可以读取桩基础、筏板基础的结构尺寸、位置,钻孔深度等工程信息,还可直接获取构件的三维结构、施工步骤及安装方法,提高了获取工程信息的效率与广度。同时,可将当天的施工进度上传至 BIM 平台中,便于统一管理、各方查验与工期的动态调整。

6.4.3.2 场内预埋管道

制梁场在生产过程中需要对箱梁进行喷水养护、蒸汽养生等作业,场区范围内存在水暖电各类管线系统交错复杂的问题,因此预埋管线的布置也需要重点关注。传统模式下各管线系统独立设计,难免出现管线碰撞。使用制梁场规划阶段优化后的 BIM 管线模型指导施工,可以有效规避管线碰撞,同时提供管线结构、大小、布置位置等工程信息,有效降低信息交流成本,提高施工效率,避免返工。

6.4.3.3 横移区支撑结构

受地形限制,存梁区和路基存在 6 m 高差,需设置 6 m 高横移小车轨道结构。为防止基础出现沉降、偏心、失稳等问题,下部结构中的扩大基础,钢筋混凝土柱及盖梁、支座的布设精度的把控也需要重点关注。对于指导施工,使用 BIM 技术从 BIM 信息模型中提取位置、深度、材质,施工工艺等多种工程信息,扩充获取信息广度的同时也提高了获取信息的效率;在安全管理方面,使用 BIM 模型指导施工,统筹规划各个横移基础结构的施工次序,规避安全风险,提高施工安全系数;在信息沟通与交流方面,运用 BIM 模型三维展示方式降低施工人员的读图成本,规避失误。同时通过 BIM 工程信息模型中集成的支撑结构施工模拟动画帮助施工人员快速理解施工工艺,降低学习成本。

6.4.4 BIM 技术在制梁场生产阶段的协调管理

鉴于制梁场的特殊性,生产阶段中箱梁制作环节最重要、最复杂,有人员构成复杂、大型机械多、设备布置密集、场地区域范围广的特点,

第6章 金台铁路梁场信息化管理技术研究

对管理水平要求较高，因此，本项目中使用BIM技术进行优化和管理，可有效提高运营阶段的生产效率和安全生产水平。

6.4.4.1 优化人员调配

根据甲方施工进度计划并结合当地的实际交通条件与制梁场预制箱梁工艺细则要求，制梁场采用后张法预应力混凝土箱梁预制工艺需按时交付 32.6 m 双线无声屏障预制箱梁 156 片、32.6 m 双线有声屏障预制箱梁 14 片、24.6 m 双线无声屏障预制箱梁 26 片、32.6 m 双线有声屏障预制箱梁 3 片、32.6 m 单线无声屏障预制箱梁 42 片、24.6 m 单线无声屏障预制箱梁 3 片。在保证生产质量的前提下，通过构建数学模型、调整台座之间的生产时间间隔的方法，降低制梁工序生产人员峰值人数并制定生产人员时间表，为后续使用BIM技术优化管理提供数据。

1. 模型构建与变量选取

根据金台铁路的工期要求与设计规划，制梁场配置制梁台 6 座，建立数学模型前首先明确：

（1）制梁工艺，人员调配及工艺要求时间严格按照生产规定严格执行。

（2）6个制梁台座生产彼此独立互不干扰。

（3）前期准备工序，例如钢筋、混凝土加工及在生产环节过程中吊装模板施工等准备工序按生产规定进行，保证不能因准备工序拖延影响后续的生产计划。

（4）本项目仅考虑在正常情况下的人员及时间安排，不考虑因极端气象、人为因素或其他不可抗力因素造成的时间及人员偏差。

（5）根据生产要求，为保证箱梁生产的质量，需严格遵守生产标准，生产工序之间不设时间空档。生产单个箱梁所需占用制梁台座及内模时间、具体流程细节见表6-1。制作单个箱梁工序流程所需时间及生产人员数量之间的关系见表6-1。从表中可以得出，若6个梁座同时开始生产，所需生产人员峰值数量可达 22×6=132 人。因此，需要制订各个台座工作时间表，以达到人员调配方面的合理调配。

6.4 基于 BIM 进度管理控制技术研究

表 6-1 箱梁生产工艺所需时间、工作人员数量和使用机械

工艺名称	时间/h	人数/人	参与生产的机械
模板修整、涂油	1	5	单线模板，双线模板
吊装钢筋笼，安装端模	2	5	80 t+80 t(10 T) 钢筋笼吊装门机，单线模板，双线模板
穿内膜及整理钢筋骨架	5	5	单线模板，双线模板，拔管机
浇筑混凝土（含施工准备）	7	22	单线模板，双线模板，压浆机，搅拌机，混凝土泵送机，混凝土布料机，插入式振捣棒，附着式振捣器
等强、养生（强度82%）	120	2	单线模板，双线模板，喷淋养生设备
拆端模	2	5	单线模板，双线模板，80 t+80 t(10 T) 钢筋笼吊装门机
预、初张拉	3	5	单线模板，双线模板，智能张拉设备
拆内模	2	5	单线模板，双线模板
提梁机提梁	1	8	900 T 提梁机

2. 优化分析结果

使用软件将数据进行叠加计算，以避免峰值交错的原则得出各个台座最佳时间表。依据 6 个制梁台座的生产工序所需生产人员数量，在工序时间保持不变的情况下，将生产人员数量及生产时间编组，通过叠加的方法得到最佳方案。

经计算得出优化后生产工作人数峰值人数为 35 人（6 个台座同时参与生产工作的人分别为 22 人，5 人，2 人，2 人，2 人，2 人）。此时，以 0 时为时间起点，优化后的 6 个台座之间开始时间分别为：1 号台座：0 时开始；2 号台座：16 时开始；3 号台座：32 时开始；4 号台座：48 时开始；5 号台座：64 时开始；6 号台座：80 时开始。

根据计算结果，得出优化后生产人员总数随时间变化关系如图 6-3。

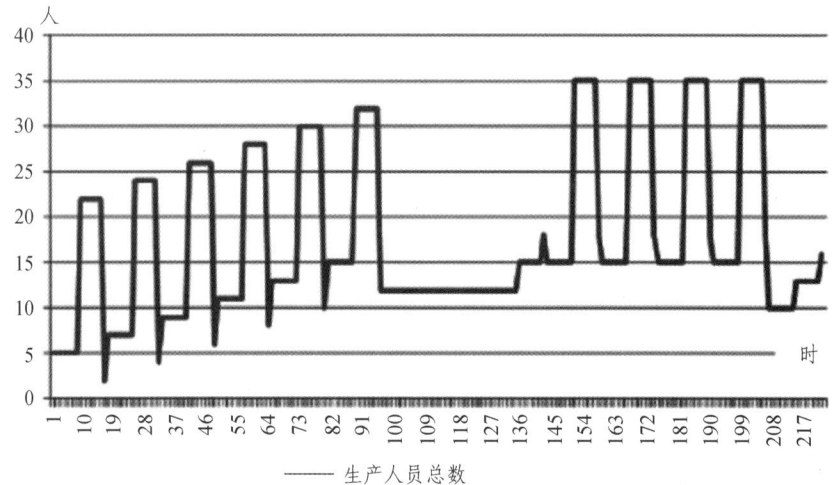

图 6-3 优化后生产人员总数随时间变化关系

使用 Navisworks 软件中的 Time Liner 功能将优化后得出的生产人员时间表进行记录,包括生产人员时间表、生产人员个人信息、进度报告等,方便各方利用 BIM 系统进行查验与管理项目中的各项动态信息。通过 BIM 系统管理平台发布生产动态,实现了工程信息的公开透明,降低各方因交流不畅所造成的经济损失。

6.4.4.2 优化机械设备

位置使用 BIM 管理软件 Navisworks 预先对大型机械的位置模拟布设,结合台座使用时间表制订机械设备使用时间表,设定生产过程中机械设备的运行轨迹,布设人员危险区与设备横移区,保障生产工作的安全稳定,同时提高了机械设备的利用率。

1. 时间表设计

根据预制箱梁工艺细则,在箱梁预制过程中,主要涉及的大型机械有:单线模板(包括外膜和内膜)、双线模板(包括外膜和内膜)、钢筋笼吊具、智能张拉设备、压浆机、搅拌机、拔管机、900T 提梁机、80 t+80 t(10T)钢筋笼吊装门机、混凝土泵送机、混凝土布料机、插入式振捣棒、附着式振捣器、喷淋养生设备等。

由生产流程对机械进行分类,根据台座使用时间表制订机械设备使用时间表，利用 Navisworks 软件 TimeLiner 功能对生产时间和机械进行匹配。表 6-1 给出了各个生产工艺所需要使用的机械。

运用 TimerLiner 功能将 Revit 软件中的机械族模型与对应的工艺流程进行匹配链接，得到具有机械模型定义属性的时间表。图 6-4 给出了生产工艺过程中的机械使用信息，为下一步生产机械设备轨迹优化做准备。

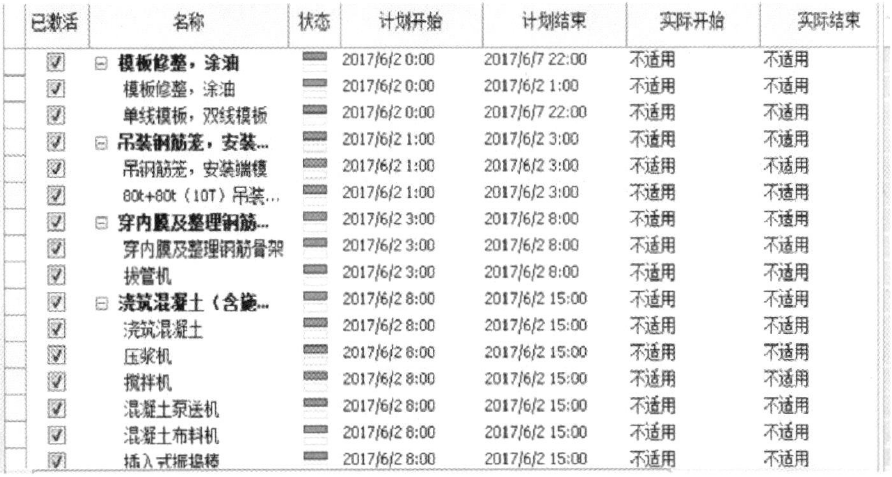

已激活	名称	状态	计划开始	计划结束	实际开始	实际结束
☑	⊟ **模板修整，涂油**		2017/6/2 0:00	2017/6/7 22:00	不适用	不适用
☑	模板修整，涂油		2017/6/2 0:00	2017/6/2 1:00	不适用	不适用
☑	单线模板，双线模板		2017/6/2 0:00	2017/6/7 22:00	不适用	不适用
☑	⊟ **吊装钢筋笼，安装...**		2017/6/2 1:00	2017/6/2 3:00	不适用	不适用
☑	吊钢筋笼，安装端模		2017/6/2 1:00	2017/6/2 3:00	不适用	不适用
☑	80t+80t（10T）吊装...		2017/6/2 1:00	2017/6/2 3:00	不适用	不适用
☑	⊟ **穿内膜及整理钢筋...**		2017/6/2 3:00	2017/6/2 8:00	不适用	不适用
☑	穿内膜及整理钢筋骨架		2017/6/2 3:00	2017/6/2 8:00	不适用	不适用
☑	拔管机		2017/6/2 3:00	2017/6/2 8:00	不适用	不适用
☑	⊟ **浇筑混凝土（含震...**		2017/6/2 8:00	2017/6/2 15:00	不适用	不适用
☑	浇筑混凝土		2017/6/2 8:00	2017/6/2 15:00	不适用	不适用
☑	压浆机		2017/6/2 8:00	2017/6/2 15:00	不适用	不适用
☑	搅拌机		2017/6/2 8:00	2017/6/2 15:00	不适用	不适用
☑	混凝土泵送机		2017/6/2 8:00	2017/6/2 15:00	不适用	不适用
☑	混凝土布料机		2017/6/2 8:00	2017/6/2 15:00	不适用	不适用
☑	插入式振捣棒		2017/6/2 8:00	2017/6/2 15:00	不适用	不适用

图 6-4 生产工艺过程中的机械使用信息示意图

2. 机械设备轨迹优化

根据 6 个台座对应的工序时间表，使用 Navisworks 软件的 Animator 功能模拟机械设备的移动轨迹及机械设备的使用情况，对厂区的机械设备使用实行统一调配。运用 BIM 软件规划生产过程中各个节点中机械设备的放置位置，避免生产过程中发生因机械设备占用或位置不当造成的窝工及不安全事件的发生，保证生产阶段的安全稳定，提高了制梁场整体的综合管理水平。

图 6-5 显示的是使用 Navisworks 软件进行模拟生产的界面。采用 Animator 功能设置生产工序时间表，并在生产节点下添加需要使用到的机械设备。设置完毕后进行模拟生产，优化机械位置与机械设备的移动轨迹，避免机械设备碰撞；设置设备横移区及人员危险区，减少与人接触的可能性，避免安全事故的发生。同时，在这个过程中实现

对整个厂区的设备统一调度，统一管理，提高了设备利用率，减少设备成本支出。

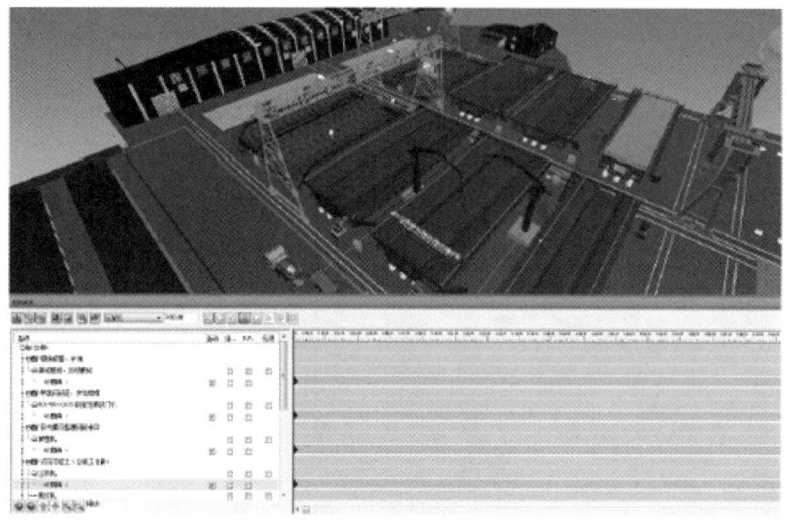

图 6-5　生产过程中大型机械的使用动画

6.4.5　小　结

基于本项目制梁场的特殊性，与传统 BIM 技术应用相比，本项目中 BIM 技术不仅用于前期厂区规划、管线模拟优化，中期制梁场建设阶段的施工指导、可视化展示，还包括后期生产运营中制定台座的时间表、规划机械的运行轨迹、设置设备横移区和人员危险区，有效降低了非操作人员与机械间的接触概率，保障生产过程的安全稳定，同时厂区内机械设备的统一调配也提高了设备的利用率，降低了生产成本。不同于将 BIM 技术的应用仅局限于施工阶段，本项目中将 BIM 技术应用于其全寿命周期的统筹规划和协调管理中，使 BIM 技术不仅仅作为一种三维立体化模型信息库，更重要的是基于 BIM 模型内集成的工程信息对项目进行有效的风险把控与效率提升。随着 BIM 应用的不断深化，它必将实现建筑行业技术与管理水平的全面飞跃。

第 7 章
金台铁路田市跨永安溪台金高速高墩大跨 56 m 连续梁节段现场预制长线拼装技术研究

第7章 金台铁路田市跨永安溪台金高速高墩大跨56m连续梁节段现场预制长线拼装技术研究

7.1 田市跨永安溪台金高速公路特大桥概况

7.1.1 工程简介

金台铁路 JTSG-4 标田市跨永安溪、台金高速公路特大桥（中心里程为 DK077+273.408），该桥位于浙江省台州市仙居县田市镇境内，孔跨布置：（7-56 m+2-48 m+15-56 m）简支箱梁+（60+100+60）m 连续梁+（30-32 m+3-24 m）简支 T 梁，全桥长 2 675.015 m。本桥桥墩为钻孔桩承台、两桥台明挖基础；49# ~ 59#墩采用圆端形实体墩、1# ~ 48#墩为超过 30 m 的空心墩，最高墩高 52.38 m；1 ~ 24 跨采用 56 m、48 m 节段预制胶接拼装简支箱梁跨越省道 S322 立交桥、永安溪河道，25 ~ 27 跨采用（60+100+60）m 连续梁跨越台金高速，连续梁处墩身高度变化为 39.46 ~ 42.88 m。本桥的特点是钻孔桩密集，高空心墩、大跨节段预制胶接拼装简支箱梁数量多，且有大跨度挂篮悬臂浇筑连续梁。节段预制箱梁为单箱、单室等高度预应力混凝土梁，采用 C60 混凝土浇筑。48 m 节段预制箱梁全长 50.2 m，计算跨度为 48 m，分 11 个节段预制，共 10 个胶接缝，预制节段长度分为 4.8 m 和 3.5 m 两种，梁高 4.5 m，梁顶宽 7 m，梁底宽 3.6 m；56 m 节段预制箱梁全长 58.2 m，计算跨度为 56 m，分 13 个节段预制，共 12 个胶接缝，预制节段长度分为 4.8 m、4.5 m 和 3 m 三种，梁高 4.5 m，梁顶宽 7 m，梁底宽 3.6 m。24 孔箱梁共有 308 个节段，梁段最大重量约 110 t。

7.1.2 TP120 型节段拼装架桥机在金台铁路项目的应用

节段拼装 TP120 型架桥机是用于金台铁路 JTSG-4 标田市跨永安溪、台金高速公路特大桥节段预制胶结拼装简支箱架设新型架桥机，目前，国内节段预制拼装架桥机基本分为上承式和下承式两种型号。结合墩型、梁场位置、节段结构尺寸、梁段悬挂、拼装顺序、最小曲线半径和最大纵坡过孔、导梁与前方结构物是否冲突等考虑。节段拼装 TP120 型架桥机正是在以上技术背景下成功研制的，使用表明该机完全满足本桥的设计及布局特殊要求。

7.1 田市跨永安溪台金高速公路特大桥概况

7.1.2.1 TP120架桥机主要性能参数及总体组成

1. 主要的技术参数

见表7-1。

表7-1 架桥机主要技术参数

项目	参数	项目	参数
施工工法	节段预制，全跨段拼装	最大节段块重	120T 不含吊具
施工桥跨	56 m（预留48 m接口）	最大悬挂重量	1 300 T（跨度56 m时）
动力条件	380 V，50 Hz	卷扬起升速度	0～1.3 m/min
运输条件	满足公路运输限界	天车行走速度	0～15 m/min
工作级别	A3	最大纵向坡度	1%
天车吊具	360°旋转	最小曲线半径	R2500

2. 节段梁架桥机总体组成

TP120型架桥机由主梁框架、导梁、起重天车、中支腿、后支腿、前支腿、辅助支腿、吊具、吊挂、2×10 t行车等组成。如图7-1所示。

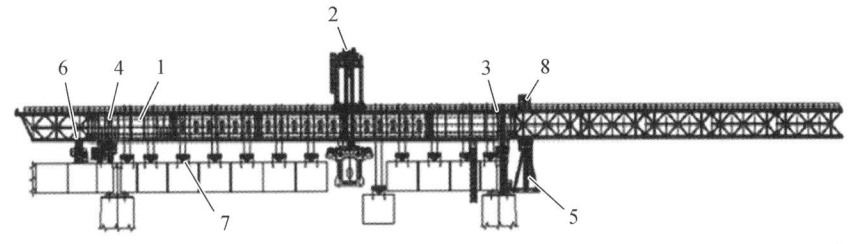

1—主梁；2—起重天车；3—中支腿；4—后支腿；5—前支腿；6—后辅支腿；7—吊挂。

图7-1 TP120型架桥机组成

1）主 梁

如图7-2所示。

第7章 金台铁路田市跨永安溪台金高速高墩大跨56 m连续梁节段现场预制长线拼装技术研究

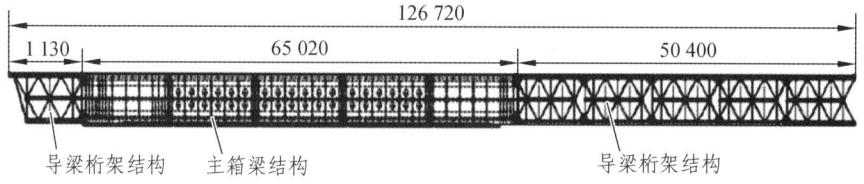

图 7-2 主 梁

主梁由主箱梁和导梁桁架结构两部分组成。主要材料采用 Q345B，具有结构简便、刚度大、制造工艺成熟等优点。主箱梁采用拼接板连接，采用高强度螺栓固定，导梁接头处采用双头螺柱连接，实现安装便捷的目的。主梁上盖板设有天车轨道，上盖板既可作为工作走台，同时也是天车电缆的铺设平台。下盖板两边分别设有纵移滑道，下盖板中间有纵移轨道。主箱梁内侧设有吊挂纵梁，用于安装吊挂预制节段箱梁。为方便运输，主梁设置为上下两侧，中间采用高强螺栓连接。长度方向分为11节。

2）起重天车（如图 7-3 所示）

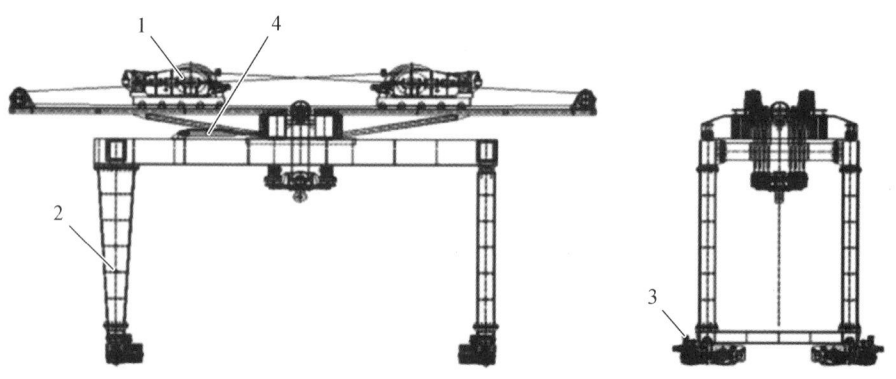

1—起升卷扬；2—金属结构；3—行走台车；4—横移机构。

图 7-3 起重天车

起重机采用两个 11 t 卷扬机起升，两个卷扬机既可以单动，又可联动，联动时依靠编码器控制同步。单台卷扬机对应的滑轮数量4，起升倍率8。钢丝绳抗拉强度 1 770 N/mm²。此钢丝绳耐磨损，耐挤压，抗腐蚀，具有高度的稳定性和使用寿命。卷扬机在高速端安装有块式制动器，低速端安装有盘式制动器，两套安全系统确保起重万无一失。

3）中支腿（如图 7-4 所示）

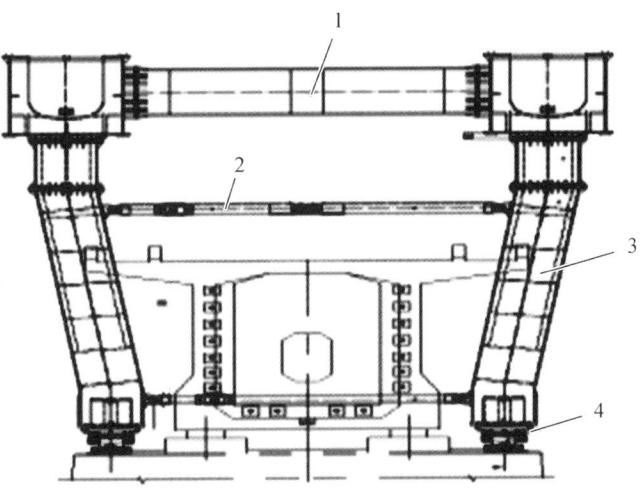

1、2—连接件；3—支腿；4—顶升油缸。

图 7-4　中支腿

中支腿与主箱梁刚性连接，通过底部油缸实现升降功能，其主要作用是承受混凝土梁和桥机自重。

4）后支腿（如图 7-5 所示）

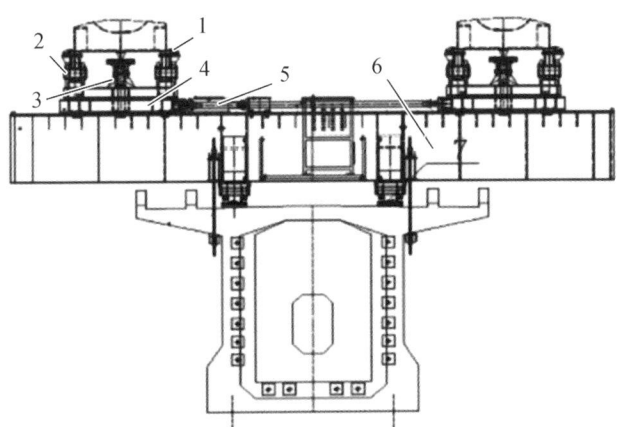

1—滑动支承；2—旋转铰座；3—纵移机构；4—横移梁；
5—横移机构；6—横梁；7—顶升装。

图 7-5　后支腿

后支腿是整个架桥机的关键部件之一。它的主要功能有：承载混凝土梁及架桥机自身重量，驱动架桥机前移过孔。通过起重天车吊运进行前后移动。

后支腿从上至下分别由滑动支承、旋转铰座、纵移机构、横移梁、横移机构、横梁、顶升装置等组成。

后支腿滑动支承与主框架连接，主框架下轨道直接置于滑动支承上面的滑板上。滑动支承与主框架连接处，为防止走行时跑偏，在滑动支承上设置有限位挡块，分别位于主框架下轨道的两边。这样可以有效防止主框架垂直方向的跳动，确保工作状况时整个架桥机安全可靠，万无一失。

5）前支腿（如图7-6所示）

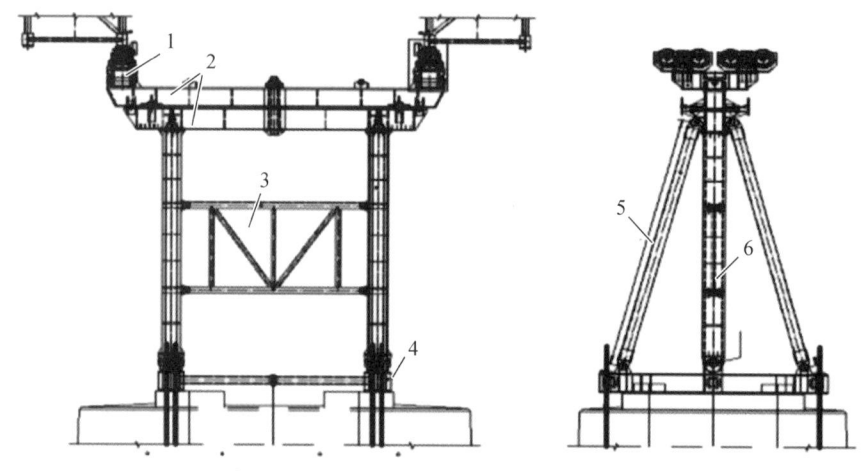

1—前支腿上承受铰；2—上下横梁；3—连接架；
4—底部框架；5—斜撑；6—竖支腿。

图 7-6　前支腿

前支腿的移动通过前支腿倒运装置完成，到位后固定到桥墩上，顶部的拖轮在主梁底部的内侧轨道上运行，用于完成整机过孔。

6）后辅支腿（如图 7-7 所示）

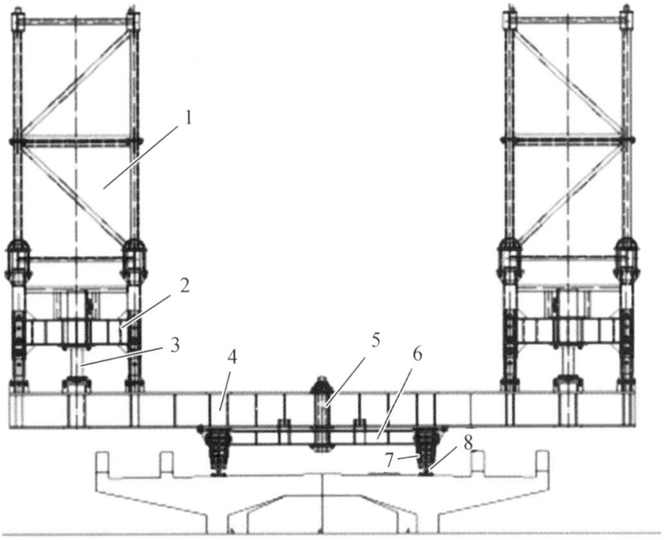

1—支撑架；2—油缸支架；3—顶升油缸；4—下横梁；5—转轴组件；
6—铰座横梁；7—行走组件；8—轨道。

图 7-7 后辅支腿

辅助支腿共 1 套，通过螺栓固定在导梁桁架尾部，在工作时随主框架一起移动并满足工况所需的功能要求。

顶升油缸是由一独立液压站驱动工作，通过液压缸的伸缩来改变伸缩套的高度。外伸缩套是一空腔结构，内伸缩套在其内腔里可做伸缩运动，油缸顶升到位以后插上销轴，使伸缩套承载。支腿上设有独立液压站，安装位置在导梁内，便于操作和检修。后辅助支腿横梁下部安装有台车行走机构，可沿梁面铺设的钢轨行走，过孔过程中辅助支腿行走机构可以输送主框架向前移动，同时在倒运后支腿时，需要将辅助支腿锁死，以提高过孔稳定性。

后辅助支腿上部刚性连接，支腿纵向加宽，保证纵向行走稳定性。

7）吊挂（如图7-8所示）

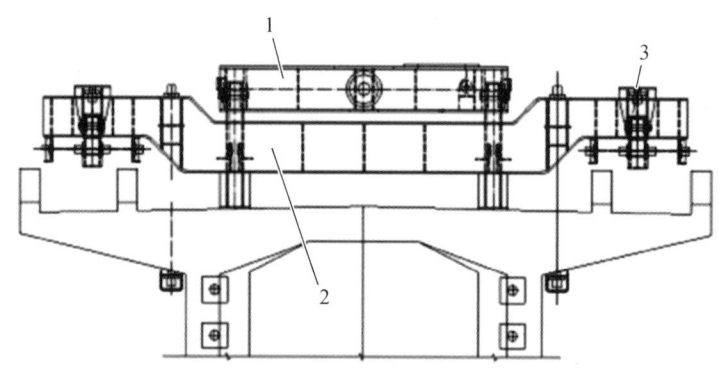

1—吊具横梁；2—吊挂横梁；3—连接座。

图7-8　吊　挂

吊挂悬挂节段时采用四点悬挂的方式，扁担梁与吊挂横梁采用铰轴连接，受力明确。吊杆采用精轧螺纹钢筋作为吊杆，吊挂的吊杆由于分布在主梁内侧，在整机纵移时，把吊杆抽出放在主箱梁里即可。

吊挂适用于所有的节段，其与节段之间采用精轧螺纹钢筋连接，要求预紧。连接座反扣在吊挂梁上，可以滑动，通过穿过挂座的螺纹钢筋调解的锁紧。要改变挂座与吊挂梁的相对位置时，先将钢筋上的螺母拧松，推动挂座移动，调整到位后再锁紧螺母。

7.1.2.2　TP120架桥机架梁、过孔技术说明

根据架桥机工作在此次架梁中的需要，分为架梁、过孔共两个工况分别介绍。

架桥机过孔一般需要解决的问题主要有3个方面：（1）纵向倾覆：一般都能满足，也比较好解决；（2）曲线过孔：曲线半径越小越难解决；（3）纵向坡度：大坡度比较难解决。TP120型架桥机具有很好的过曲线大坡度的适应能力。

1. 架梁步骤

（1）架桥机准备工作完毕。

（2）运梁车运梁。

（3）运梁车载梁行至架桥机尾部制动停止。

（4）逐块吊挂节段，据节段拼装架桥机的吊梁方式，先吊挂1#和11#（13#）节段梁到规定位置，然后从大里程向小里程依次吊装节段梁，吊装顺序为1#、13#、12#、2#、11#、3#、10#、4#、9#（下放）、5#、6#、7#，最后8#节段。

如图7-9所示。

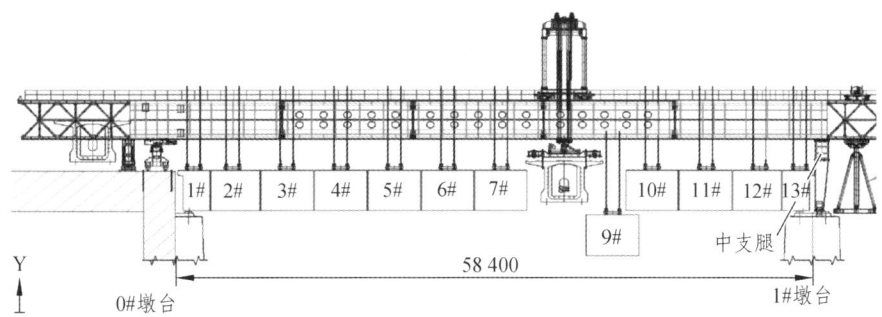

图7-9 梁段悬挂

（5）完成全部节段吊挂后，调整标高，由后至前逐块胶拼。

（6）完成张拉后将吊挂移至存梁区，准备过孔。

2. 直线、小曲线、大纵坡整机过孔技术

架桥机过孔是通过后支腿纵移机构作为整机纵移动力，进行步进式推进实现的，前支腿和后辅支腿作为主框架的前、后支撑支腿辅助整机过孔。

后支腿纵移机构位于主框架纵移轨道平面内，其工作原理是利用纵移滑块与纵移孔板的销轴连接来实现整个架桥机的前进。纵移油缸的前端配有纵移滑靴，后端安装在支撑梁上，纵移滑靴是通过油缸的伸缩驱动主框架前进和后退，而纵移滑靴能够随着油缸沿纵移轨道来回移动，实现步进式移动。

整机过孔中，为增加安全性，两支纵移油缸带动的纵移滑靴不可同时脱离主梁。两套纵移滑靴与主梁下滑轨销轴连接，每完成一次步进距离后，左侧纵移滑轨连接销轴拔出，右侧保持不动，待左侧纵移滑靴回退完成安装好销轴后，右侧纵移滑靴方可拔出销轴，回退安装后销轴。而后两侧油缸同步顶推。两侧纵移滑靴连接销轴交错回退，始终保证有一侧纵移滑靴与主梁下滑轨销轴连接。

1)曲线过孔

需要通过后支腿横移机构实现,其工作原理是通过油缸调整中支腿上部结构与主横梁相对位移。此套系统是为了满足主框架横向调整以及满足整机曲线工况。

2)坡度过孔

施工线路在1%纵坡以内,整机可随坡就坡过孔。

施工线路纵坡在1%到2%范围内时,整机可随坡就坡过孔,也可通过调整后支腿、后辅支腿顶升油缸改变支腿高度进而改变主框架纵坡姿态,一般通过支腿调整使主框架控制在1%纵坡以内。

3. 正常过孔施工工法(直线桥)

(1)步骤1(如图7-10所示):

① 架梁完成,准备过孔。后辅支腿油缸顶起,后支腿台车支撑在梁面轨道上。

② 后支腿顶升油缸收起,脱离桥面悬空,反挂在主梁下盖板上,通过纵移油缸向前移动约2 m。

③ 主天车运行至后支腿附近,落钩、挂钩后支腿,吊运后支腿前移。

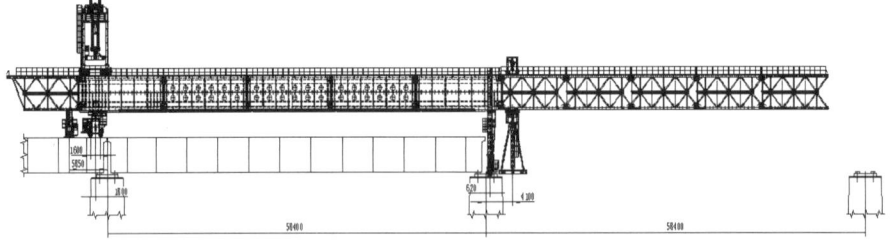

图 7-10　步骤1示意图

(2)步骤2(如图7-11所示):

① 主天车吊运后支腿前移至桥头,落放至梁面,后支腿顶升油缸顶起,使后支腿支撑起主梁。

② 后支腿与梁面吊点孔通过精轧螺纹钢进行锚固。

③ 主天车运行至后导梁尾部做配重,整机准备前移。

7.1 田市跨永安溪台金高速公路特大桥概况

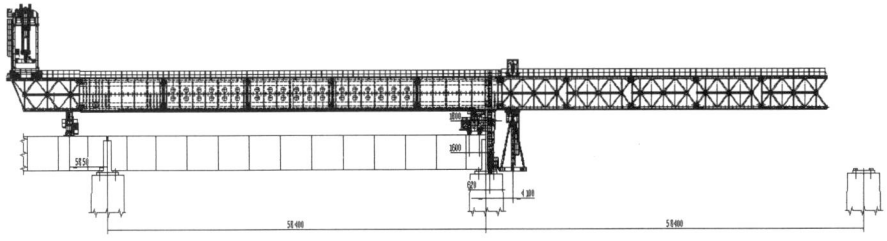

图 7-11 步骤 2 示意图

（3）步骤 3（如图 7-12 所示）：

① 中支腿油缸收起，脱离桥墩处于悬空状态，中间连杆打开、折叠收起。

② 后支腿纵移油缸推动主框架步进前移，注意左右两支纵移油缸同步顶推，油缸缸杆回退时分步回退，始终保证一支油缸与主梁固结。

③ 整机纵移约 8 m 时暂停推进，此时前导梁前部运行至前方桥墩上方。

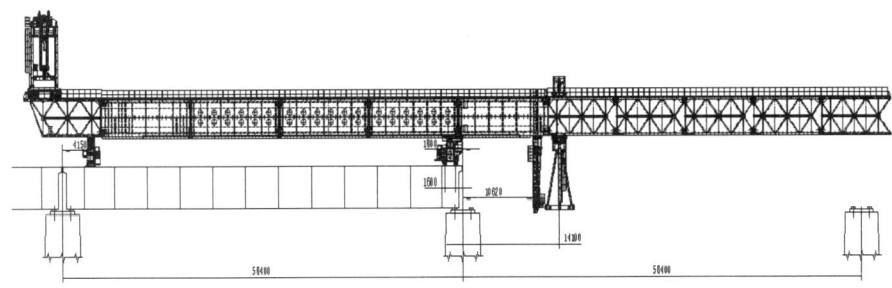

图 7-12 步骤 3 示意图

（4）步骤 4（如图 7-13 所示）：

① 辅天车运行至前支腿上方，落钩、挂钩前支腿。

② 解除前支腿与前导梁连接，辅天车吊载前支腿。

③ 辅天车吊运前支腿前移至前方桥墩上方，落放前支腿至桥墩上。

④ 前支腿与桥墩墩顶预埋精轧螺纹钢连接锚固。

第7章　金台铁路田市跨永安溪台金高速高墩大跨56 m连续梁节段现场预制长线拼装技术研究

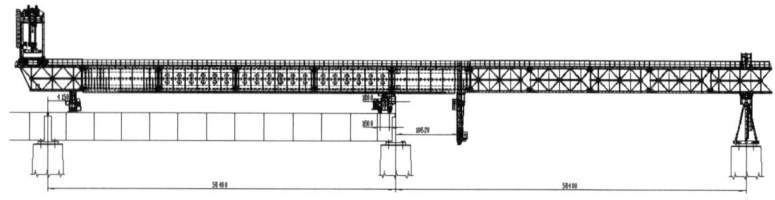

图 7-13　步骤 4 示意图

整机过孔随坡就坡，由于前导梁下挠约 36 cm（大悬臂吊装前支腿），为保证前支腿顺利上桥墩，需调整主梁姿态。通过后支腿顶升实现前导梁前端暂时升起约 50 cm 来抵消前导梁下挠。

（5）步骤 5（如图 7-14 所示）：

① 前支腿倒运、锚固完成后，后支腿及后辅支腿回复正常高度，导梁前端下部轨道搭接在前支腿上部滚轮中。

② 后支腿纵移油缸继续推动主框架步进过孔。

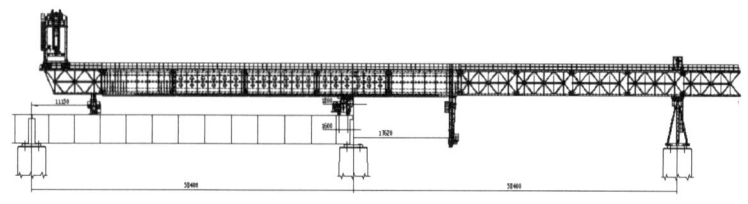

图 7-14　步骤 5 示意图

（6）步骤 6（如图 7-15 所示）：

整机步进过孔前移约 8 m 后暂停过孔，为减小后辅支腿对梁面载荷，主天车运行至后支腿上方。在后续过孔中，始终保持主天车位于后支腿上方附近。

此状态后辅支腿对梁面载荷很小，几乎为零。

7.1 田市跨永安溪台金高速公路特大桥概况

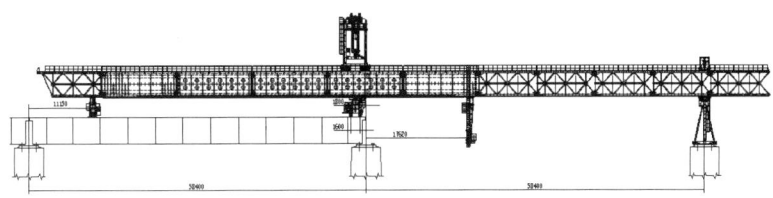

图 7-15 步骤 6 示意图

（7）步骤 7（如图 7-16 所示）：

① 后支腿纵移油缸继续推动主框架步进过孔，此过程中，主框架前移，主天车向后运行，始终保持主天车位于后支腿上方附近。

② 中支腿随主框架前移至前方桥墩上方到位后，中支腿油缸顶起支撑在墩顶上，前支腿上部滚轮脱离前导梁下轨道。

此过程中观察后辅支腿运行状态，运行约 2 m 后缓慢收起后辅支腿至悬空状态。

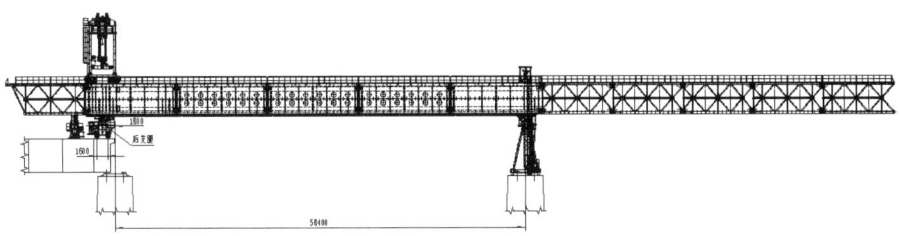

图 7-16 步骤 7 示意图

（8）步骤 8（如图 7-17 所示）：

① 解除前支腿锚固，前支腿倒运挂轮闭合挂在主梁前横联轨道上，中支腿油缸顶起使前支腿悬挂在轨道上。

② 通过辅天车将前支腿沿轨道前移约 1.2 m，方便辅天车起吊前支腿为准，到位后打开前支腿挂轮。

③ 辅天车起吊前支腿前移至导梁固定处，将前支腿与导梁固结在一起，辅天车落钩、脱钩。

第7章　金台铁路田市跨永安溪台金高速高墩大跨56 m连续梁节段现场预制长线拼装技术研究

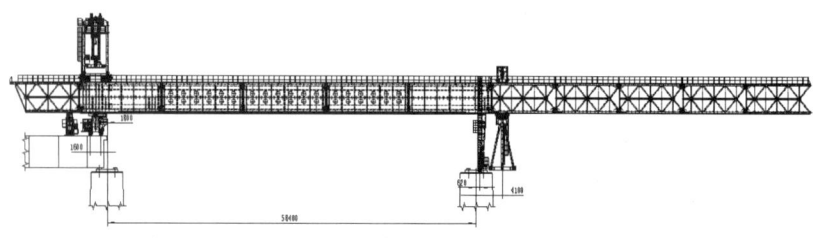

图 7-17　步骤 8 示意图

至此，整机过孔完毕，准备架梁。

4. 曲线过孔施工工法（曲线桥）

在过孔前，后辅支腿轨道下面铺设轨道垫板，轨道与垫板之间涂抹黄油。后辅支腿轨道为 2 m 短节，单侧台车配备两段轨道，连同垫板交替铺设。轨道垫板布置如图 7-18 所示（垫板 400 mm × 400 mm）。

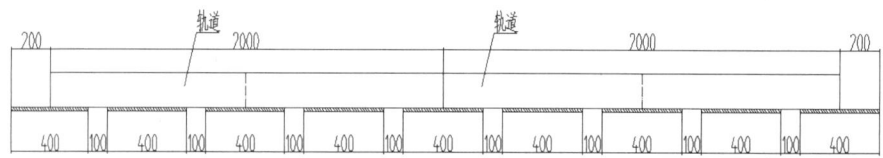

图 7-18　轨道垫板布置图

前支腿、后辅支腿设置转轴机构，在曲线过孔时，跟随后支腿横调油缸动作而被动回转，达到曲线过孔的目的。前支腿、后辅支腿转轴机构上下两层横梁之间限位在过孔时全部打开，保证不限制两层横梁相对回转。

（1）步骤 1、2（如图 7-19 所示）：

后支腿倒运完毕，中支腿收起，后辅支腿支撑在梁面轨道上，主天车在后导梁尾部做配重。

7.1 田市跨永安溪台金高速公路特大桥概况

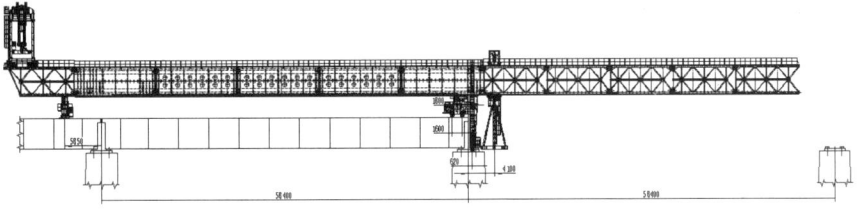

图 7-19 步骤 1、2 示意图

（2）步骤 3（如图 7-20 所示）：

① 中支腿油缸收起，脱离桥墩处于悬空状态，中间连杆打开、折叠收起。

② 后支腿纵移油缸推动主框架步进前移，注意左右两支纵移油缸同步顶推，油缸缸杆回退时分步回退，始终保证一支油缸与主梁固结。

③ 整机纵移约 10 m 时暂停推进，此时前导梁前部运行至前方桥墩上方。

在整机纵移 10 m 过程中，2 m 节轨道交替 5 次。后辅支腿从起始位置开始，每纵移 2 m 调节后支腿横移油缸 1 次。

按适应最小线路曲线半径 2 500 m 模拟计算，后支腿油缸总共需横移约 635 mm，过孔时后辅支腿每走行 2 m 后，后支腿横移油缸横移量约为 127 mm。后辅支腿走行 8 m（5 个 2 m）后，后支腿横移油缸完成横移 635 mm（5 × 127 mm），主框架横移到位。

以上数值为理论计算所得，实际工况中，由于线路曲线误差、整机站位误差等因素可根据实际调整，横移最终的目的是保证前支腿能安装到前方桥墩上。

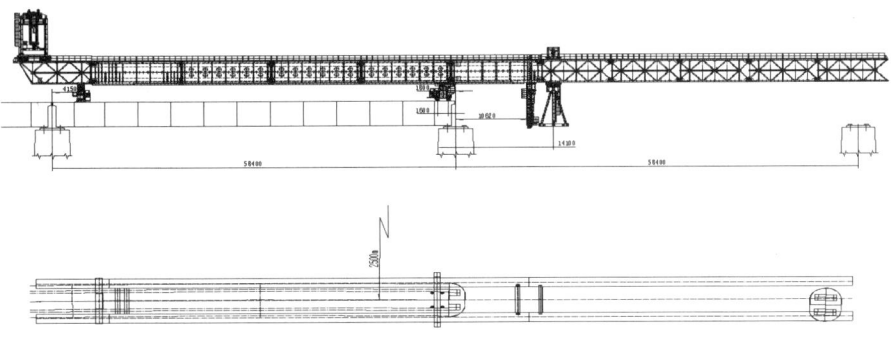

图 7-20 步骤 3 示意图

第7章 金台铁路田市跨永安溪台金高速高墩大跨56 m连续梁节段现场预制长线拼装技术研究

后辅支腿轨道铺设：

a. 后辅支腿轨道下面铺设垫板，垫板涂抹黄油。在过孔过程中由于后辅支腿走行轨迹只能接近线路曲线，无法做到绝对重合，因此后辅支腿台车轮缘与轨道之间会产生侧向力，当支腿压力产生的摩擦力小于侧向力时，轨道会随车轮横向移动。轨道涂抹黄油作用是让轨道横向移动顺畅，平缓地释放侧向力。

b. 轨道每节长度2 m，跟随车轮走向铺设，即让轨道配合车轮走向，用分段折线铺设轨迹来达到接线线路曲线。

（3）步骤4～6：

整机过孔约18 m，此时后辅支腿对梁面载荷很小，几乎为零。

（4）步骤7（如图7-21所示）：

① 整机继续过孔，运行约2 m后缓慢收起后辅支腿至悬空状态。

② 后辅支腿脱离轨道悬空后整机继续过孔直至中支腿运行到前方桥墩到位。

此时在落放支撑中支腿前，先横移后支腿（反向），整机以前支腿转轴回转调整姿态，使后支腿上部"回正"（即保证主梁中线与待架孔中心线重合）。

③ 后支腿横移完成后，落放支撑中支腿，前支腿解除锚固，反挂悬空脱离桥墩。

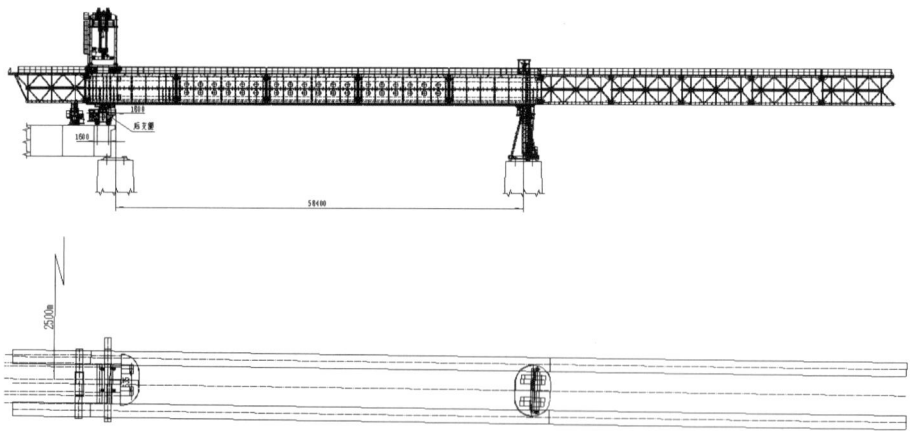

图7-21 步骤7示意图

7.1 田市跨永安溪台金高速公路特大桥概况

（5）步骤 8（如图 7-22 所示）：

① 通过辅天车将前支腿沿轨道前移约 1.2 m，方便辅天车起吊前支腿为准，到位后打开前支腿挂轮。

② 辅天车起吊前支腿前移至导梁固定处，将前支腿与导梁固结在一起，辅天车落钩、脱钩。

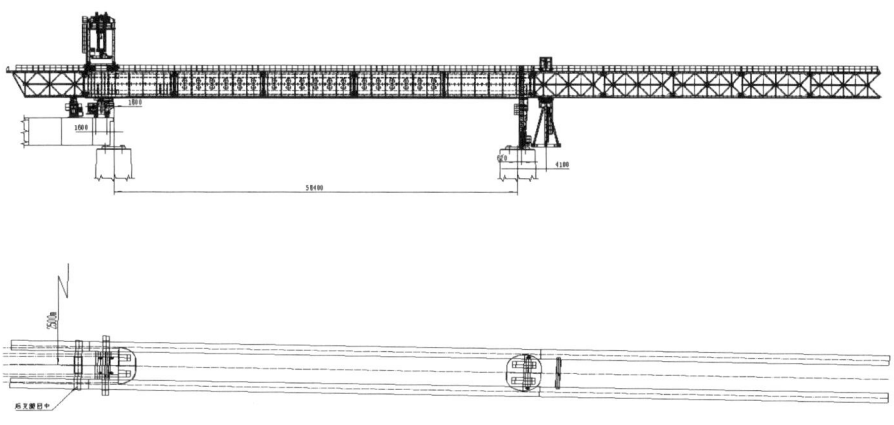

图 7-22 步骤 8 示意图

至此，整机曲线过孔完毕，准备架梁。

7.1.2.3 总　结

TP120 型架桥机于 2018 年 11 月在金台铁路 4 标施工以来，针对铁路桥梁 48 m、56 m 节段节段预制胶结拼装简支箱小曲线、大纵坡架设及整机过孔技术，无需在桥面铺设架桥机纵移轨道，省料、省工、省时，更重要的是可以简便地防止架桥机溜坡现象的发生，保证了施工的安全。

因为节段拼装这种施工方法有其特有的优越性，节段拼装桥梁在国内外城市高架桥及铁路桥梁建设中使用越来越多，鉴于实际道路的需求会对架桥机的功能更多的要求，TP120 型架桥机在金台铁路项目工程实际工况，对后期有类型架桥机过孔具有参考意义。

第7章　金台铁路田市跨永安溪台金高速高墩大跨56m连续梁节段现场预制长线拼装技术研究

7.2　田市跨永安溪台金高速公路特大桥简支箱梁预制悬拼技术

7.2.1　节段预制

1. 长线法制梁匹配机理

采用预制悬拼方法施工简支箱梁要解决的问题是：①保证箱梁节段安装后相临梁段间的拼缝严密；②保证连续梁安装完成后的整体线形（包括平面线形和竖向的线形）。解决以上问题是通过匹配方法实现的：首先预制梁段时以相临的已制好的梁端面为端模可以解决第一个问题；保证箱梁整体线形方面，长线台座制梁是将整片梁的线形（根据施工方法适当预留变形量）放样在固定的模型上实现的。根据本桥实际情况（梁体高度不变但底面标高变化），设置长线台座的纵向线形时，为降低台座高度，使台座能同时用于制作有纵坡（或竖曲线）梁段和平坡梁段，长线台座的初始线形采用水平线形。对于平坡梁段仅考虑设置预拱度，对于有纵坡的直线形梁段，在调整各预制节段底面标高时，要同时考虑预拱度和转角的影响。对于有纵坡又有竖曲线的梁段，则在上述两项的基础上，再加上矢高的影响来设置台座的线形。

2. 长线法制梁设备

制梁模板（含内外模、端模）2套，56 m长线台座2个，钢筋成型台座1个，另外配备200t龙门吊机1台（用于吊运箱梁），10 t门式吊机2台（用于制梁区的钢筋骨架、模板吊运等工作）。

3. 预制顺序

节段预制时，以每跨为一个单元，按拼装顺序进行预制。边跨墩顶块穿插于标准梁段预制过程中进行。

4. 施工工艺流程

工艺流程图见图7-23。

7.2 田市跨永安溪台金高速公路特大桥简支箱梁预制悬拼技术

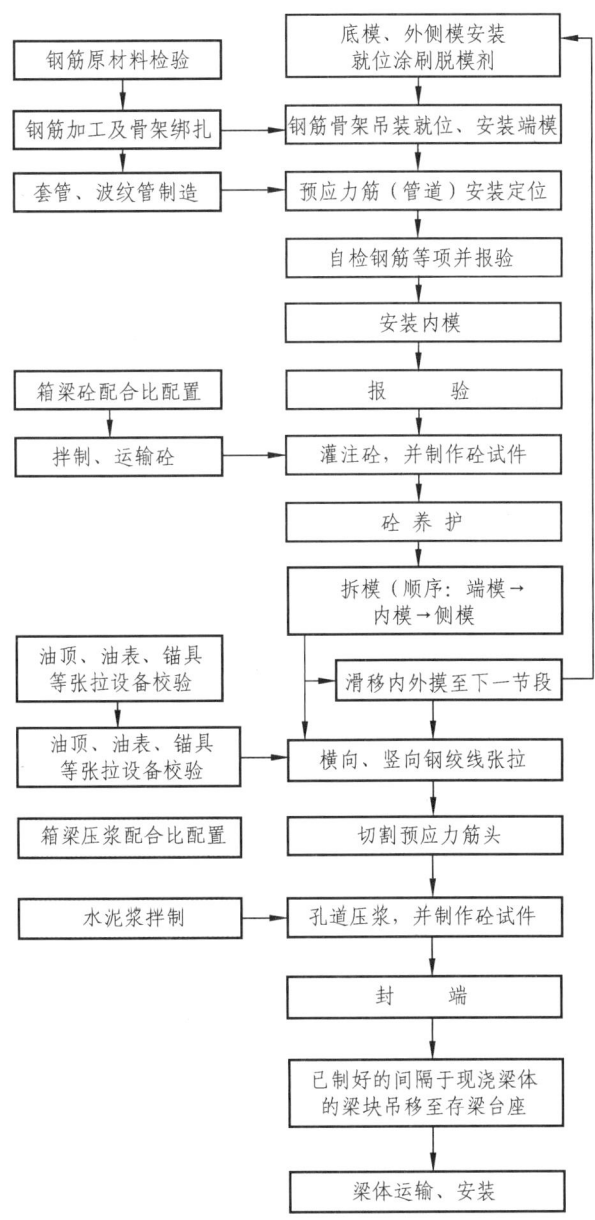

图 7-23 简支箱梁预制悬拼工艺流程图

第7章　金台铁路田市跨永安溪台金高速高墩大跨56m连续梁节段现场预制长线拼装技术研究

5. 主要施工方法

1）台座施工

制梁台座基础为50 cm厚整板C20级砼基础，内设上下两层Φ12@200钢筋网片。基础上方布置砼支墩以便于调整箱梁线形。台座底模采用$\delta=6$ mm钢板为面板，[10槽钢为纵肋，间距20～40 cm，纵肋下方铺放2[30槽钢作为分配梁支承于砼支墩上。底模沿箱梁纵向分块，分块长度与对应的节段长度一致，台座线形主要通过调整砼支墩上的钢垫块的厚度而实现。

制梁台座是控制节段预制线形最重要的设施之一，其最重要的指标是台座底板曲线和平整度控制、台座中心线控制、台座沉降量控制。预制台座底板曲线和平整度、台座中心线在台座安装过程中进行控制。为了控制台座的沉降量和非弹性变形，在台座安装完成，第一次节段预制开始之前，应对台座进行逐段压重，压重的重量不小于1倍预制节段的重量，并在3天的沉降量小于3 mm时停止。台座周围应布置排水沟，防止台座被水浸泡沉降。

台座容许施工误差：标高±2 mm；中心线±2 mm；长度±10 mm；宽度±5 mm；局部错台≤2 mm；平整度：2 mm/1 m。

2）模板施工

外侧模面板采用$\delta=6$ mm钢板；横肋为∠63×6角钢，@=300 mm；竖肋为槽钢组成的桁片，除增强模板刚度外，桁片同时也作为侧模支架，以保证模板在安装、滑移和浇注砼时的稳定。由于受梁场场地限制，外侧模的移位无法利用吊机起吊，因此在侧模竖向支腿下设有4个双向走行轮及4个油顶顶升点，用以模板移位和高度调整。

内模采用顶模与侧模分离式，顶模通过内模支架下的升降丝杆进行标高调整，内顶模和内侧模依附于内模支架通过铺设在台座上的滑道进行移位。

模板投入使用前必须打磨、除锈，并涂刷具有优良性能的脱模剂。所选用的脱模剂须能使混凝土表面光洁度达到的标准要求，并得到监理工程师同意后方可使用。

底模安装前要先进行预拼，各项指标检验合格后方可投入使用，底

7.2 田市跨永安溪台金高速公路特大桥简支箱梁预制悬拼技术

模精确就位完成后,开始安装外侧模。

外侧模安装完毕、梁体钢筋骨架吊放并报验合格后开始安装内模及端模。步骤如下:

① 内模顺滑道滑移至梁体内就位。
② 顶升内顶模并调整其位置及标高。
③ 安装端模板。
④ 内侧模及上齿块模板就位。
⑤ 安装内外侧模的拉杆对拉加固。
⑥ 安装其他附属小构件模板。

侧模安装完毕后,进行全面检测,调整标高,就位精确,并做好记录,不符合标准的应及时再调整。钢模板安装标准见表 7-2。

表 7-2 钢模板安装尺寸偏差表

序号	检查项目	允许误差/mm	检查方法
1	截面尺寸	±5	
2	底模平整度	≤2	100 cm 水平尺量
3	模板高度	±5	尺量
4	底板、顶板厚度	+10,0	经纬仪定中线测量
5	上缘内外偏离设计位置	+10,~5	尺量
6	模板垂直度	±3(每米)	经纬仪定中线测量
7	腹板厚度	+5,0	
8	相邻板面高差	1 mm	

3)钢筋施工

本工序的主要工作内容有:钢筋骨架绑扎、预应力管道安装及定位、预埋件安装及定位、混凝土垫块安装、钢筋骨架吊环安装。

① 钢筋骨架绑扎

a. 骨架绑扎

为了加快施工进度,避免钢筋绑扎时对已安装模板的污染,梁段钢筋采取先绑扎成型再整体吊装入模的施工工艺。钢筋绑扎在固定的钢筋绑扎台座上完成,钢筋绑扎时,在台座上定点放样绑扎,钢筋骨架的几何尺寸、钢筋型号、数量、规格、等级、间距及搭接长度及钢筋接头位置的布置均要满足设计及规范要求。

钢筋骨架绑扎时,须对预埋管道及预埋件位置进行放样,以及时调整钢筋位置避免互相冲突。

b. 预埋管件的安装、定位

在钢筋绑扎的同时,进行所有预埋管件的埋设。主要包括:体内预应力波纹管(锚垫板)的埋设、预制梁段临时吊点预埋件、预制梁段临时预应力预埋件、体外预应力束限位装置预埋件、墩顶梁段临时固结预埋件、其他附属设施预埋件及通气孔的埋设。

波纹管进场后应核对其类别、型号、规格及数量,并进行相关试验检验。安装时,要准确定位,管道要平顺,按设计给定的曲线要素安设,采用"#"字型钢筋定位,定位筋在直线段按 0.5 m 的间距设置,曲线段按 0.3 m 的间距设置。锚垫板安装与管道中心线垂直。垫板与波纹管接头处用胶带严密包缠防止砼浇注时漏浆堵塞管道。当预埋管(特别是预应力管道)位置与钢筋位置发生冲突时,适当移动普通钢筋。

为保证波纹管位置及对接口的准确,在固定端模上按波纹管设计位置钻孔,通过螺栓固定硬塑料塞的办法来精确控制波纹管口位置。匹配面处待浇梁段与匹配梁段相应波纹管用 PP-R 内衬管确保其连接顺直。

预埋件(钢板、劲性骨架等)埋设前,检查预埋件的尺寸、规格是否符合设计要求,焊缝质量是否满足其技术规范。安装时进行测量放样,确保位置准确。预埋件固定时要与钢筋骨架主筋可靠地焊接。

c. 混凝土垫块安装

混凝土保护层垫块采用梅花形砂浆垫块或专用塑料垫块,根据设计图纸垫块的尺寸分两种,内模 30 mm、外模按 45 mm。安装时,垫块按梅花形布置,间距需满足垫块受力要求,并用镀锌铅丝固定牢固,底板与腹板交接处适当加密。垫块表面洁净,不能受到油污的污染,垫块颜色与结构混凝土外表一致,强度不低于箱梁混凝土强度。钢筋骨架绑扎见示意图 7-24。

7.2 田市跨永安溪台金高速公路特大桥简支箱梁预制悬拼技术

图 7-24 钢筋骨架绑扎示意图

② 钢筋骨架入模

绑扎成型的钢筋骨架经验收合格后即可吊装，吊装由 10 t 龙门吊完成（墩顶块钢筋骨架重量较大，采用 100 t 龙门吊吊装）。为防止变形，钢筋骨架采用专用吊具多点平衡起吊。吊运前，调整各吊点吊绳使其受力均匀。钢筋骨架上的吊环用 $\Phi 16$ 的圆钢弯制而成，吊环与钢筋骨架的主筋焊接。吊装时，保护好各种预埋管件不受损伤。入模时，检查各预应力管道的堵头塑料塞有无松动或掉落。

对于不能及时入模的钢筋骨架要用彩条布或其他覆盖物遮盖，防止钢筋锈蚀。

钢筋骨架入模见图 7-25。

图 7-25 钢筋骨架入模示意图

4）混凝土施工

① 混凝土技术性能参数

箱梁混凝土为C60高性能混凝土，梁段预制施工前，其配合比由试验室严格试配，混凝土性能必须满足设计及规范要求，并要求满足现场施工的需要。其主要技术、性能参数为：

强度指标为C60，采用大厂生产的强度等级为52.5的硅酸盐水泥，同一座桥采用同一品种水泥。

材料：对混凝土所用粗、细骨料进行成分分析及碱活性试验，混凝土骨料选择及最大碱含量应符合《铁路混凝土工程预防碱-骨料反应技术条件》(TB/T3054)的有关规定。粗骨料母岩的抗压强度与混凝土强度之比不宜小于2，粗骨料粒径不大于25 mm。混凝土胶凝材料总量不应超过510 kg/m^3，混凝土水胶比不应大于0.4，最大氯离子含量不大于0.06%，最大含碱量不大于3.0 kg/m^3。

初凝时间拟定为6~8 h。

坍落度拟定为12~19 cm。

3 d强度达到设计强度80%以上，28 d强度不小于设计强度。

拌制好的砼应均匀，颜色一致，具有良好的和易性，无泌水、离析等现象。

② 混凝土的拌制、运输

混凝土由集中拌和站生产，大堆料场采取不同种类、粒径分仓存放，并且分为待检测区和检测合格可使用区两大场地。水泥采用散装水泥，其他外掺料采用相应的罐装存放，并带自动计量系统，通过三通管与原有水泥输送管相连供料。

所有材料均需取样检验合格后才能投入使用，砂石料由试验及物资人员在材料产地及卸料场等处随机抽查、检验。

箱梁预制开工前，对拌和站的各种计量设备进行标定。在使用过程中要定期检定，经大修或搬迁后，也需重新检定。

混凝土拌制前，试验室对骨料含水率进行测定，并计算施工配合比，提交混凝土配料通知单到拌和站，拌和站作业人员严格按照试验提供的施工配合比配料通知单配料。雨天施工时，要对骨料的含水率要经常进行检测，并根据实测情况调整骨料和水的用量。严格控制混凝土搅拌时

7.2 田市跨永安溪台金高速公路特大桥简支箱梁预制悬拼技术

间,每盘混凝土搅拌时间不少于 2 min,拌合物应均匀,颜色一致,不得有离析、泌水现象。

混凝土通过混凝土搅拌运输车运输至前场,卸料到砼泵车料仓,泵送入模。

③ 混凝土的浇筑

a. 底板浇注

对实行二次浇注的梁底板采用串筒从挖空的顶板方孔直接布料浇注。对具有标准内模系统的梁段则采用在固定端模顶面挂设串筒并经溜槽输送至底板上进行浇筑。

底板浇筑时以插入式振捣器振捣为主。在底板与腹板交接处的钢筋密集区,在底板两端各加装 2 台附着式振捣器辅助振捣。

底板浇筑时采取中央往两侧浇注。浇注腹板时,适当降低混凝土坍落度 1~2 cm,以防止混凝土向底板上翻。

b. 腹板浇注

腹板采用两边对称下料。振捣以插入式振捣器振捣为主,在腹板底部可借助附着式振动器辅助振捣。对于有底板锚固块的梁段,需特别注意底板锚固块内混凝土的振捣,确保该位置混凝土密实。

c. 顶板浇注

顶板混凝土由一侧向另一侧连续浇筑,泵车直接布料,采用插入式振捣器振捣。

混凝土浇筑时两侧均匀布料,严格控制分层厚度在 30 cm 以内,振捣时严格按"快插慢拔"的技术要领操作,并注意观察混凝土表面气泡排出情况,掌握好振捣时间,确保混凝土密实。

在混凝土浇筑过程中,严禁振捣棒直接碰撞波纹管、预埋管、预埋件,防止预留预埋管件变位。同时注意布料时严格控制下料速度,防止混凝土对预留预埋管件造成过大的冲击。

d. 特殊季节或气候条件下施工

冬季混凝土施工根据气温条件和热工计算,确定冬季混凝土施工措施,确保混凝土入模温度满足规范要求,并加强混凝土振捣质量控制。混凝土浇筑成型后利用加温养护房保证混凝土养护条件,防止出现温度裂缝。

第 7 章　金台铁路田市跨永安溪台金高速高墩大跨 56 m 连续梁节段现场预制长线拼装技术研究

雨季施工时主要是加强原材料含水量监测,根据实测含水量调整材料用量。利用养护房顶棚作防雨设施。注意收听天气预报,避免在大雨天气条件下浇筑混凝土。

根据设备使用安全规定,当遇大风情况时起重机械停止作业。

④ 测量埋点埋设

在混凝土终凝前,进行测量测点埋设。测点共设有 6 个,2 个轴线控制点,4 个标高控制点。轴线控制点为 U 形钢筋埋件,标高点为"十"字头镀锌螺栓。在混凝土终凝后梁段拆模前,及时对测点进行测量并输入线形监控程序。

⑤ 混凝土养护

混凝土浇筑完成初凝后应及时进行养护,养护方法要适应施工季节的变化。

a. 一般情况下的养护

一般情况下采用洒水养护,使混凝土表面的潮湿状态保持在 15 d 以上。混凝土浇注完毕终凝后开始洒水或保温养护,在箱梁顶板及底板上覆盖土工布,并使土工布保持潮湿,模板未拆除前向模板表面洒水降温。箱梁梁段吊入修整区后,如果养护时间还不足 15 d,则需要对其继续洒水养护。

b. 冬期施工期间的养护

为了减少拆模等待时间,避免因温差过大而产生裂缝,尽快使箱梁梁段达到抗裂所必需的强度,冬期施工期间,梁段预制采用暖棚养护。顶棚为启闭式活动顶棚,为保证室内采光屋顶采用透明阳光瓦。每个预制台座暖棚内设锅炉或空调的方式进行升温,并设置温度湿度计监测室内温度和湿度,以保证室内养护条件满足冬期施工要求。

5) 节段预应力施工

箱梁节段在预制场要安装和张拉预应力筋有桥面横向索(钢绞线)和底板横向索(钢绞线)及竖向预应力粗钢筋。预制节段箱梁竖向粗钢筋、横桥向钢绞线均采用单端张拉形式。竖向粗钢筋、横桥向钢绞线均须在砼浇筑前安装完成,粗钢筋采用钢套管成孔,钢绞线采用波纹管成孔。粗钢筋与钢套管在安装前组合成一体,整体安装。

千斤顶与油压表应定期配套检验,校验期限不得超过 6 个月或张拉

7.2 田市跨永安溪台金高速公路特大桥简支箱梁预制悬拼技术

次数不大于 200 次。千斤顶与油压表发生故障或经过大修后须重新校验。油压表选用防振型油压表，精度不低于 0.4 级，最小刻度不大于 1 P，表盘直径应不小于 15 cm。

预应力施加之操作应由专业资历人士担任，并应遵守所有有关于该预应力施加过程之既定技术要求，以及根据预先建立之程序予以进行。梁体张拉必须在梁体混凝土强度达到设计要求强度后进行张拉。

张拉顺序是：横向筋 → 竖向筋。

钢绞线的张拉程序为：$0 \to 0.1\sigma_k \to 1.0\sigma_k \to$ 锚固（持荷 2 min）（测总回缩量及锚塞外露量）。

竖向粗钢筋的张拉程序为：$0 \to \sigma_k \to$ 锚固。

预应力张拉按张拉力控制，伸长量作为校核（伸长量待试验后确定）。

预应力筋的内缩量、断丝、滑丝数量，均不得超过规定数值，每个断面断丝之和不超过该断面钢丝总数的 1%，且一束断丝不得超过 1 丝；夹片回缩量不大于 5 mm。在张拉进行时，千斤顶前端严禁有人通过和停留。

预应力筋张拉完毕后，用砂轮机或氧-乙炔喷枪切割锚圈外的预应力筋头，当用氧-乙炔喷枪切割时，锚端附近 30 mm 范围内严禁接触火焰，并对锚头部位采取湿绳缠绕或其他防护措施。切割后用砂浆封闭锚头，封锚应密实，不漏气，封锚砂浆达到一定强度后才能压浆。

压浆前应用高压水冲洗管道，如有积水应用压缩空气吹干。洗孔吹孔时如发现相互串通之孔道，应做好记录，以便安排同批压浆。

每个锚塞压浆孔处，均应安装压浆阀。压浆时，接通压浆管，待压浆完毕时关闭压浆阀开关，以保持管道中水泥浆的压力。

水泥浆配合比试经监理审批后才能使用，施工时严格按试验室配合比通知单配料。

压浆按一次压浆法进行。压浆的最大压力一般为 0.5 ~ 0.7 MPa，每个孔道压浆至最大压力后应有一定的稳压时间。压浆应达到孔道另一端排气孔排出与规定稠度相同的水泥浆为止。

同一孔道的压浆工作应一次完成，不得中途停压，否则应及时用清水冲洗已压浆孔道，并重新压浆。

第7章 金台铁路田市跨永安溪台金高速高墩大跨56 m连续梁节段现场预制长线拼装技术研究

水泥浆在搅拌机中的温度不宜超过25 °C,夏季施工应采取降温措施。当气温高于30 °C时,应尽量安排在夜间气温较低时进行压浆。

每次压浆必须做好施工记录并按要求制作水泥浆试件。

封端前梁端混凝土应仔细凿毛,并将全部灰杂物以及锚垫板上浮浆清除干净。同时检查确认无漏压的管道后,才允许灌筑封端混凝土。

封端混凝土宜采用无收缩混凝土进行封堵,其强度等级应符合设计规定。封端混凝土应有良好的养护条件,防止与梁体之间产生收缩裂缝。

梁体封端质量要求:端模应注意符合全梁长度允差标准。表面平整,无气孔,色泽一致,外观整洁。

6)梁段转运和存放

当整孔梁段完成匹配任务后,即可转运及存放。箱梁由200 t龙门吊机的起吊、移动,起吊前应对箱梁节段进行编号标识。

箱梁梁段分两层存放,单块箱梁梁段存放于相邻的两个堆存台座上,考虑到箱梁断面尺寸较小,为避免在堆存过程中产生过大的拉应力使箱梁损伤,支点采用条形支垫形式。

7.2.2 节段拼装

1. 箱梁节段拼装总体方案

预制节段梁采用大吨位拖车运送至专门架桥机机腹或者是待架桥跨下,通过架桥机吊杆吊上梁。箱梁架设拟采用SPZ1300/48铁路箱梁造桥机,从大里程向小里程逐孔拼装架设施工。节段梁拟采用运梁车从地面施工便道运至架桥机下方,然后由架桥机直接吊起梁段至安装位置进行梁段的拼装。如果条件允许,可直接通过成形路基,运梁至架桥机后方喂梁,利用汽车吊车配合架桥机起重小车的转动装置将节段梁在空中转动90°而就位。

节段箱梁架设流程:施工准备→造桥机拼装→造桥机检验→节段梁吊装及调整→节段梁胶拼及临时束张拉→整孔预应力张拉→整孔落梁就位→造桥机纵移过孔→造桥机调整进行下一孔架设。

梁体拼接相关质量满足《预应力混凝土桥梁预制节段逐跨拼装施工技术规程》(CJJ/T111—2006)标准及设计要求。

7.2 田市跨永安溪台金高速公路特大桥简支箱梁预制悬拼技术

2. 节段梁吊装和试拼

为保证两梁段拼接面标高、倾斜度保持一致，减少涂胶后的梁段位置调节时间，在胶拼前，进行试拼装。试拼装时，调整待拼节段标高，将梁段拼接面靠拢，保证梁段拼接面完全匹配。检查梁段块件标高、中线和匹配面的情况，预应力孔道接头对位情况，临时预应力钢筋及张拉设备是否完善。试拼完成后将移开 0.4~0.5 m（以方便胶拼为准），除纵向进行平移外，梁段的标高和倾斜度不应进行调整。

3. 拌胶及涂胶

接缝面密封胶采用无溶剂型双组分触变性桥梁专用环氧粘结剂，将环氧树脂在约 400 转/min 状态下搅拌 2~3 min，直到颜色均匀为止。搅拌过程中尽量避免引入空气，尽量使用扁平工具拌胶，便于散热延长使用时间。使用刮刀从下向上方均匀涂刷，为加快进度，可分为几个工作面同时进行涂胶，涂胶厚度为 2~3 mm。混凝土凹进部分要填平，涂刷过程以及拼装后 2 h 之内采取措施，防止雨水侵入和阳光照射。

在常温条件下，拌制完的环氧树脂宜在 45 min 内涂刷完毕，90 min 内进行拼接。涂胶的混凝土表面温度不宜低于 5 ℃，否则须采取加温措施。涂胶时应取 2 组试件，与梁体胶拼面同条件养护。

节段吊装示意图见图 7-26。

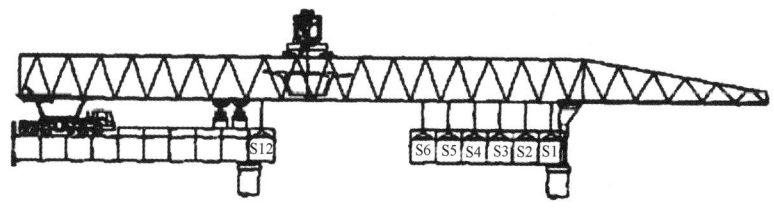

(a) 节段梁吊装

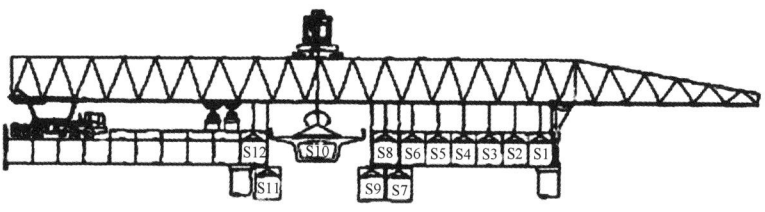

(b) 最后一节梁吊装

第7章　金台铁路田市跨永安溪台金高速高墩大跨56 m连续梁节段现场预制长线拼装技术研究

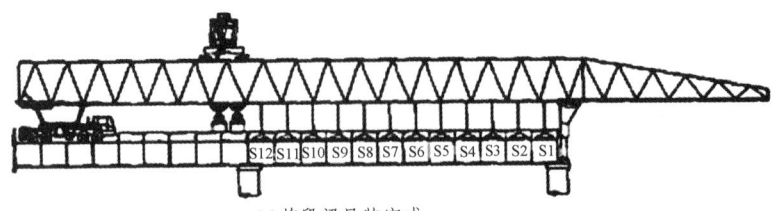

(c)节段梁吊装完成

图 7-26　节段吊装示意图

4. 梁段拼接

在全截面环氧树脂涂刷完毕，安装预应力管道密封措施后，移动待拼梁段，对位进行拼接。拼接时张拉临时预应力使环氧树脂在不小于 0.30 MPa 的压力下固化，环氧树脂接缝在环氧树脂尚未凝固之前，要在接缝保持一个最小临时压应力，临时压应力不得解除。挤压后的胶缝宽度宜在 0.6~1.2 mm，不应出现缺胶现象。挤出多余的环氧树脂及时刮除，刮除过程中尽量减少对混凝土的污染，并用检孔器清理预应力孔道，排除可能进入预应力孔道的胶体，必要时 0.5 h 再通孔 1 次，确保孔道的畅通。

5. 节段梁架设施工注意事项

节段梁吊装、运输时应特别注意保护梁端的剪力键，以免损伤，节段梁必须在混凝土强度达到设计强度的 75% 时才准予拆模；节段调离、堆放时混凝土强度及弹模应达到设计值的 90%。

节段梁的预制长度由实际施工误差进行调整，由于梁段高度较低，箱内施工操作空间受限，所有预应力筋的锚固均设在梁端。节段梁采用高位拼装落梁的施工方法，要求保证节段拼装的架桥机能够保证在施工荷载作用下稳定与安全。

6. 梁段接缝处理

梁段施工接缝较多，箱梁各梁段之间的施工缝严格按《公路桥涵施工技术规范》（JTJ041—2000）的要求进行处理。

（1）接缝面清理：在接缝面涂胶之前，完全清除接缝混凝土面上的污物、油迹、浮浆，对接缝面进行喷砂处理或打磨。接缝混凝土表面处

7.2 田市跨永安溪台金高速公路特大桥简支箱梁预制悬拼技术

理应保证无任何附着物、松散物、灰和油脂，且应干爽不湿。如果粘接面有潮湿的迹象，用干布擦到干燥。特别是梁段端部油性和油基的隔离剂、脱模剂要清理干净，以免影响拼接施工。另外喷砂后机械锤去除表面浮浆（也可采用抛丸工艺进行接缝面处理）。

（2）匹配面涂环氧树脂加水泥做填料作为粘结剂，环氧树脂要根据不同温度做几组配合比。胶层要均匀，厚度控制在 1.0～1.5 mm 为宜，以保证有多余环氧树脂从接缝中被挤出，并可利用胶层上下厚度不一调整拼装时上翘和低头现象。粘胶剂的保存、有效期、搅拌方法及时间均符合相关规定。环氧树脂涂层施工时，需要严格控制其湿度等相关指标，以确保箱梁能与外界的隔离。

（3）胶结强度应不低于梁体混凝土强度，初步固化时间大于 2 h，完全固化时间为 24 h，确保涂胶、加压等工序在固化前完成。胶接缝挤紧的预应力（挤压）0.30 MPa，挤压在 3 h 以内完成。

（4）环氧树脂接缝在环氧树脂尚未凝固之前，要在接缝保持一个最小临时压应力，不小于 0.30 MPa，通过临时钢束来施加。梁段架设时必须在接缝完全闭合后才能施加预应力。

（5）环氧树脂胶 A 组分具有刺激性，B 组分具有腐蚀性，涂胶操作人员需要佩戴抗腐蚀手套和防护眼镜，避免皮肤和眼睛与环氧树脂胶直接接触。如果飞溅至眼睛内，需立即用干净水冲洗至少 5 min，并立即与医院联系。

7. 箱梁预应力施工

预应力张拉将按预张拉、初张拉和终张拉三个阶段进行，当设计有具体规定时则按设计规定进行。预应力应采用两端同步张拉，并要符合设计张拉顺序。预施力过程中应保持两端的伸长量基本一致；预应力值以油压表读数为主，以预应力筋伸长量值进行校核。

1）预应力束的安装和保护

穿束前对孔道进行检查，孔道应畅通，无水和其他杂物。预应力束应对号穿入孔道内，同一孔道穿束应整束穿。

任何情况下，当在安装有预应力筋的构造附近进行电焊时，对全部预应力筋和金属件均应进行保护,防止溅上焊渣或造成其他损坏。

2)预应力张拉

在张拉开始前,所有操作预应力设备的人员,应通过设备使用前的正式培训,以便熟练张拉操作全过程,确保张拉操作的正确性。预应力束张拉程序为:

$0 \rightarrow 10\% \sigma_k$(初张拉,画线)$\rightarrow 20\% \sigma_k \rightarrow 40\% \sigma_k \rightarrow 80\% \sigma_k \rightarrow 103\% \sigma_k$(持荷 2 min)$\rightarrow$ 锚固。

张拉时混凝土强度不应低于设计规定,张拉顺序应符合设计要求。在张拉预应力束过程中,应根据设计要求放松部分梁段的吊杆,直至所有钢束张拉完毕。

箱梁两侧腹板应对称张拉,其不平衡最大不超过一束。同束钢绞线应由两端对称同步张拉,千斤顶升、降压速度相近。

预应力束采用张拉力和伸长量双控,并以张拉力控制为主,以伸长值校核。实际张拉伸长量与理论伸长量之差应控制在 ±6% 范围以内。每端钢丝回缩量应控制在 5 mm 以内。

每束钢绞线中单根钢绞线内的断丝或滑丝不得超过 1 丝,每个断面断丝不超过该断面钢丝总数的 1%。

3)箱梁孔道压浆

本标段工程的预应力孔道均采用真空压浆工艺。在一跨的所有预应力束张拉完成后,孔道在 48 h 内进行压浆。压浆材料为高性能无收缩防腐灌浆剂,压浆前孔道内应清除杂物及积水,压入孔道的水泥浆要饱满密实。真空压浆工艺的技术要求有:

a. 预应力孔道及孔道两端必须密封,可通过气密试验确定密封程度。

b. 抽真空时孔道内真空度(负值)控制在 $-0.06 \sim -0.1$ MPa 之间。

c. 孔道压浆的压力应 $\leqslant 0.7$ MPa,浆体注满孔道后,应在 $0.50 \sim 0.60$ MPa 压力下持压 2 min。

d. 孔道压浆的水灰比 $\leqslant 0.35$。

e. 水泥浆的浆体流动度为 $30 \sim 50$ s。

f. 水泥浆搅拌结束至压入管道的时间间隔不应超过 40 min。

g. 浆体的泌水性 3 h 后应小于 2%，24 h 之内泌水全部被浆体吸收。

h. 浆体初凝时间 ≥ 3 h。

i. 浆体体积变化率<5%。

j. 浆体强度 7 d 龄期强度>25 MPa；28 d 龄期强度>60 MPa。

k. 当气温或构件温度低于 5 °C 时，不得进行压浆；水泥浆体温度应小于 35 °C。当白天气温高于 35 °C 时，宜在夜间进行。

7.3 金台铁路 56 m 简支梁长线法节段预制施工技术

7.3.1 节段预制施工方法

7.3.1.1 长线法施工

本工程采用长线法预制施工。

长线法：根据梁体底缘曲线制作一个固定的预制台座，按设计调整台座底模反拱度，并分节段预制施工，由两个端头节段为初始匹配梁段，依次采用上一节段梁端为匹配端头模，依次匹配浇筑，直至完成整孔主梁。

7.3.1.2 节段预制拼装梁优点

与整孔预制相比：

（1）对预制场地的要求较低。节段梁分节进行预制，满足长途运输的要求，因此预制场可灵活设置，相应要求的预制场地范围也较小。

（2）模板投资较小。节段预制模板根据制梁台座布置数量进行采购，且标准节段通常仅需采购部分节段数量。

（3）外观质量好。加工安装和线形易控制。

（4）运输便利，可用于地势变化较大的区域施工。

（5）有利于缩短总工期。

7.3.1.3 长线法与短线法比较优、缺点

优点：

（1）制梁台座底板几何曲线宜布置，构造简单，线形控制较容易。

（2）预制施工过程中的偏差累计不会太大，可以通过调整下一个梁段来降低已制梁块段造成的偏差。

（3）国内应用此施工方法较多，施工相对成熟。

缺点：

（1）台座占地面积很大，直接影响成本。

（2）制梁台座需建设在坚固基础上，且需对预制过程中地基进行沉降监测。

7.3.2　总体预制方案

预制时先在端头台座上预制端头节段，强度达标后将端头节段吊入长线台座，用三维调节小车精确就位，然后匹配预制其余节段。

节段梁预制施工总体步骤如下：

（1）在端头台座上立模、绑扎钢筋、浇筑端头节段 1#、11#（13#）节段。

说明：48 m 梁端头节段为 1#、11#段，56 m 梁端头节段为 1#、13#节段。

（2）按照设计反拱度调整长线台座底模标高，将端头节段分别移至长线台座两端，用三维调节小车精确调整并定位。

（3）将 2#、10#（12）节段与 1#、11#（13）节段进行匹配，安装调整 2#、10#（12#）节段的模板和钢筋骨架，浇筑 2#、10#（12#）节段混凝土。

（4）按以上步骤依次预制 3#、9#、4#、8#、5#、7#节段，最后预制 6#段（48 m 梁）；预制 3#、11#、4#、10#、5#、9#、6#、8#节段，最后预制 7#段（56 m 梁）。

7.3.3　工艺流程图

工艺流程图如图 7-27 所示。

7.3 金台铁路 56 m 简支梁长线法节段预制施工技术

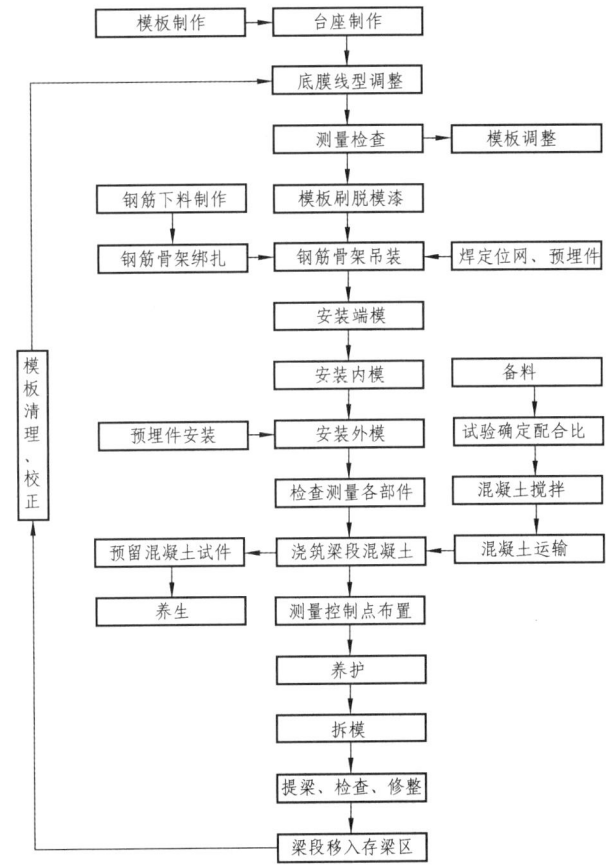

图 7-27 梁段预制施工工艺流程图

7.3.4 主要施工过程

7.3.4.1 制梁台座

1. 制梁台座设置

台座的稳定性与台座的基础处理对梁体反拱度有着直接影响不同的台座因为施工的原因会造成预留反拱度的不同，或者施工中台座的基础处理不当，造成台座的不均匀沉降，从而影响预制梁体的反拱度。因此梁场的建设过程必须保证制梁台座的基础稳定性，并建立制梁台座沉降

第7章 金台铁路田市跨永安溪台金高速高墩大跨56 m连续梁节段现场预制长线拼装技术研究

观测系统。

长线台座并排布置 2 条。单条总长 61.05 m，沿节段纵向布置，为 3 个条形 C40 素混凝土块，台座顶两侧预埋∠75×75×5 角钢。为方便施工，台座纵向间隔 9.2 m 预留 0.8 m 宽的孔洞。台座基础使用 30 cm 厚 C40 混凝土找平，宽度为 4.2 m，台座采用长 9.2 m 宽 0.6 m 高 1 m 混凝土块。如图 7-28。

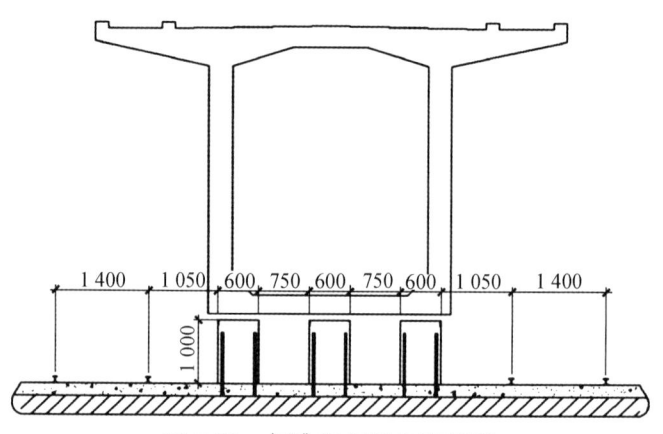

图 7-28 标准段制梁台座基础

端头台座为 2 个条形混凝土块，宽 0.6 m，条形基础下采用 4.2 m 宽，20 cm 厚扩大基础；长线台座为 3 个条形混凝土块，宽 0.6 m，条形基础下采用 4.2 m 宽，30 cm 厚扩大基础。按照 2#段考虑，质量 96 t，长线台座每米受力 20 t，短线台座横隔墙处受力最大，每米受力 48 t。

长线台座扩大基础宽度 4.2 m，地基受到的压强为：

$$P = \frac{20 \times 10^4}{4.2 \times 1} = 48 \text{ (kPa)} \tag{7-1}$$

安全系数=568/48=11.83 > 1.25。

端头台座每个条形基础每米受力 48 t，条形基础下采用 4.2 m 宽的混凝土扩大基础。

地基受到的压强为：

7.3 金台铁路 56 m 简支梁长线法节段预制施工技术

$$P = \frac{48 \times 10^4}{4.2 \times 1} = 114 \text{ (kPa)} \tag{7-2}$$

安全系数=568/114=4.98＞1.25。

根据现场试验数据，现场原状土地基承载力按照沉降 1.25 mm 可以达到 568 kPa，且路基 K_{30}=120 MPa，承载力及沉降可以满足设计要求。

2. 制梁台座反拱度设置

56 m 预制节段胶接拼装箱梁根据箱梁自重、二期恒载、预加应力引起的变形加上静活载的一半设置合适的预挠度，计算参考预设跨中下挠度分别为 12.3 mm 与 20.5 mm，其他部位按照二次抛物线变化。

1）坐标系建立

以台座中心为坐标原点，台座中心轴线为 x 轴，垂直于台座中心轴线为 y 轴建立坐标系。

根据节段梁设计可得 A 和 C 的坐标分别为（−25 100，0），（25 100，0），B 的坐标为（0，−12.3）。

2）方程式

设反拱度方程为 $y = ax^2 + bx + c$，将 A、B、C 三点坐标代入方程，可得

$$a(-25\,100)^2 + (-25\,100)b + c = 0$$

$$a(25\,100)^2 + (25\,100)b + c = 0$$

$$a \cdot 0^2 + 0 \cdot b + c = -12.3$$

解得：$a = 12.3/25\,100^2$；$b=0$；$c = -12.3$

所以反拱度方程为 $y = 12.3/25\,100^2 \cdot x^2 - 12.3$

根据以上公式，可得反拱度方程为

$$y = E/F \cdot x^2 - E \tag{7-3}$$

式中　E——反拱度数值；

　　　F——梁的半跨长度。

3）56 m 节段梁制梁台座反拱度设置

$$y = E/F \cdot x^2 - E$$

式中　E——反拱度数值；

　　　F——梁的半跨长度。

由上式可得 56 m 节段梁制梁台座反拱度方程为

$$y = 20.5/29\,100^2 \cdot x^2 - 20.5$$

根据计算，制梁台座反拱度坐标如表 7-3。

表 7-3　56 m 节段梁制梁台座反拱度坐标

节段	节段长度/mm	X/mm	Y/mm
1#	3 000	29 100	0.00
2#	4 500	26 100	-4.01
3#	4 800	21 600	-9.21
4#	4 800	16 800	-13.67
5#	4 800	12 000	-17.01
6#	4 800	7 200	-19.25
7#	4 800	2 400	-20.36
7#	4 800	0	-20.50
7#	4 800	2 400	-20.36
8#	4 800	7 200	-19.25
9#	4 800	12 000	-17.01
10#	4 800	16 800	-13.67
11#	4 800	21 600	-9.21
12#	4 500	26 100	-4.01
13#	3 000	29 100	0.00

7.3 金台铁路 56 m 简支梁长线法节段预制施工技术

7.3.4.2 模板工程

1. 预制模板配置

预制节段钢模板由底模、外侧模、内模、端模及相互连接体系等组成，模板采用钢制模板。

按预制总体方案配置端头段模板 2 套，2 套中间普通节段底模，4 套普通节段内外模和移动端模，4 套三维调节台车。

（1）端头段跨中方向端模固定在端模支架上，浇筑、移梁全过程均不动。

（2）端头段侧模仅做转动，不进行横向、纵向的水平移动；中间段侧模需要横向、纵向移动。

（3）底模线型在调整完成后与台座固定，施工过程中不再移动。

（4）内模采用内模台车进行纵向的水平移动。

（5）内、外模向匹配梁段方向延长 10 cm，以包住匹配梁段。

2. 底 模

为了实现对箱梁的线形控制，将底模设置为可调固定式。底模预设下挠度通过调整底模钢垫块的高度来实现。底模施工完后设专人验收，表面应光滑平整，同时底模通过计算，调整底模反拱度。施工过程中，应随时用水平仪检查底模的放拱和下沉量，不符合规定处应随时调整，及时清除底模表面残余灰浆，均匀涂抹脱模漆；每孔梁的首、末节段均预埋有支座预埋钢板及防落梁钢板，预埋钢板的位置、标高应在钢筋绑扎前检查。支座预埋件钢板安装后应用螺栓与底模固定。

3. 内、外模

内、外侧模安装时的注意事项：

（1）安装前检查：板面是否平整光洁、有无残余灰浆。侧模、端模、底模连接牢固，接缝密贴不漏浆。

（2）检查所有模板连接部位和端头有无缺陷或变形，附着式震动器支架及模板焊缝是否开裂损坏，如有均应及时补焊整修。

（3）侧模安装完成后，用螺栓连接稳固，并使用精轧螺纹钢对穿紧固螺帽。调整其他紧固件后检查整体模板的长、宽、高尺寸及垂直度等，不符合规定者，应及时调整。

（4）模板安装前对梁体各项预埋件数量、定位进行检查，如缺少或位置较大应及时补充安装或调整。

4. 端模

为保证梁体结构尺寸的精度，端模为拆装方便的组合整体钢模，通过螺栓与底模、内外模连接固定，保证强度与刚度。剪力键及预应力孔道制孔器设计为拆卸式，端模上留有剪力键及预应力孔道制孔器螺栓孔。端模安装前应检查板面是否平整光洁、有无凹凸变形及残余粘浆，端模螺栓孔眼应清除干净，不用的孔眼密封处理。

端模封边外侧均采用止水条，部分止水条长期使用后易出现局部破顺，造成止水条与腹板存在板缝，出现混凝土浇筑漏浆。后期施工时应随时对端模止水条进行检查，及时更换破损的止水条。

后浇的梁段直接以先浇筑的梁段为端模，在先浇筑的梁段端面通过涂刷隔离剂来便于以后梁段的分离。涂刷时要求均匀涂刷两遍，并在钢筋骨架入模前完成并检查，对涂刷不均匀处或较薄处及时进行补刷。在梁段脱开后，及时用钢丝刷和清水清理干净。

7.3.4.3 钢筋工程

1. 钢筋绑扎

总则：除 1#段、11#段、和 13#段端头段在制梁台座上绑扎，预制箱梁普通段底、腹板钢筋绑扎及顶板钢筋绑扎须在胎模具上进行，钢筋绑扎胎模具必须严格制作精度，胎具槽口加工时采用划线切割机成槽，杜绝焊机直接烧孔，并达到"零误差"要求。钢筋的型号、规格、数量、间距满足设计要求，做到横平竖直、间距均匀。

钢筋绑扎的顺序为：底板下层→两侧腹板钢筋→底板波纹管安装→底板上层→顶板钢筋→腹板波纹管安装→拉筋、保护层垫块安装。

2. 钢筋绑扎胎具

钢筋绑扎采用加工制作成型的钢筋绑扎胎具，胎具严格按照设计

7.3 金台铁路56 m简支梁长线法节段预制施工技术

结构尺寸及钢筋数量制作，并精准定位出预制梁板底板、腹板钢筋的位置。

采用数控弯曲机进行钢筋下料，按照胎具中定位的底板、腹板钢筋位置及数量逐一进行安装、绑扎，保证钢筋估计的保护层厚度、腹板箍筋的倾斜度及垂直度、纵向钢筋和横向钢筋的位置及间距符合设计要求。绑扎完成的钢筋骨架通过胎具临时固定支架形成整体式钢筋骨架，将钢筋骨架整体吊装入模。钢筋绑扎胎具如图7-29。

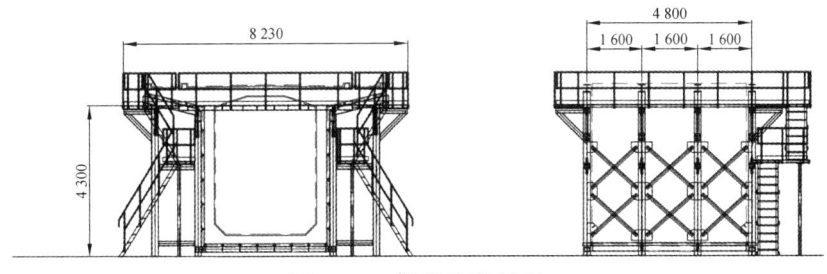

图7-29 钢筋绑扎胎具

3. 钢筋保护层垫块施工

垫块布置方法如下：

（1）梁底及顶板垫块绑在纵向钢筋上，底板垫块离底板边缘两侧大于100 mm。

（2）腹板垫块绑在钢筋交叉处。

（3）顶板垫块，每根起弯筋底弯处必须绑垫块，其他贴模板钢筋酌情设置垫块。

（4）放置的垫块成梅花形分布，垫块间距不大于0.5 m，每平方米不少于4块，在端头位置增加垫块数量。

（5）在箱梁端部和变截面处垫块适当加强。

4. 钢筋骨架吊装

绑扎成型的钢筋骨架经验收合格后即可吊装，吊装由龙门吊完成。为防止变形，钢筋骨架吊装时，采用横吊梁（扁担）多点（24个吊点）起吊。为防止挂点处绑线脱落、钢筋变形，应对挂点附近的钢筋绑扎点进行加强，如点焊连接，增加绑线根数并加入短钢筋等。每个吊点处设置一个花篮螺丝，可以调节松紧。吊装时，保护好各种预埋管件不受损伤。入模后要对所有预埋件进行定位，检查，防止松动。如图7-30。

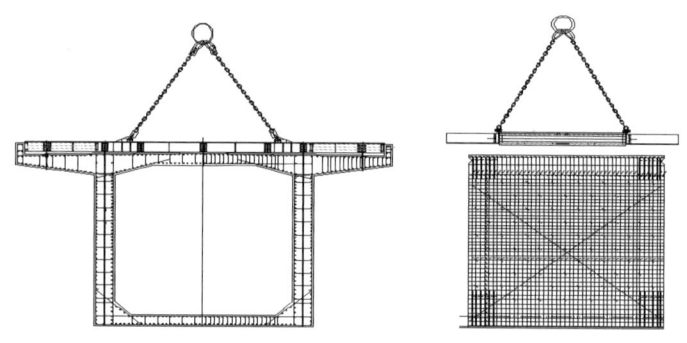

图 7-30　钢筋骨架吊装

7.3.4.4　预埋件施工

1. 波纹管定位与安装

预应力管道定位的精准度，影响到预应力筋的安装误差，也影响到预应力的施加方向，从而造成梁体拱度、受力的误差。要准确布设预应力孔道的定位网，保证孔道本身无局部弯曲。

1）波纹管定位

根据箱梁腹、底板纵向预应力钢束平竖弯类型示意图及钢束布置要素，把每根钢绞线的线形及长度用 CAD 画出来，在梁体内，量出钢绞线与梁段接缝处的交点到底板的距离。设纵向预应力钢束至梁体底板的距离为 X 值，设纵向预应力钢束至梁中心线的距离为 Y 值，将每个梁段的每根钢绞线在梁体内 X、Y 值在图中全部标出来，以便施工时直线段沿纵向每 50 cm，曲线段每 30 cm 一道定位筋顺利定位。

根据定位图纸及每节段量出的 X、Y 值，建立坐标系，所有腹板与所有底板分别按定位加工成套的定位网片筋，以便准确地制作纵向预应力钢束定位钢筋。如图 7-31。

定位网钢筋采用 Φ8 的圆钢加工，在钢束直线段间距不大于 50 cm，弯曲段为 30 cm，并在专用的定位网模具上焊接。

7.3 金台铁路 56 m 简支梁长线法节段预制施工技术

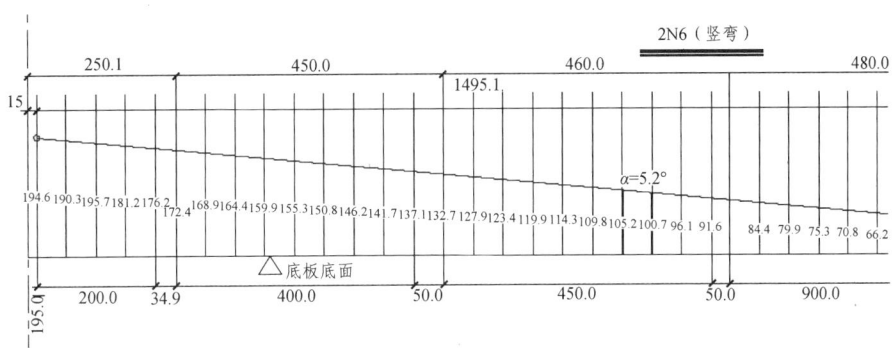

图 7-31　预应力管道定位图

2）波纹管安装

波纹管在安装前应检查有无渗漏现象，确保无变形、无渗漏现象时方可使用。波纹管与匹配梁间采用双向橡胶堵头作接头管，并用胶带密封，堵头长 100 mm，插入匹配梁段孔道 50 mm。波纹管连接后用密封胶带封口，避免浇筑混凝土时水泥浆掺入管内造成管道堵塞。波纹管与固定端模间用锥形橡胶堵头封堵，并用胶带密封，堵头通过螺栓锚固在端模上，固定端模上的螺栓孔根据设计图纸准确放样。

2. 支座预埋钢板

预制梁支座钢板与现浇梁支座钢板不同，应采用整体式成品支座钢板，支座钢板应焊接锚筋及套筒。

根据本桥全桥布置图，梁体设置有 5‰～8‰ 纵向坡率，垫石及支座均为水平安装，为保证梁体受力均匀，预埋支座钢板需考虑梁体纵坡，与梁体保持一定角度。端头段预制施工时，应按设计尺寸，在端头段底模进行放样定位，并按设计定位钢板大小进行底模切割。根据实际梁体纵坡加工楔形块，按每孔梁段纵坡采用不同高度楔形块进行支座钢板坡率设置。如图 7-32。

第7章 金台铁路田市跨永安溪台金高速高墩大跨56 m连续梁节段现场预制长线拼装技术研究

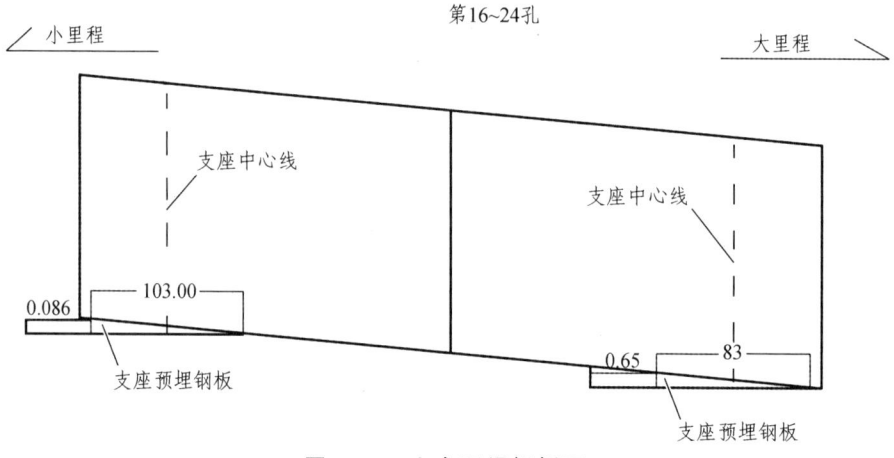

图 7-32 支座预埋钢板图

3. 临时预应力预留孔

临时预应力是为了固定梁段,保证在永久预应力张拉前,节段之间不会相对错动,并提供预制梁段胶体凝结所需的压力。为便于箱梁预制节段拼装时施加临时预应力,制梁时需按图设置预留孔道,预留孔四周用井字筋和螺旋筋进行加固。施工时,通过定位钢板来控制预留孔的间距和位置,保证浇筑过程中不发生位置。

4. 其他预埋件

节段预制梁的其他预埋件、预留孔主要有:防落梁挡块预埋钢板、综合接地端子、吊装孔、通风孔、泄水孔等。预埋件及预留孔应设置齐全、位置准确、安装牢固外观美观,为保证预埋质量必要时应采用工装进行定位和固定。

7.3.4.5 混凝土工程

1. 混凝土浇筑

混凝土浇筑顺序为:底板倒角→底板→腹板→顶板。

先从腹板下料浇筑底板倒角处,再用溜槽及串筒浇筑底板,而后分层浇筑腹板,最后浇筑顶板。

底板浇筑时,由于横隔梁钢筋较密及波纹管阻隔,下料时需要加强振捣,但不要过振,把握好振捣时间。浇筑腹板和顶板时直接从顶面布料,严格控制布料分层厚度在 30 cm,特别是浇筑腹板时严禁一次布料过多造成气泡排出困难。浇筑过程中,以插入式振捣器为主,确保混凝土密实;附着式振捣器为辅,确保混凝土外观质量。

顶板混凝土由一侧向另一侧连续浇筑,采用插入式振捣器振捣。在混凝土终凝前,进行顶面混凝土的收面工作,收面做成普通毛面,注意防止顶面混凝土的开裂。

2. 混凝土养护

梁体养护采用土工膜覆盖、人工配合机械洒水养护,养护注意以下几点:

(1) 洒水养护:混凝土浇注完成后,待表层混凝土达到初凝后,在桥面和箱内底板及时覆盖土工布洒水,并保持湿润,洒水次数应能够保持桥面混凝土表面充分潮湿。箱梁拆除模板后,及时对腹板外侧、翼缘板下侧、箱内腹板内侧、顶板及底板底面洒水养护。梁体混凝土外露表面采用土工布等保水材料覆盖。洒水养护至规定的养护时间为止。

(2) 洒水次数以混凝土表面湿润状态为度,根据气温调整养护频次。

(3) 洒水养护的时间:箱梁拆除模板后 14 天。

(4) 当箱梁移出制梁台座后,须继续洒水至规定时间。

7.4 连续梁长线法节段拼装线形控制研究

7.4.1 节段梁拼装架桥机

7.4.1.1 节段梁拼装架桥机总体方案

目前,国内节段预制拼装架桥机基本分为上承式和下承式两种型号,结合田市跨永安溪、台金高速公路特大桥墩型、梁场位置、节段结构尺寸,最小曲线半径,导梁与前方结构物是否冲突等考虑,本工程选用上承式架桥机。

7.4.1.2 节段梁拼装架桥机关键结构设计

该架桥机由主梁框架、导梁、前支腿、中支腿、后支腿、辅助支腿、起重天车、吊具、吊挂、2×10 t 行车等组成。如图 7-33、表 7-4 所示。

第7章 金台铁路田市跨永安溪台金高速高墩大跨56 m连续梁节段现场预制长线拼装技术研究

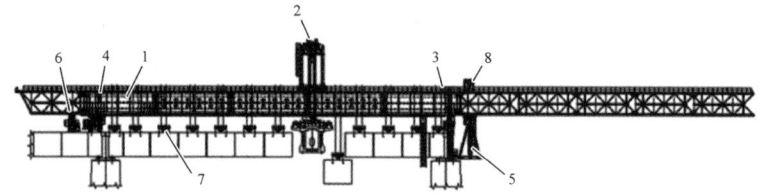

1—主梁；2—起重天车；3—中支腿；4—后支腿；5—前支腿；6—后辅支腿；7—吊挂。

图7-33 架桥机结构示意

表7-4 主要构件

序号	名称	数量	总重/t	备注
1	主梁	2	388	主要材料采用Q345B，具有结构简便、刚度大、制造工艺成熟等优点。主箱梁采用拼接板连接，采用高强度螺栓固定，导梁接头处采用双头螺柱连接
2	起重天车	1	48	起重机采用两个11 t卷扬机起升，两个卷扬机既可以单动，又可联动，联动时依靠编码器控制同步，单台卷扬机对应的滑轮数量4，起升倍率8
3	后辅支腿	1	12	辅助支腿共1套，通过螺栓固定在导梁桁架尾部，在工作时随主框架一起移动并满足工况所需的功能要求
4	后支腿	1	35.5	后支腿是整个架桥机的关键部件之一。它的主要功能有：承载混凝土梁及架桥机自身重量，驱动架桥机前移过孔。通过起重天车吊运进行前后移动
5	中支腿	1	16.5	中支腿与主箱梁刚性连接，通过底部油缸实现升降功能，其主要作用是承受混凝土梁和桥机自重
6	前支腿	1	17.5	前支腿的移动通过前支腿倒运装置完成，到位后固定到桥墩上，顶部的拖轮在主梁底部的内侧轨道上运行，用于完成整机过孔
7	吊挂	13	62.4	吊挂悬挂节段时采用四点悬挂的方式，扁担梁与吊挂横梁采用铰轴连接，受力明确

7.4.1.3 节段梁拼装架桥机结构检算

按设计图纸对 TP120 架桥机设计工况进行设计计算，计算方法为容许应力法。计算中首先对架桥机施工的几个主要受力工况进行整体计算；其次，进行主要部件的受力检算。

节段梁拼装架桥机主要工况：

（1）安装前支腿并进行锚固。将前支腿吊装至距离路肩线 28.5 m 处，用 Φ32 精轧螺纹钢将前支腿与梁场地面锁紧定位，单根精轧螺纹钢抗拉拔力需大于 35 t。前支腿锚固完成后，需在前支腿外侧安装临时支撑架。如图 7-34。

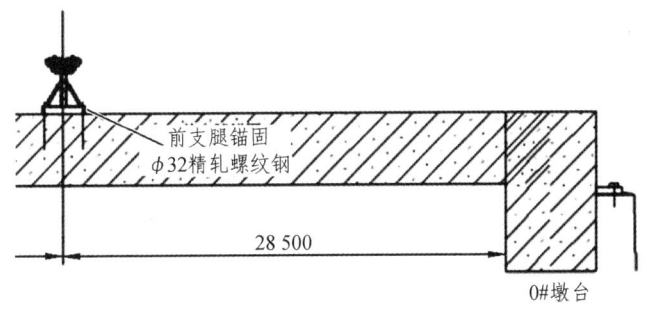

图 7-34　前支腿锚固

（2）吊装后支腿并进行锚固。将后支腿吊装至安装位置，并调整，使支腿中心与桥机中心成 90°，保证主梁准确就位，后支腿的油缸方向调整向后，支腿的锚固精轧螺纹钢采用 Φ32 mm，单根精轧螺纹钢抗拉拔力需大于 35 t。如图 7-35。

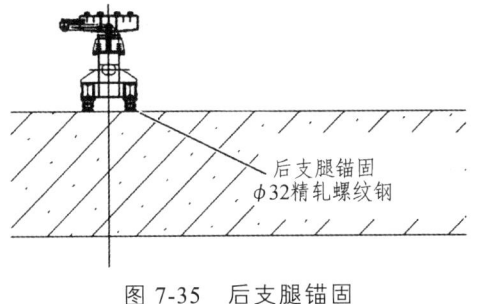

图 7-35　后支腿锚固

（3）吊装主梁。

（4）主梁框架纵移。起重天车安装完成后，造桥机主梁整体向后支腿方向纵移 25 m，并实时调整起重天车位置，保证主梁框架和支腿系统的稳定性。

7.4.1.4　节段梁拼装架桥机最不利工况分析

架桥机安装过程中，纵向稳定性最不利工况发生在起重天车安装完成后，主梁整体向后支腿方向纵移 25 m 时，此时整机纵向倾覆力矩最大，如图 7-36 所示。

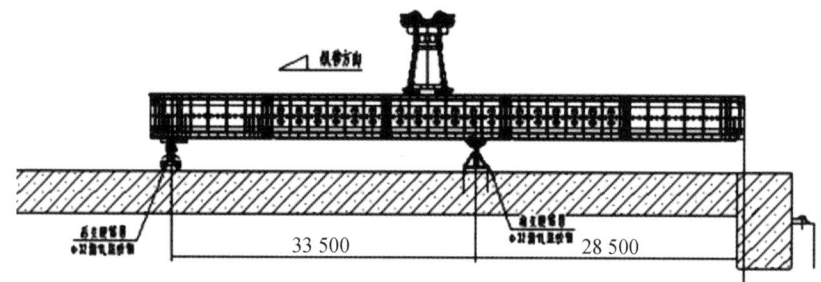

图 7-36　架桥机纵移

整个工况纵向稳定性如下：

以后支腿倾覆力矩

$$M_q=41\times2\times20.8+37\times2\times7.8+12\times25.25=2\,585.8\,(\text{tm})$$

抗倾覆力矩

$$M_k=37\times2\times5.25+37\times2\times18.25+39\times2\times31.3+\\45\times28.17+6\times36.02=5\,664.17\,(\text{tm})$$

稳定系数

$$K=M_k/M_q=5\,664.17/2\,585.8=2.19>[k]=1.5\ \text{通过}$$

后支腿锚固稳定性计算：

后支腿承载 476 t，主梁在后支腿支撑滑板上滑行，滑板（MGB）摩擦系数 0.06~0.09（干态）、0.03~0.05（油润滑），摩擦系数按 0.1 考虑

（保守计算），摩擦阻力 F=476×0.1=47.6 t，后支腿纵向支撑距 1.6 m，纵向锚固点距 1.8 m，后支腿稳定计算高度 3 m，后支腿自重 33 t。锚杆为精轧螺纹钢，直径 32 mm，强度等级 PSB930，单根最大拉力 70/1.5=46.7 t。

综上，纵移时后支腿倾覆力矩：

$$M=47.6×3=142.8（tm）$$

抵消上述倾覆力矩依靠支腿自重及一侧的两根锚杆，因此单根锚固承载为：

$$N=（142.8-33×0.8）/1.8/2=32.4\text{ t}\leqslant 46.7\text{ t}，满足要求$$

前支腿锚固稳定性计算：

前支腿承载 380 t，前导梁在前支腿滚轮上滑行，滚动轴承摩擦系数按 0.015 考虑，摩擦阻力 F=380×0.015=5.7 t，为保证安全，假设轴承损坏，滚动摩擦变为滑动摩擦，阻力放大 10 倍，F=57 t。前支腿纵向支撑距 3.2 m（对中设计），纵向锚固点距 2.4 m（对中设计），前支腿稳定计算高度 7.4 m，前支腿自重 17 t。锚杆为精轧螺纹钢，直径 32 mm，强度等级 PSB930，单根最大拉力 70/1.5=46.7 t。

综上，纵移时前支腿倾覆力矩：

$$M=57×7.4=421.8（tm）$$

抵消上述倾覆力矩依靠支腿自重及一侧的 4 根锚杆，因此单根锚固承载为：

$$N=（421.8-17×1.6）/（1.2+1.6）/4=35.2\text{ t}\leqslant 46.7\text{ t}，满足要求$$

7.4.1.5　节段梁拼装架桥机拼安装

节段梁架桥机拼安装流程图如图 7-37 所示。

架桥机拼装过程中高强螺栓紧固是否到位、架桥机焊缝是否合格、电气液压系统是否有效为质量卡控要点。每孔梁架设前与架设后均需重新进行紧固，并用扭力扳手按照设计扭力对高强螺栓进行抽样检测，并对已紧固螺栓抽样送往第三方检测中心探伤检测；架桥机焊缝的质量直接关系后续架梁施工时桥机是否受损开裂，需进行第三方探伤检测；架

第7章 金台铁路田市跨永安溪台金高速高墩大跨56 m连续梁节段现场预制长线拼装技术研究

桥机拼装完成后需及时对电气液压系统进行完善，防止架设途中发生故障产生安全隐患。

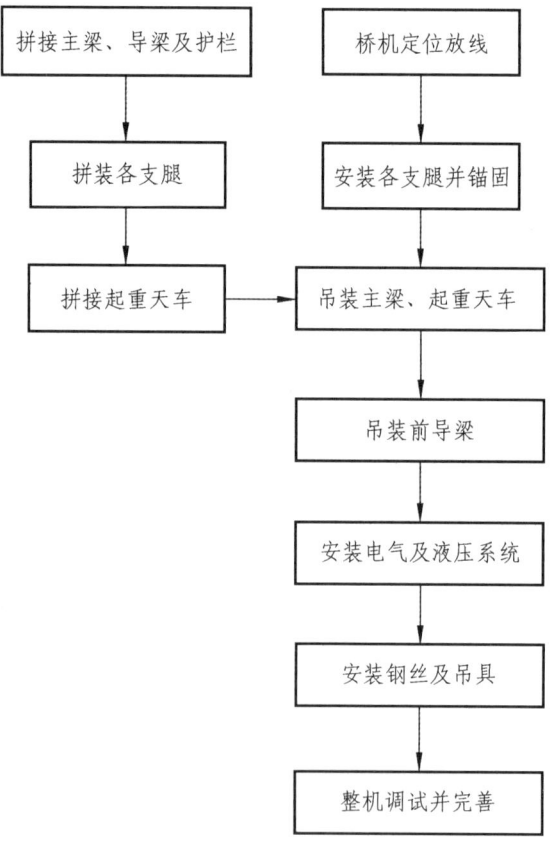

图 7-37 架桥机拼安装流程图

7.4.2 施工工艺要点

7.4.2.1 成品验收

由于架梁施工为高空作业，操作具有高风险，因此架设前需将节段存在问题于存梁区内解决妥善，成品验收主要包括剪力键打磨、预埋件管道通孔、预应力管道试穿钢绞线等工作，将架梁时需要进行的工作提前在存梁区完成，既加快了施工进度，又保证了施工质量。

7.4.2.2 节段转运，尾部喂梁

该工序存在的主要危险源在于运梁车喂梁路程中是否平稳，因此需对运梁车行车速度严格控制，行驶速度低于 10 km/h，且安排专人全程跟踪，观察行车途中是否存在路障，及时进行清除。

7.4.2.3 节段吊装

根据节段拼装架桥机的吊梁方式，先吊挂 1#和 11#（13#）节段梁到规定位置，然后从大里程向小里程依次吊装节段梁，吊装顺序 1#、13#、12#、2#、11#、3#、10#、4#、9#（下放）、5#、6#、7#最后为 8#节段。如图 7-38 所示。

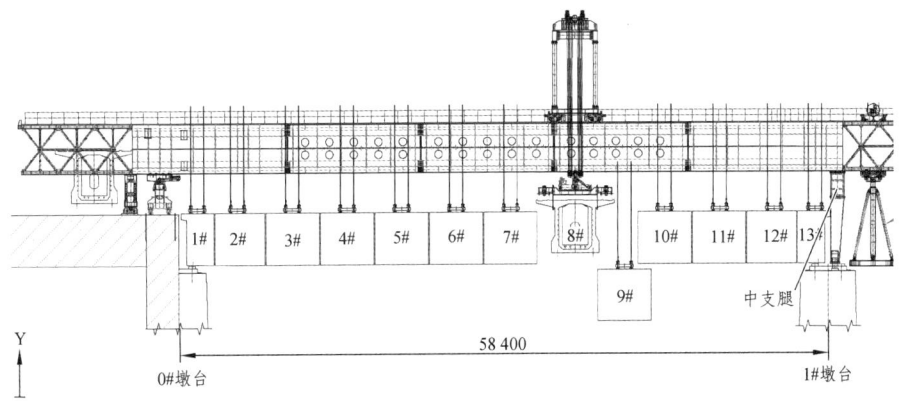

图 7-38 节段吊挂

节段吊装时主要危险源在于架桥机是否对称受力，吊杆是否损坏以及螺帽是否拧固到位。因此，架梁过程必须进行对称吊挂，防止架桥机受力不均匀导致纵移失稳；吊挂前后必须安排专人对吊杆进行检查，螺帽是否拧紧，节段各吊点是否均匀受力，是否存在某根吊杆处于未受力状态等，防止吊杆未对称受力而断裂。

吊杆使用过程中应严格监控周围用电情况，防止溅上焊渣或引起电弧造成精轧螺纹钢脆断损坏。

吊杆验算：

吊杆采用 φ40 精轧螺纹钢（PSB930），节段块自重 120 t，四吊点。

单根吊杆吊装载荷为：$F = 1\ 256.6\ mm^2 \times 930/10\ 000 = 116.86\ t$

故吊装安全系数为：$S=116.86\times 4/120=3.9$

7.4.3 梁体线形控制

7.4.3.1 测量布点

要使每一块预制的梁段的几何断面能有效的控制好桥梁线形，在每个梁段上设置测量控制点，这些控制点用以匹配节段的定位，确定拼装后的整体线形。

每一梁段在对应的水平准线和垂直准线上设 6 个测量控制点，其中 4 个用作标高控制，分别标识为 A、B 和 C、D；2 个用作轴线控制，分别标识为 E、F。控制点布置位置如图 7-39 所示。

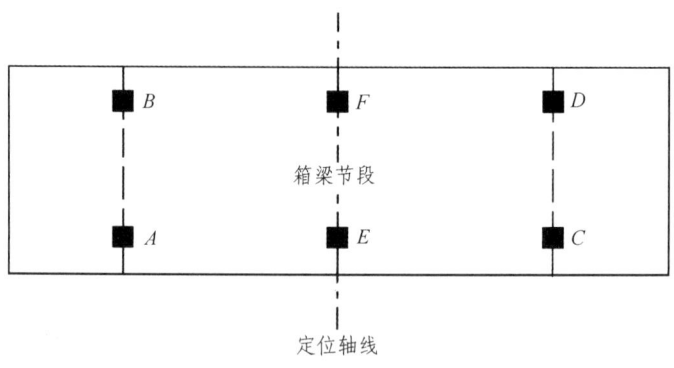

图 7-39 测量控制点布置

7.4.3.2 过程监控

1. 拼装监测

端头段轴线、高程调整完毕后，剩余节段根据端头段定位依次进行拼装，在抹胶之后、临时预应力施工之前先进行试拼，利用六点控制对每个节段进行轴线高程复核，若存在小范围误差利用吊杆进行微调，以此保证每节段均按照设计轴线高程进行架设。

2. 起拱线形监测

张拉完成后，产生的跨中负弯矩能克服梁体的自重弯矩而使梁体中

7.4 连续梁长线法节段拼装线形控制研究

部区域慢慢向上拱起。为克服该问题,最好办法是在台座上按纵向抛物线形设置反拱。反拱的设置按照《公路桥涵 :施工技术规范》(JTJ041—2000)第 9.3.4 条第 6 条款设置。

56 m 节段梁设置梁底有 20.5 mm 下挠度,在进行节段制梁时已经设置,梁体架设完成永久性预应力张拉前应与满足中点有 20.5 mm 的下挠度,其余按照抛物线设置。梁体永久性预应力施加后,梁体线性回归。

由梁体结构得到如下二次抛物线公式:

$$y = \frac{E}{F^2} \cdot x^2 - E$$

式中 E——反拱度数值;

F——梁的半跨长度。

由上式可得 56 m 制梁台座反拱度方程为

$$y = 20.5/291\,002 \times 2 - 20.5\,(\text{mm})$$

节段梁胶接拼装完成后,利用安装节段顶面预埋的轴线控制点、标高控制点实施桥梁拼装线形控制。对梁面标高进行精准测量,记录数据。控制点布置位置如图 7-40 所示。

图 7-40 控制点布置图

张拉完成并转换受力体系后,再次对控制点精准测量,对比两次测量数据。56 m 节段拼装梁跨中起拱度满足设计要求。

7.4.3.3 起始节段测量的控制

节段梁中的 1#节段是整跨的起点,直接控制着整跨的线形及轴线,故在进行安装时,必须精确定位起始节段。根据垫石十字线将支座粗略就位,端头段落梁后将支座锚固在梁底上,利用天车横移千斤顶精确调梁。

第 7 章　金台铁路田市跨永安溪台金高速高墩大跨 56 m 连续梁节段现场预制长线拼装技术研究

里程控制：三维坐标调梁千斤顶沿造桥机主梁纵向移动，使其里程达到设计要求。

轴线控制：在已完成的桥面上设轴向控制点，用经纬仪校核节段梁轴线。如有偏差，利用三维坐标调梁千斤顶将梁体调整至正确位置。

高程控制。调整三维坐标调梁千斤顶，测量第一段节段梁顶面的高程控制点，使其达到设计要求。

根据制梁时埋设的两端中心控制点 E、F 来调整梁段，使 E、F 与整孔梁中心线重合，根据梁顶高程控制点（B、C、D）相对于 A 点的高差进行调整梁顶高度，调整到正确的相对高度。然后观测 E、F 点是否移动，如果不与中心线重合，重复以上过程，使中线误差控制在 0.5 mm 以内（同方向），相对高程误差 1 mm 以内。梁底高程符合设计要求，支座中心线与垫石十字线重合，检查无误后将支座灌浆锚固。

7.4.4　梁段涂胶、拼接

预制节段之间的粘结材料选用无溶剂型环氧树脂胶结剂，即采用"胶结"的方法将相邻的两块预制节段粘结成一个整体。

环氧树脂胶主要作用如下：

（1）润滑作用：环氧树脂胶结剂未硬化前为黏稠状态，预制节段拼接时如剪力键位置稍有偏差，可因环氧树脂胶结剂的润滑作用而滑进定位，便于拼装时的节段梁定位。

（2）铆拴作用：通过预应力使环氧树脂胶结剂填充镶合浇注混凝土表面气孔，固化后可形成铆拴作用，有利于应力传递。

（3）防水作用：填充拼接缝，防潮密封以防止预应力束的锈蚀，保证今后梁体可以具备良好的防渗水性能。

（4）传递应力：环氧树脂胶结剂硬化后具备了很高的强度，可在节段结合面均匀传递高应力。通过对压力和剪力的传递参加桥梁结构的抗力作用。

胶拼前必须做好挤胶张拉的一切准备工作，环氧树脂胶浆的配合比应根据环境温度和固化时间要求选定配方。在梁段定位无误和涂胶操作的各项工作就绪后,开始拌制胶浆,每份搅拌时间不得低于两分钟,搅拌至颜色均匀即可进行抹胶作业,抹胶厚度不得低于 3 mm,管理人员须用带标记的钢钉进行厚度检查。由于环氧密封胶初凝时间为 2 h,设计要求必须在 45 min 内涂抹完毕,以此保证胶体的高度成胶性不受影响,断面涂胶时保证两侧端面清洁、干燥。断面涂胶时应自下而上,快速均匀进行,不出现断胶现象。树脂涂好后,在板缝的预应力孔道周围贴一块环宽为 10 mm 的环型密封垫圈,以保证预应力孔道的密封,防止孔道压浆时串浆漏浆,张拉能够完成约半小时进行截面刮胶处理。

7.4.5 临时预应力施工

临时张拉主要有两个作用:一是固定梁段,保证在永久预应力张拉前,节段之间不会相对错动;二是提供胶体凝结所需的压力。

节段涂胶过程,顶板上放入临时张拉锚盒并穿精扎螺纹钢,与前一节段的精轧螺纹钢用连接器接好;底板的精轧螺纹钢从砼基座的预留张拉孔穿过,与前一段用连接器接好。节段涂胶完毕,立即开始张拉。设计张拉位置为腹板两处,顶板两处,要求四处按照设计张拉力同时进行张拉,以此保证截面对称受力,防止因受力不均而影响轴线发生偏移。如图 7-41。

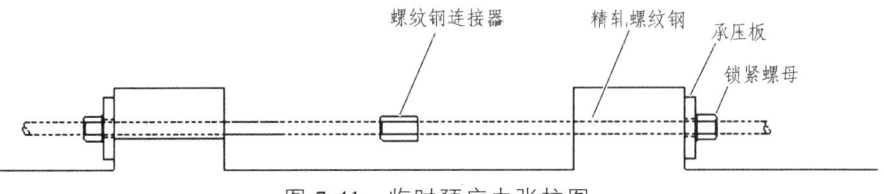

图 7-41 临时预应力张拉图

临时张拉力计算:

每根螺纹钢棒张拉力控制 ≤ 400 kN (N_{max}=0.75 × 1 080 MPa × 490.87 mm²=398 kN)

混凝土表面压应力 ≥ 3.0 kg/cm²,并应保证在大气温度下节段任何截面不产生拉应力为宜。

第7章 金台铁路田市跨永安溪台金高速高墩大跨56 m连续梁节段现场预制长线拼装技术研究

节段拼接最大截面积 A_{max}=5.16 m²，施加总压力为 $N=\sigma A$=154.8 t，每根螺纹钢棒分担为 387 kN≤400 kN。

7.5 永久预应力张拉体系转换

箱梁预应力钢绞线预应力施加过程，也是梁体由移动支架承受梁体自重荷载到箱梁自身承受自重荷载的体系转换过程。由于箱梁自重作用下的下挠和预应力作业下得上拱会使箱梁产生一定的扰度变化，特别是跨中位置处。为了更好地对梁体线形进行控制，特对张拉过程中的预应力张拉力大小、张拉力施工损失、箱梁张拉过程中扰度变化等几个方面进行控制研究，保证预应力施工过程中的梁体线形控制。

7.5.1 节段支撑的调节（体系转换）计算

（1）造桥机自重：

造桥机荷载以节点荷载的形式施加于模型节点上，考虑附属结构荷载。

（2）天车荷载：

天车荷载以节点荷载的形式施加，在架设过程中，以施加于主梁跨中最不利位置考虑。

（3）梁体荷载：

梁体荷载以节点荷载的形式施加于梁段节点上。

（4）预应力张拉：

预应力张拉对每条预应力钢束进行荷载组编辑，在施工阶段中逐一添加，以计算张拉过程中吊杆力。

7.5.2 吊杆力计算

（1）荷载施工阶段划分，见表7-5。

7.5 永久预应力张拉体系转换

表 7-5 荷载施工阶段划分表

施工阶段		造桥机自重及附属	天车	梁段荷载	预应力荷载									
					N10	N9	N8	N7	N6	N5	N4	N3	N2	N1
1	造桥机架设准备	✓	✓											
2	梁段架设	✓	✓	✓										
3	张拉N10	✓	✓	✓	✓									
4	张拉N9	✓	✓	✓	✓	✓								
5	张拉N8	✓	✓	✓	✓	✓	✓							
6	张拉N7	✓	✓	✓	✓	✓	✓	✓						
7	张拉N6	✓	✓	✓	✓	✓	✓	✓	✓					
8	张拉N5	✓	✓	✓	✓	✓	✓	✓	✓	✓				
9	张拉N4	✓	✓	✓	✓	✓	✓	✓	✓	✓	✓			
10	张拉N3	✓	✓	✓	✓	✓	✓	✓	✓	✓	✓	✓		
11	张拉N2	✓	✓	✓	✓	✓	✓	✓	✓	✓	✓	✓	✓	
12	张拉N1	✓	✓	✓	✓	✓	✓	✓	✓	✓	✓	✓	✓	✓

（2）施工阶段下结构受力分析：

首先对梁体进行受力分析，确定满足松吊杆条件的施工阶段，即在松完吊杆后，张拉的预应力荷载能够满足梁体在自重和预应力共同作用下，梁体下部不存在拉应力为宜。

张拉 N5 施工阶段下，混凝土梁体底板应力见图 7-42。

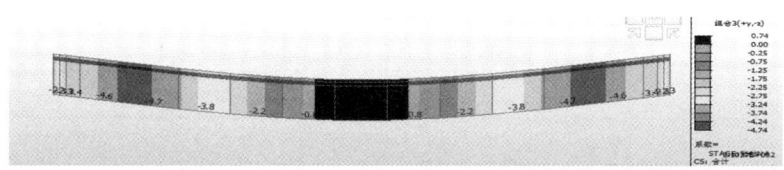

图 7-42 张拉 N5 施工阶段下混凝土梁体底板应力图

张拉 N4 施工阶段下，混凝土梁体底板应力见图 7-43。

图 7-43　张拉 N4 施工阶段下混凝土梁体底板应力图

张拉 N3 施工阶段下，混凝土梁体底板应力见图 7-44。

图 7-44　张拉 N3 施工阶段下混凝土梁体底板应力图

即在张拉 N3 完成后，具备拆除吊杆的条件，可以拆除吊杆。

吊杆力：

模型中吊杆采用弹性连接，吊杆采用 50 mm 直径的钢棒，则

$$SDX=EA/L=2.06\times10^5\times(\pi\times50^2/4)/7\,600=53\,221\,(N/mm)$$

全梁吊杆力划分见表 7-6。

表 7-6　全梁吊杆力划分表

梁段号	编号	节	点	类型	SDX/(N/mm)
2	42	1 013	1 763	受拉	53 221
	43	1 115	1 766	受拉	53 221
3	44	1 081	1 765	受拉	53 221
	45	1 183	1 768	受拉	53 221
4	46	1 149	1 767	受拉	53 221
	47	1 251	1 770	受拉	53 221
5	48	1 217	1 769	受拉	53 221
	49	556	1 762	受拉	53 221
6	50	70	1 761	受拉	53 221
	51	1 319	1 772	受拉	53 221

7.5 永久预应力张拉体系转换

续表

梁段号	编号	节	点	类型	SDX/(N/mm)
7	52	1 285	1 771	受拉	53 221
	53	1 387	1 774	受拉	53 221
8	54	1 353	1 773	受拉	53 221
	55	1 455	1 776	受拉	53 221
9	56	1 421	1 775	受拉	53 221
	57	1 523	1 778	受拉	53 221
10	58	1 489	1 777	受拉	53 221
	59	1 591	1 780	受拉	53 221
11	60	1 557	1 779	受拉	53 221
	61	1 659	1 782	受拉	53 221
12	62	1 625	1 781	受拉	53 221
	63	1 727	1 784	受拉	53 221

张拉 N5、N4、N3 施工阶段下，各吊杆力情况见表 7-7。

表 7-7 张拉节段吊杆力划分

梁段号	编号	施工阶段		
		张拉 N5	张拉 N4	张拉 N3
2	42	0	0	0
	43	0	0	0
3	44	0	0	0
	45	10 542	0	0
4	46	10 542	0	0
	47	34 310	14 681	5 301
5	48	34 310	14 681	5 301
	49	50 263	33 050	17 316

续表

梁段号	编号	施工阶段		
		张拉 N5	张拉 N4	张拉 N3
6	50	50 263	33 050	17 316
	51	60 561	45 633	27 842
7	52	60 561	45 633	27 842
	53	58 118	44 094	27 014
8	54	58 118	44 094	27 014
	55	46 164	30 654	16 094
9	56	46 164	30 654	16 094
	57	34 394	15 568	6 240
10	58	34 394	15 568	6 240
	59	12 428	0	456
11	60	12 428	0	456
	61	0	0	0
12	62	0	0	0
	63	0	0	0

7.5.3 预应力孔道穿钢绞线

本桥采用穿束机进行预应力孔道穿束，该工序存在的危险源在于钢绞线弹性较大，利用穿束机进行穿束时钢绞线容易弹出伤人，因此制作限位装置需对钢绞线进行加固。预应力筋使用时应注意周围用电设备的使用，防止溅上焊渣或引起电弧造成钢绞线脆断损坏，若发现即使弃用；穿束过程中技术人员需全程盯控，控制穿束机穿束速度，严禁穿束过程中弄虚作假，影响桥梁使用寿命。

7.5.4 孔道压浆

在永久预应力束张拉完成后,孔道宜 48 小时内进行压浆。压浆材料采用铁道部鉴定的高性能无收缩防腐灌浆剂,压入孔道的水泥浆要饱满密实。本桥采用真空压浆工艺,孔道压浆的水灰比、浆体流动度、水胶比、泌水性、初凝时间、体积变化、抽真空时孔道内真空度(负值)、压浆的压力、持荷压力等技术标准均应满足《铁路后张法预应力混凝土梁管道压浆技术条件》的要求。

7.5.5 封　锚

本桥封锚混凝土采用 C60 补偿收缩混凝土,为加强后灌部分混凝土与梁端的连接,梁端锚穴处凿毛处理,以露出新鲜混凝土表面为凿毛质量卡控点;利用锚具安装孔连接一端带螺纹一端带钩的短钢筋,使之与封锚钢筋连为一体。锚头与垫板接触处四周应采用防水涂料进行防水处理,对锚具进行防锈处理,封锚混凝土灌注之后,在锚穴的外部进行防水处理。

7.6　小　结

田市跨永安溪、台金高速公路特大桥节段预制拼装箱梁架设采用上承式架桥机架设,取得了显著的效果,具有操作简单、质量优、安全稳定的特点。箱梁架设体系转换,梁体由移动支架承受梁体自重荷载到箱梁自身承受自重荷载的体系转换过程,所以只有正确地完成体系转换,才能保证梁的应力状态与设计相符。对节段预制梁施工的箱梁,轴线与高程测量十分重要,只有准确地测量,才能控制梁的位置和变化,保证桥的线性符合设计规定。

参考文献

[1] 张贤霖，刘伟. 山区大跨径中承式钢管混凝土拱桥主拱线型比较分析[J]. 四川建筑，2021，41(02)：195-197.

[2] 石峰. 钢管混凝土结构工作机理及其应用[J]. 江西建材，2021(04)：145-146.

[3] 张新锋. 现浇泡沫轻质土在特殊路基处理中的质量管理与控制[J]. 绿色环保建材，2021(04)：22-24.

[4] 王东旭. 大跨度铁路钢管混凝土拱桥施工阶段受力特性分析[J]. 铁道建筑，2021，61(04)：21-24.

[5] 徐建华，徐志慧，刘林虎，等. 山区高速公路泡沫轻质土路基施工工艺应用[J]. 云南水力发电，2021，37(04)：102-107.

[6] 李国华. 泡沫轻质土在桥头路基治理中应用研究[J]. 公路与汽运，2021(02)：56-57，60.

[7] 易帅. 标准化施工在高速预制梁场建设中的应用[J]. 建筑，2021(06)：79-80.

[8] 崔健，高月圆. 高铁下承式钢管混凝土简支拱桥施工过程控制技术[J]. 建筑技术开发，2021，48(05)：47-50.

[9] 韩召. 高速公路隧道洞渣物理改良路基施工应用[J]. 交通世界，2021(Z1)：102-103.

[10] 曹祥. 泡沫轻质土在铁路软土路基施工中的应用[J]. 铁路技术创新，2020(06)：30-32.

[11] 安瑞霄. 泡沫轻质土在高速公路桥头路基填筑中的应用及效益[J]. 交通世界，2020(36)：99-100，124.

[12] 尤海滨. 探究高铁预制箱梁施工关键技术[J]. 四川水泥，2020(11)：155-156.

[13] 吕志攀. 高速公路桥梁预制梁场规划与相关研究[J]. 四川水泥，2020(11)：305-306.

[14] 李楠，刘骞. 山区预制梁场施工技术[J]. 云南水力发电，2020，36(06)：94-97.

[15] 桂林. 大跨度钢管混凝土拱桥施工控制研究[D]. 昆明理工大学，2020.

[16] 袁政成，黄法礼，王振，等. 隧道洞渣在建筑材料中的资源化综合利用研究进展[J]. 硅酸盐通报，2020，39(08)：2468-2475.

[17] 屈克军. 铁路隧道盾构临近既有铁路线施工控制技术研究[J]. 科技经济导刊，2020，28(23)：48-49.

[18] 马泉，肖建庄，李鹏，等. 隧道洞渣和路基石渣的资源化利用技术[J]. 建筑施工，2020，42(07)：1265-1268.

[19] 常钊. 大跨度钢管混凝土拱桥上部结构施工控制研究[D]. 大连理工大学，2020.

[20] 张鸿亮. 基于BIM的钢管混凝土系杆拱桥施工控制研究[D]. 北京交通大学，2020.

[21] 仝波. 钢管混凝土柱-钢箱梁连接节点受力性能有限元分析[D]. 哈尔滨工业大学，2020.

[22] 解皓. 钢管混凝土拱徐变稳定承载力计算方法与可靠度分析[D]. 哈尔滨工业大学，2020.

[23] 赵胜冬. 临近地铁既有线隧道软弱地层加固方案及桩基施工方法研究[J]. 价值工程，2020，39(14)：187-189.

[24] 梁新华，林国辉. 铁路绿色梁场建设及自动化设备信息化管理配套技术研究[J]. 工程建设与设计，2020(08)：258-259.

[25] 刘珺，赵泽亚. 铁路隧道洞渣环境危害识别与处理研究[J]. 铁路节能环保与安全卫生，2020，10(02)：10-13.

[26] 王辉麟，郝蕊，王可飞，等.BIM技术在智能高铁预制梁场管理的应用研究[J].铁路技术创新，2019(04)：60-64.

[27] 黄法礼，李化建，王振，等.隧道洞渣建筑材料资源化应用研究现状与存在问题分析[J].中国铁路，2019(08)：14-18.

[28] 马跃.临近营业线施工安全防护措施浅析[J].价值工程，2019，38(15)：88-91.

[29] 顾京伟.泡沫轻质土施工质量控制要点[J].居舍，2019(13)：128，10.

[30] 胡永强.跨既有线施工安全防护技术研究[J].工程技术研究，2019，4(07)：54-55.

[31] 侯正森.高速公路隧道洞渣资源化利用合作机制与评价研究[D].重庆交通大学，2019.

[32] 赵文辉，苏谦，李婷，等.高速铁路基床底层泡沫轻质土填料试验研究[J].振动与冲击，2019，38(06)：179-186.

[33] 刘巍.高速公路隧道洞渣物理改良路基施工技术研究[J].交通世界，2019(Z2)：140-141.

[34] 黄春亮.高铁预制箱梁施工关键技术研究[J].中国高新科技，2019(04)：42-44.

[35] 胡建波.探讨山区高速公路纵坡梁场安全质量标准化管理[J].四川水泥，2019(02)：110.

[36] 李旋.高速公路预制梁场施工技术与管理[J].四川建材，2019，45(02)：119-120.

[37] 彭岸，易强，占滢，等.BIM技术在公路工程预制梁场中的应用[J].工程技术研究，2018(13)：47-48.

[38] 杨斌.临近既有线施工路基CFG桩工艺研究[J].工程建设与设计，2018(11)：232-234.

[39] 陈伯军.梁场制梁施工质量管理分析[J].建筑技术开发，2018，45(09)：99-100.

[40] 陈浩. 隧道洞渣联合生产碎石、机制砂工艺研究[J]. 价值工程，2018，37(03)：128-130.

[41] 李红丽. 铁路预制梁场箱梁制梁工艺研究[J]. 价值工程，2018，37(03)：116-117.

[42] 练健雄. 隧道洞渣在潮惠高速公路路面中的应用研究[J]. 四川建材，2017，43(11)：177-178.

[43] 陈书平，吴大鸿. 隧道洞渣加工机制砂在高速公路建设中的应用[J]. 公路，2017，62(04)：249-252.

[44] 李长江. 临近营业线长大线路施工安全管理[J]. 甘肃科技，2016，32(12)：107-109.

[45] 王巍伟，唐小凡. 既有线施工安全防护措施分析[J]. 公路，2013(02)：144-149.

[46] 陶建国，杨洪波. 临近既有线施工监测技术研究[J]. 企业技术开发，2011，30(01)：68-70.

附图 金台铁路施工建造实际现场图

金台铁路在施工建造过程中实际的现场图片：

附图 1 全线开工

附图 2 华东地区迄今最大跨度的铁路节段预制拼装箱梁在金台铁路实现首架

附图　金台铁路施工建造实际现场图

附图 3　金台铁路最长隧道——将军岭隧道全线贯通

附图 4　金台铁路灵江特大桥钢管拱顺利实现合龙

附图 5　林家岙隧道施工

附图　金台铁路施工建造实际现场图

附图 6　架桥机架梁

附图 7　永康江特大桥铺架作业

附图 8　党员突击队在现场

附图　金台铁路施工建造实际现场图

附图 9　四电工程接触网施工

附图 10　在施工一线成立联合党支部